MASHLE

MAGIC AND MUSCLES

HAJIME KOMOTO

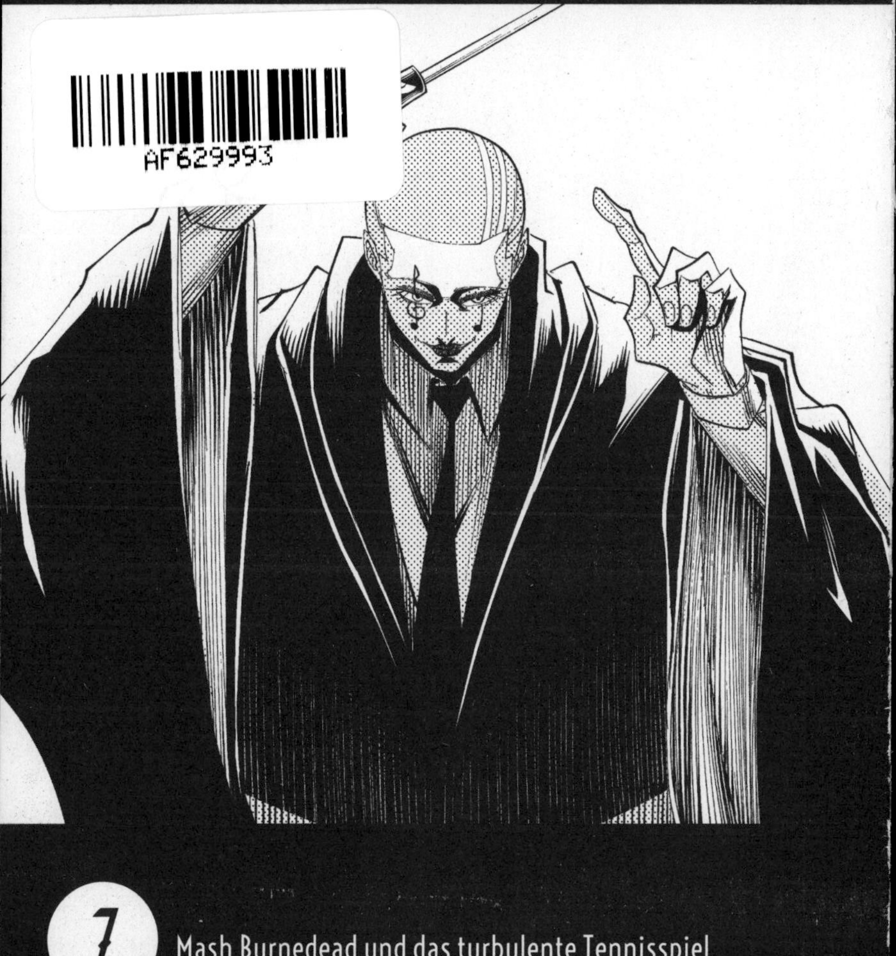

7

Mash Burnedead und das turbulente Tennisspiel

CHARAKTERE

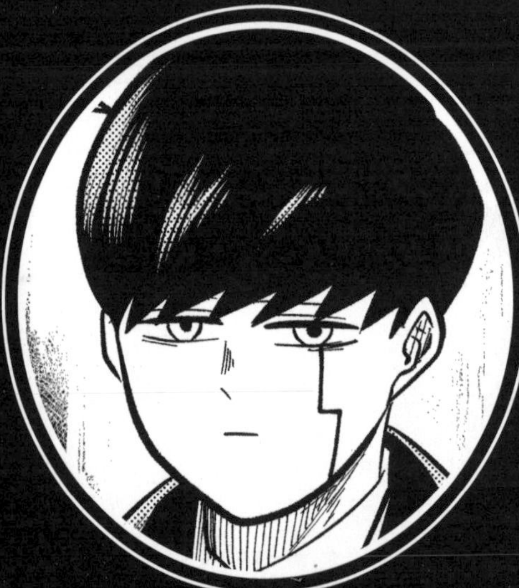

Mash Burnedead

Ein ungewöhnlicher Junge mit muskulösem Körper. Er kann nicht zaubern, stellt sich aber jeglicher Magie. Sein Weltbild ist sehr unkonventionell. Er schätzt Familie und Freunde und liebt Windbeutel. Außerdem hat er Schwierigkeiten, zu erkennen, ob eine Tür aufgezogen oder aufgedrückt werden muss.

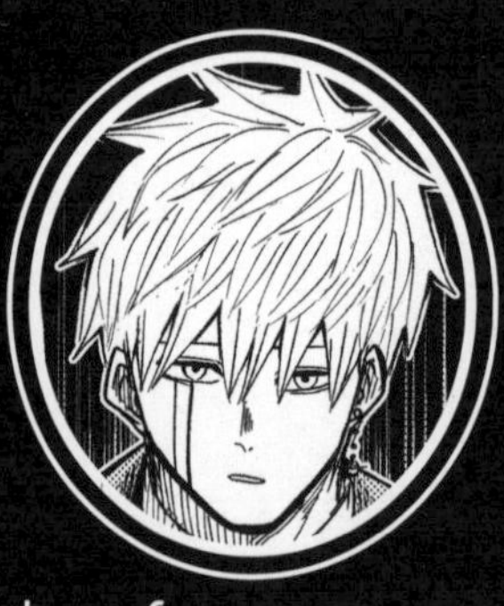

Lance Crown

Ein gut aussehender Junge, der bei der Aufnahmeprüfung die höchste Punktzahl erreicht hat. Er hat einen ausgeprägten Schwesterkomplex.

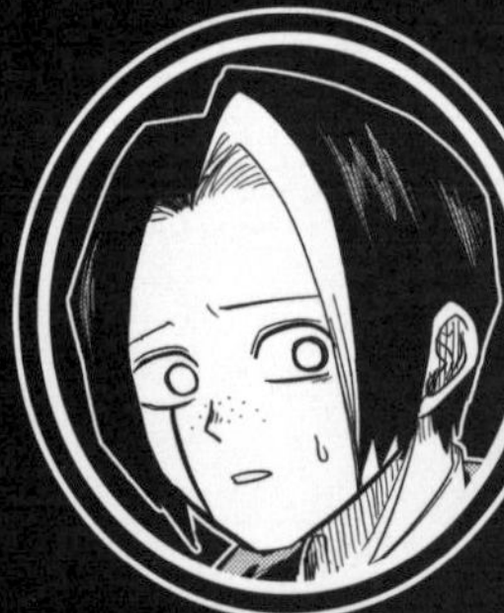

Finn Ames

Mashs lustiger Zimmergenosse und sein allererster Freund

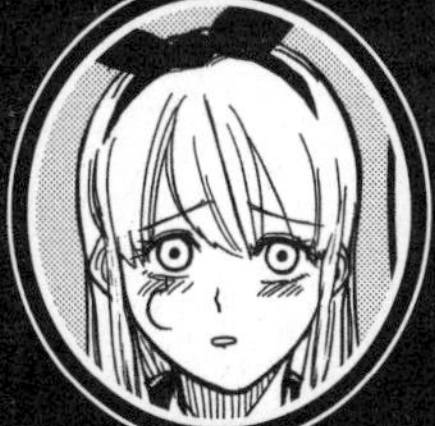

Lemon Irvine

Hat sich bei der Aufnahmeprüfung in Mash verliebt.

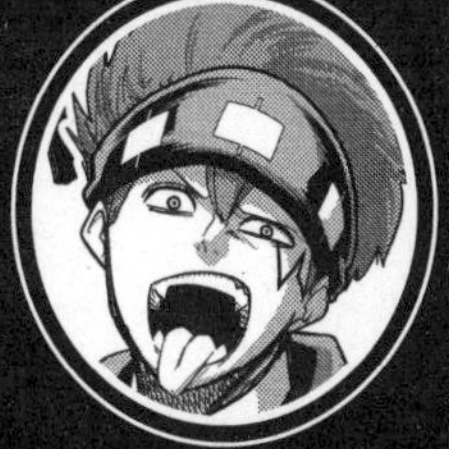

Dot Barrett

Ein direkter und aufbrausender Typ. Er kommt nicht gut bei Mädchen an und hasst gut aussehende Kerle.

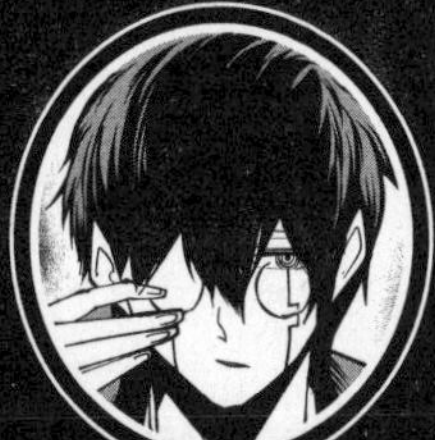

Orter Mádl

„Stab des Sandes", Gottesseher und zuständig für Zauberkraft-Verwaltung

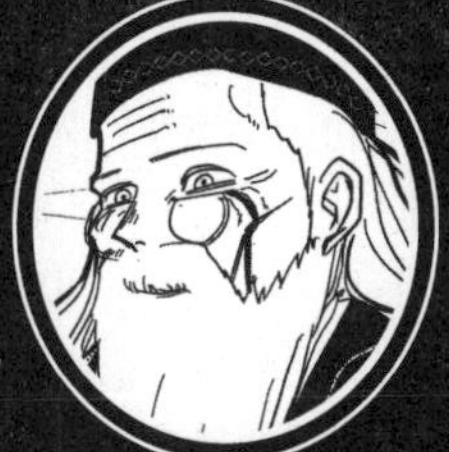

Direktor Wahlberg

Der Schulleiter der Easton-Magieschule erwartet viel von Mash.

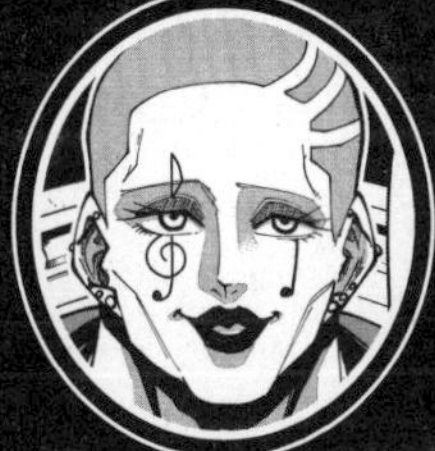

Margarette Macaron

Dem künstlerischen Aufsichtsschüler des Hauses Orca ist ein Anreiz wichtiger als das Sammeln von Münzen.

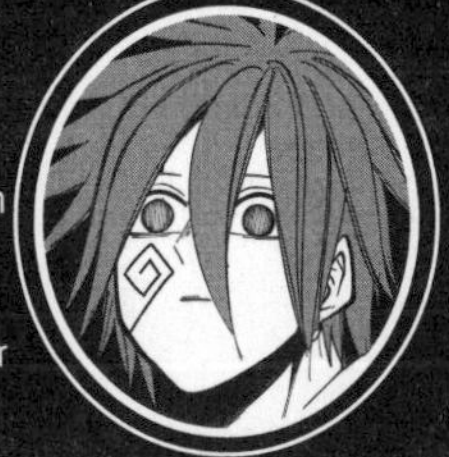

Carpaccio Luo-Yang

Genie, das von einem Meisterstab auserwählt wurde. Er kann Schaden, den er sich selbst zufügt, auf den Gegner umleiten.

STORY

In dieser Welt bestimmt Magie über alles! Tief im Wald lebt ein Junge namens Mash. Hartes Training hat ihm einen stahlharten Körper beschert, aber er hat ein Geheimnis: Er kann keine Magie anwenden! In der magischen Welt ist das ein Grund zur Vernichtung. Um sein Geheimnis zu wahren, geht Mash auf die Magieschule mit dem Ziel, sich den Titel „Gottesseher" zu verdienen – jemand, der von den Göttern auserwählt wird. Zum Glück hilft ihm seine außergewöhnliche Stärke dabei, seinen Mangel vor der Welt zu verbergen und die Münzen zu sammeln, die er braucht, um sein Ziel zu erreichen.

Mit sieben Münzen in der Hand haben es Mash und seine Freunde bis zur Auswahlprüfung für den Gottesseher geschafft! Dank der Intelligenz eines unerwarteten Mitstreiters schafft es Mash durch die erste Runde. Aber die zweite Runde ist ein Teamkampf, bei dem es gilt, die Kristalle des Gegnerteams zu zerstören. Mash und Dot zerbrechen ihre Kristalle, bevor der Kampf startet! Finn ist ihre letzte Hoffnung! Er riskiert alles, um seinen Kristall und Mashs Zukunft vor dem gefährlichen Carpaccio zu beschützen. Währenddessen eilt Mash Finn zu Hilfe. Carpaccio bekommt einen vernichtenden Faustschlag ins Gesicht, doch...

Inhalt

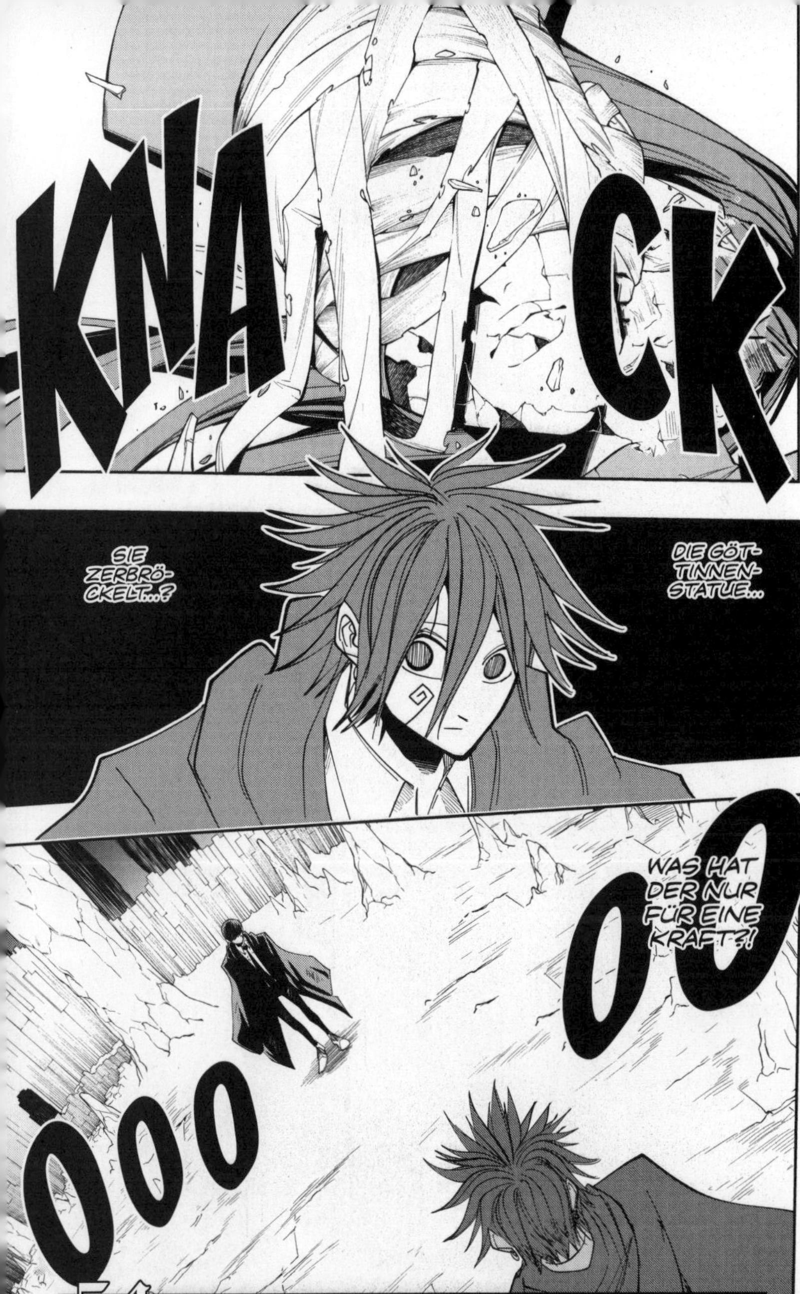

54. Kapitel Mash Burnedead und das turbulente Tennisspiel

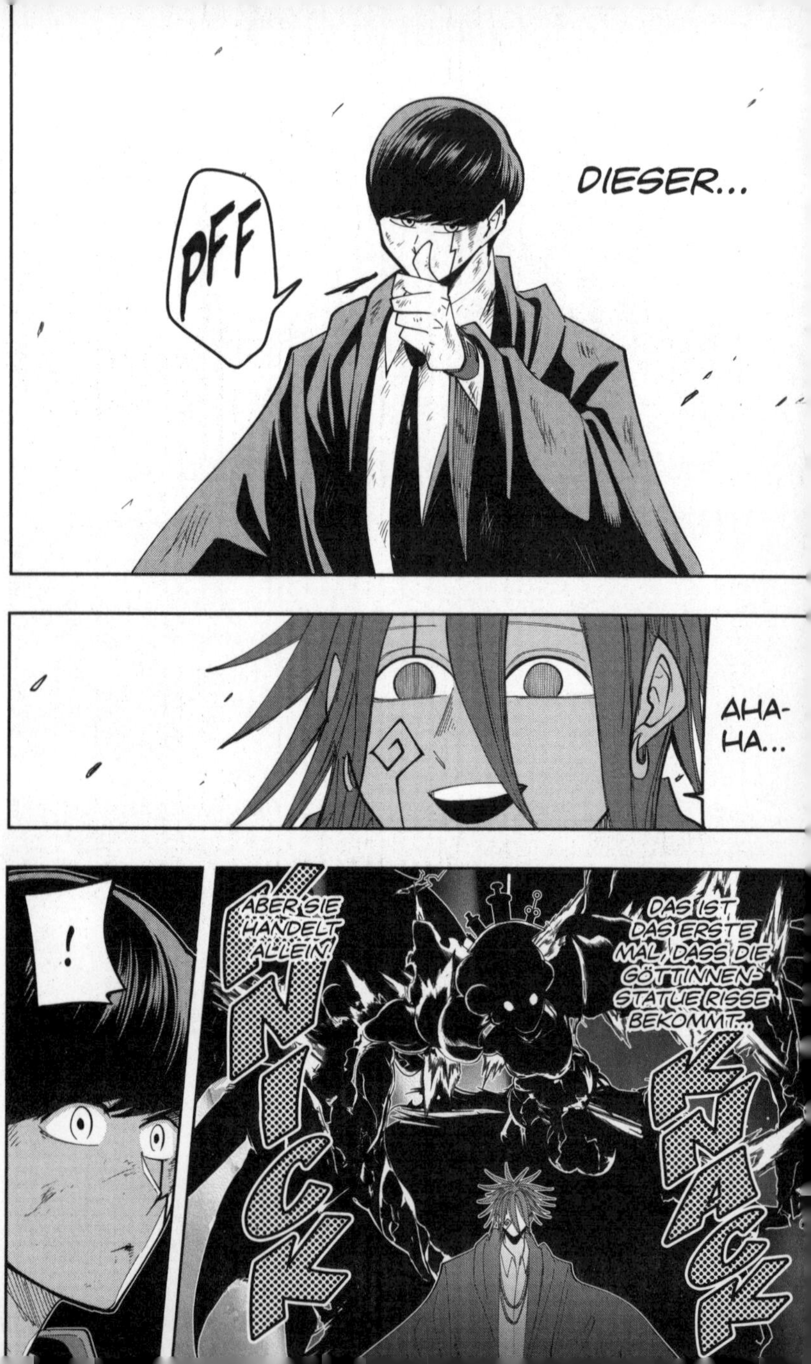
DIESER...
PFF
AHA-HA...
DAS IST DAS ERSTE MAL, DASS DIE GÖTTINNEN-STATUE RISSE BEKOMMT...
KNACK
ABER SIE HANDELT ALLEIN.
KNACK
!

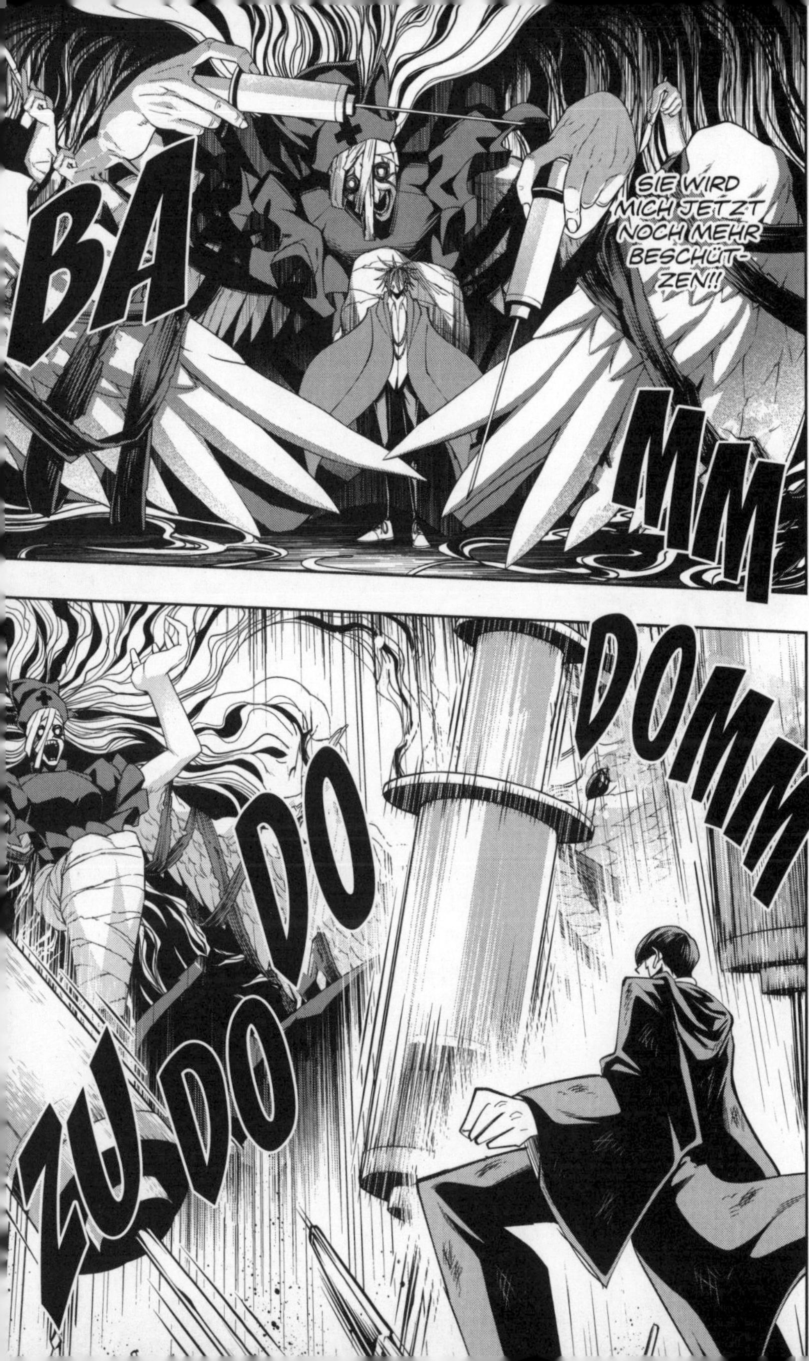
SIE WIRD MICH JETZT NOCH MEHR BESCHÜT-ZEN!!
BA
MMM
DOMM
ZUDODO
DO

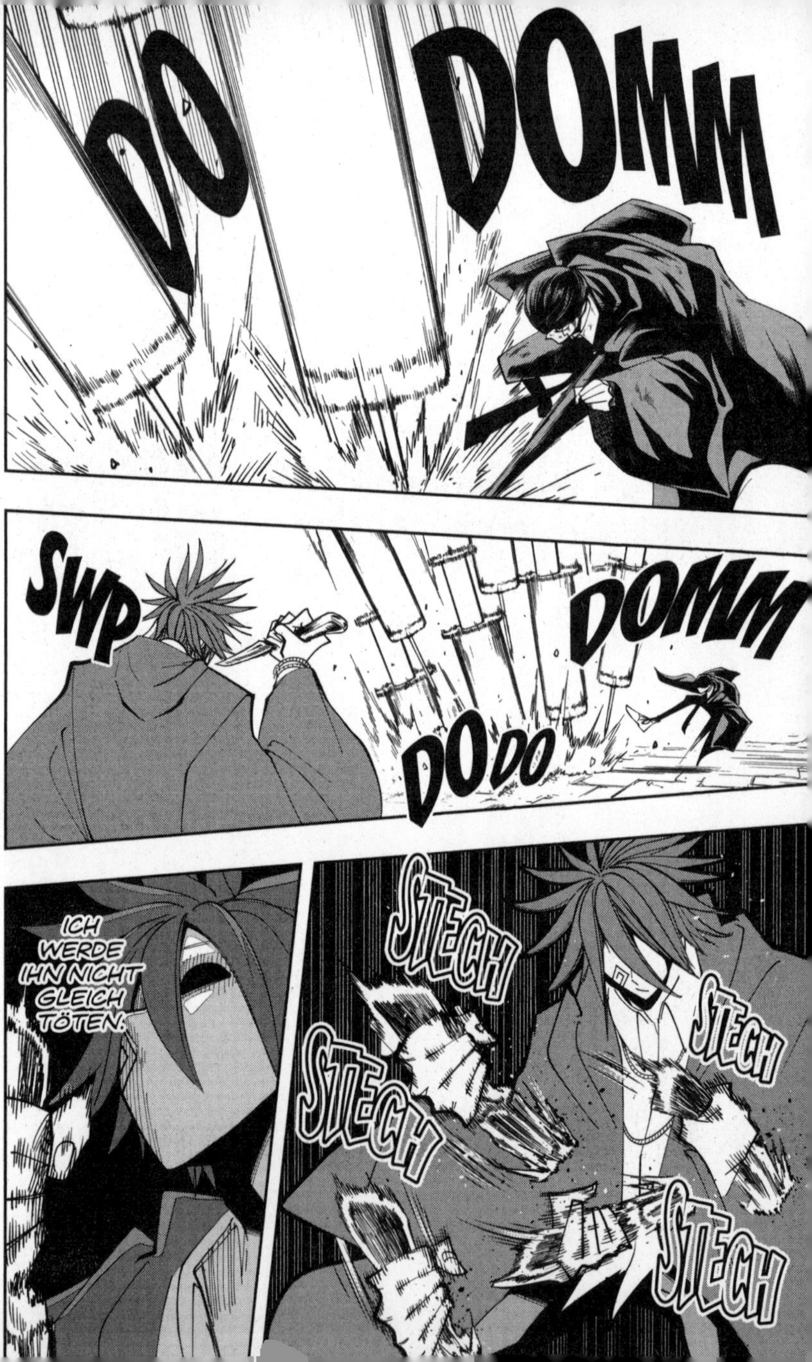
DOMM
DO
DOMM
SWP
DODO
STECH
STECH
STECH
STECH
ICH WERDE IHN NICHT GLEICH TÖTEN.

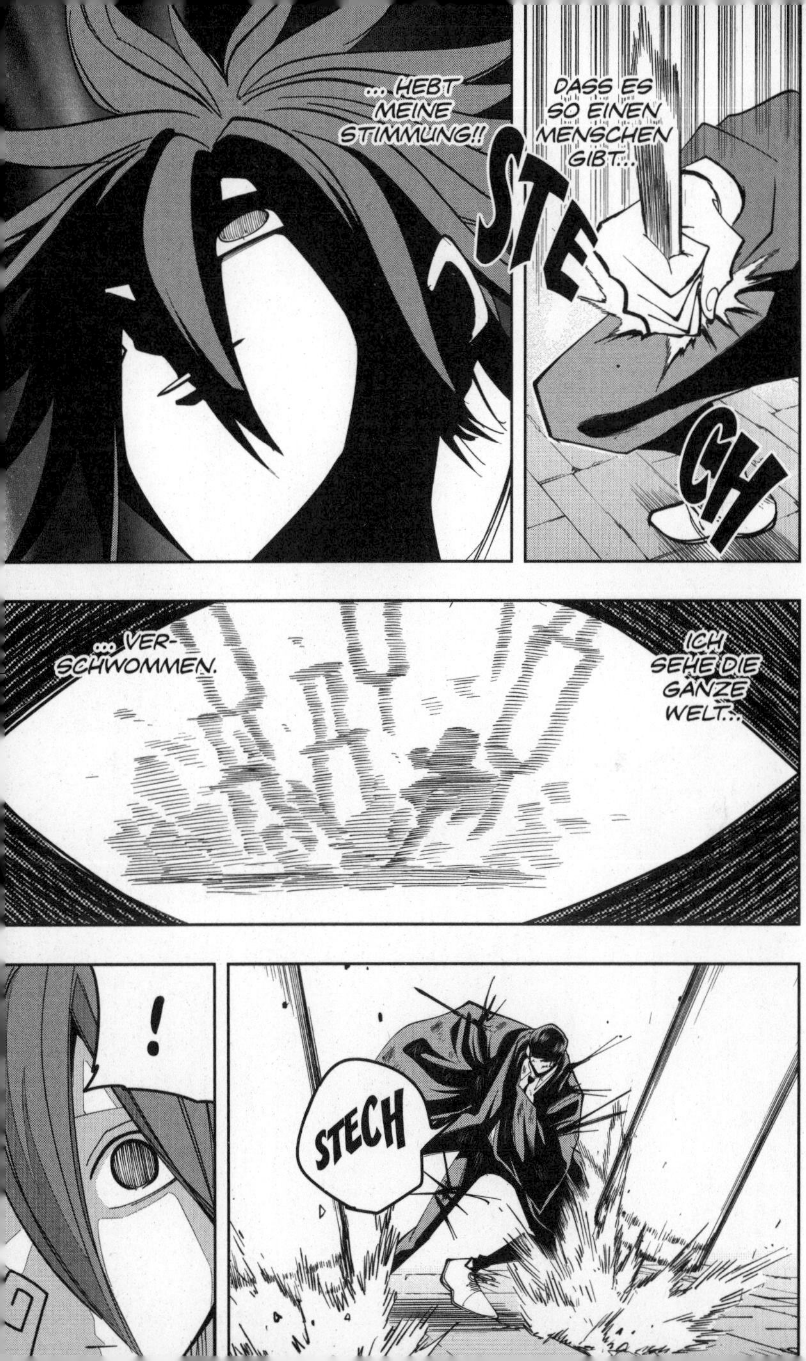
DASS ES SO EINEN MENSCHEN GIBT...
STE
CH
... HEBT MEINE STIMMUNG!!
ICH SEHE DIE GANZE WELT...
... VER-SCHWOMMEN.
STECH
!

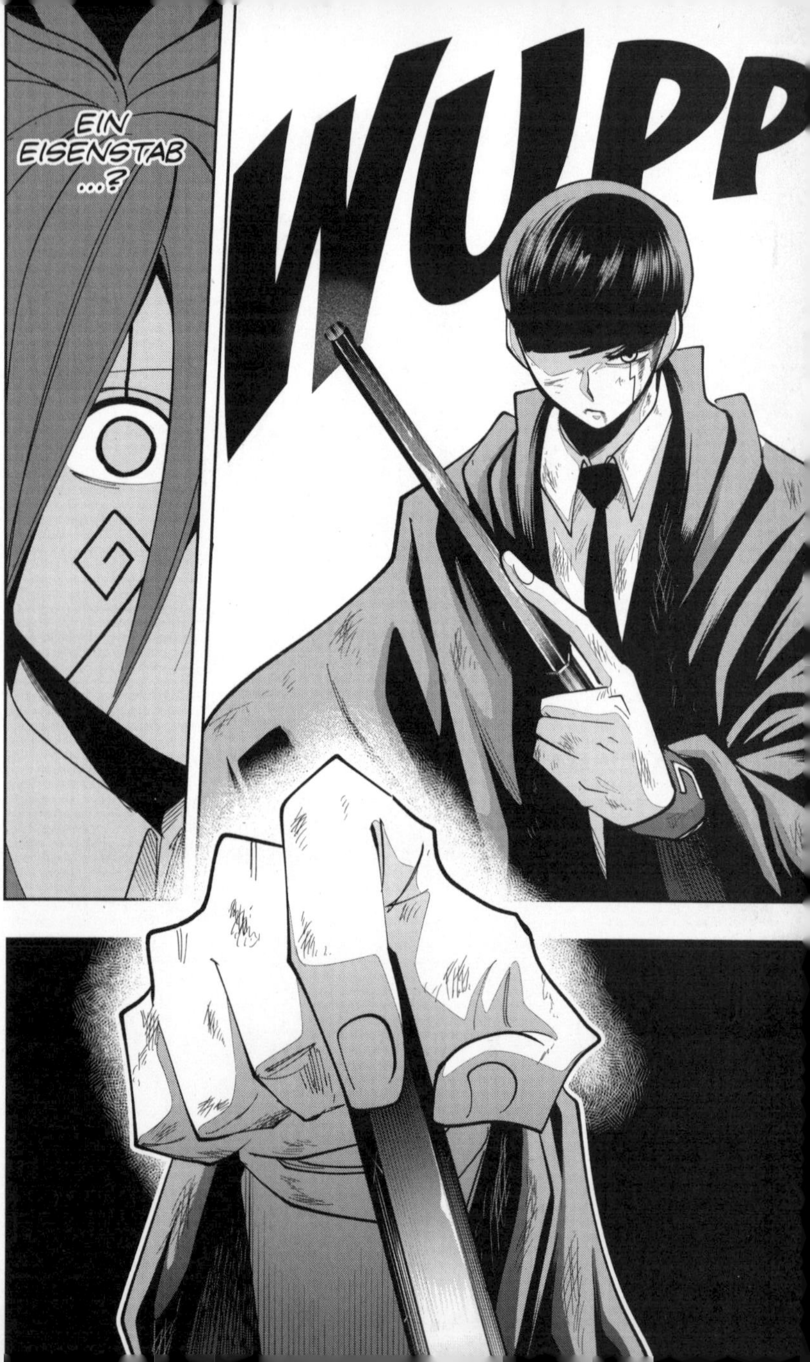
WUPP
EIN EISENSTAB ...?

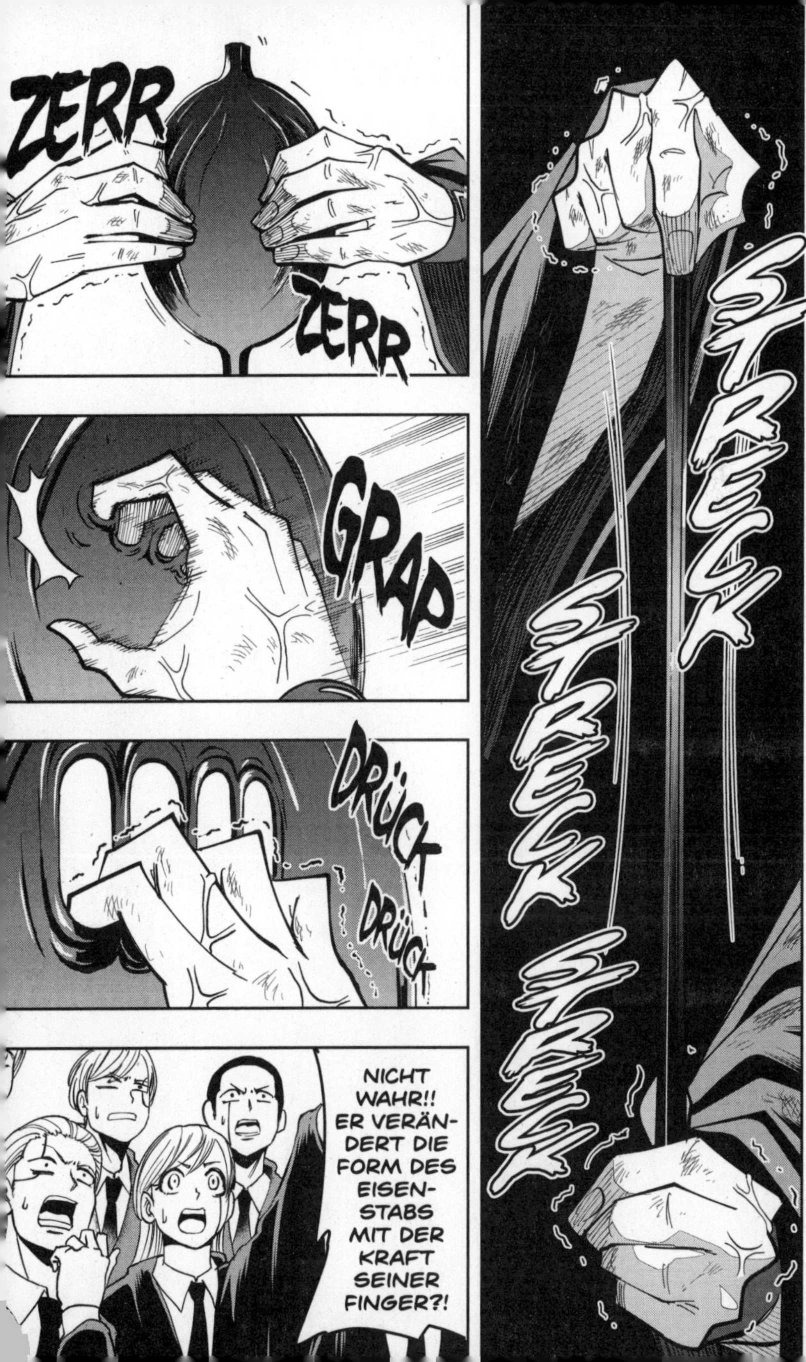
STRECK
STRECK
ZERR
ZERR
GRAP
DRÜCK
DRÜCK
NICHT WAHR!! ER VERÄNDERT DIE FORM DES EISENSTABS MIT DER KRAFT SEINER FINGER?!

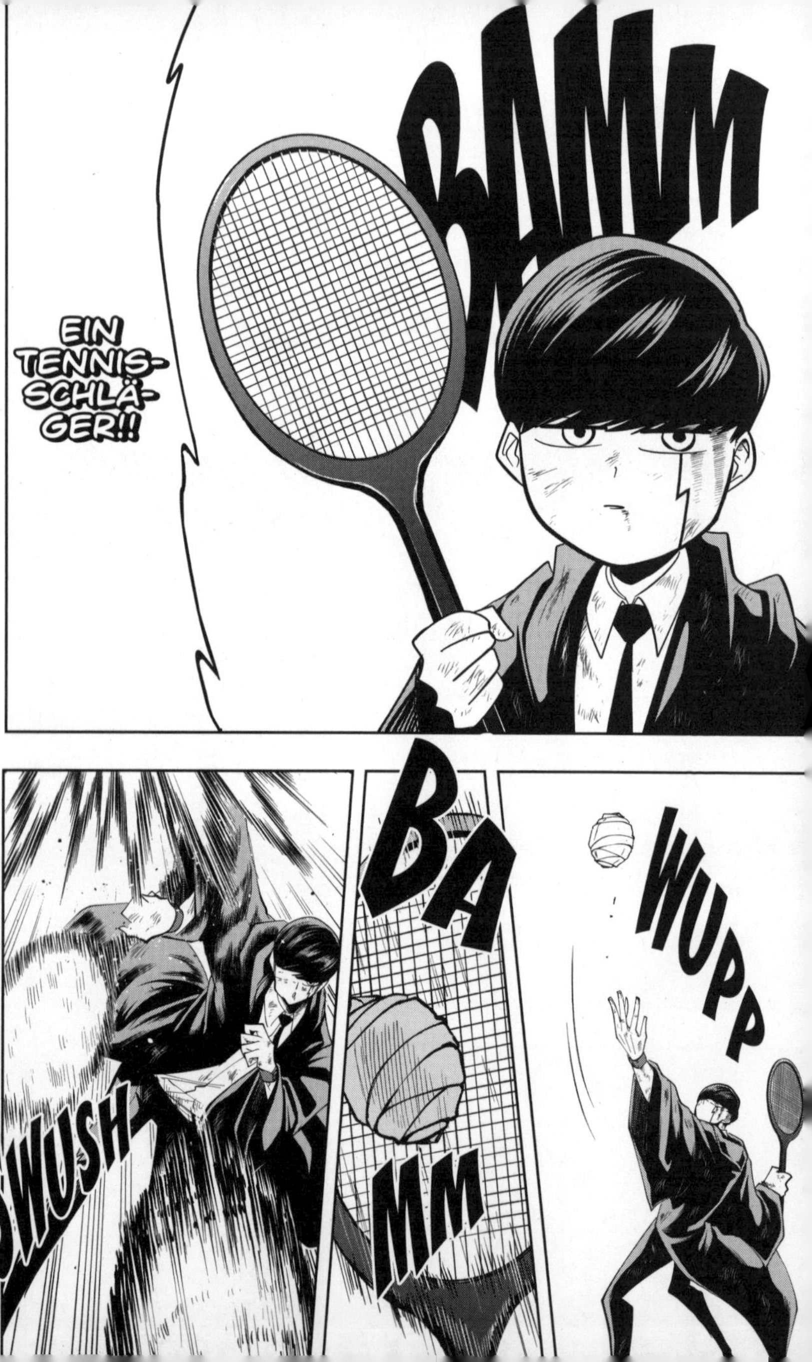
BAMM
EIN TENNIS-SCHLÄ-GER!!
WUPP
BAMM
SWUSH

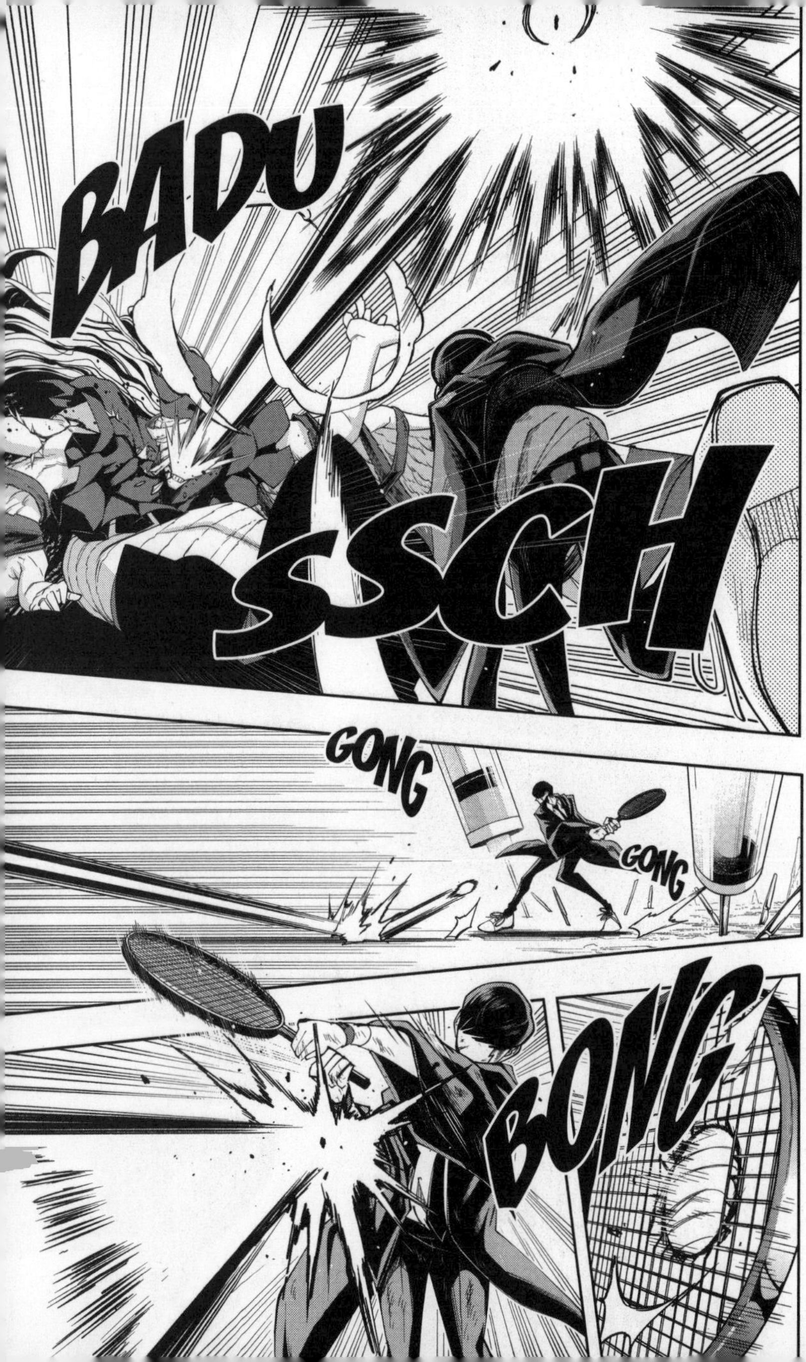

BADU
SSCH
GONG
GONG
BONG

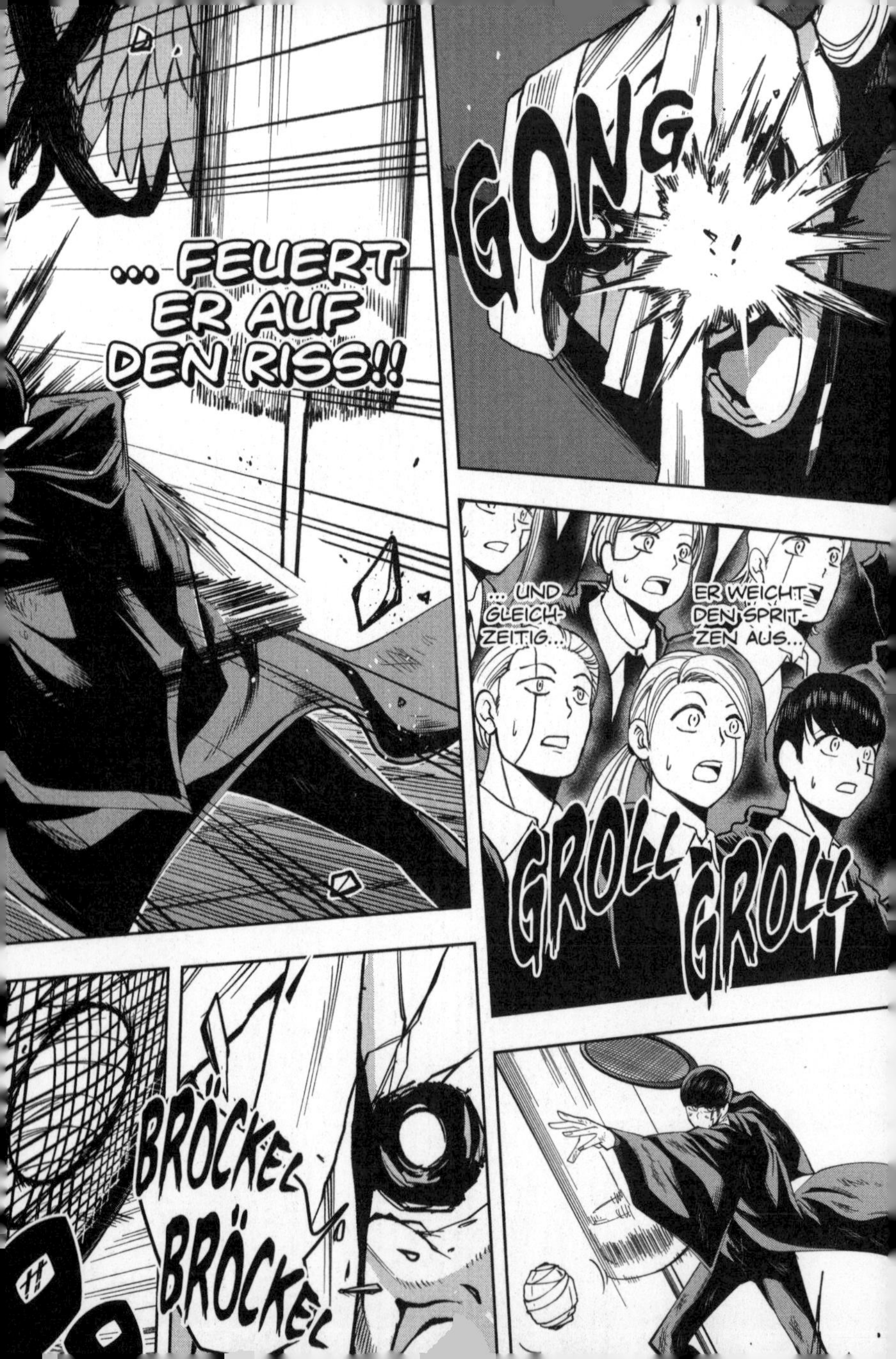
GONG
... FEUERT ER AUF DEN RISS!!
ER WEICHT DEN SPRIT-ZEN AUS...
... UND GLEICH-ZEITIG...
GROLL GROLL
BRÖCKEL BRÖCKEL

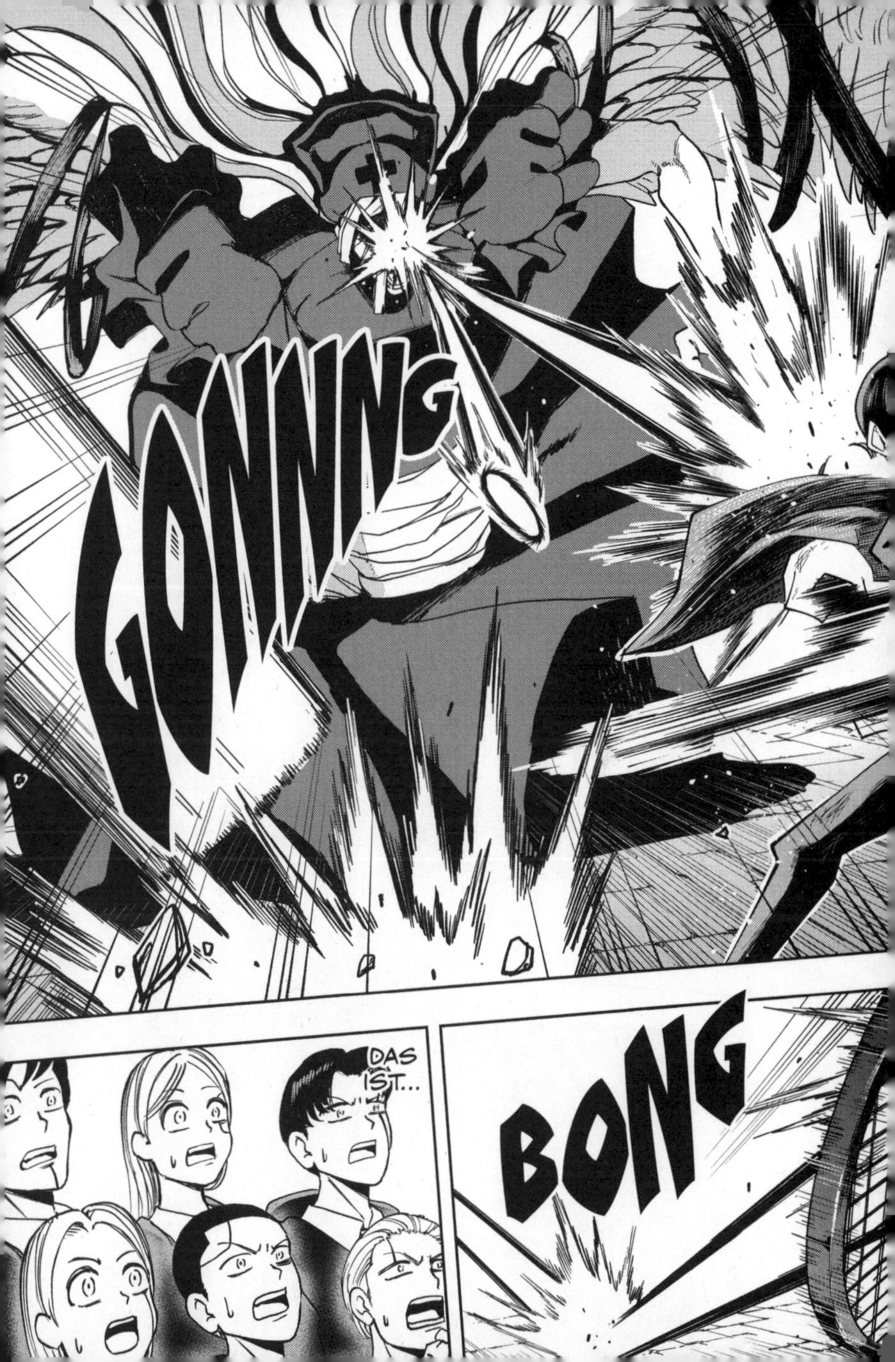
GONNNG
DAS IST...
BONG

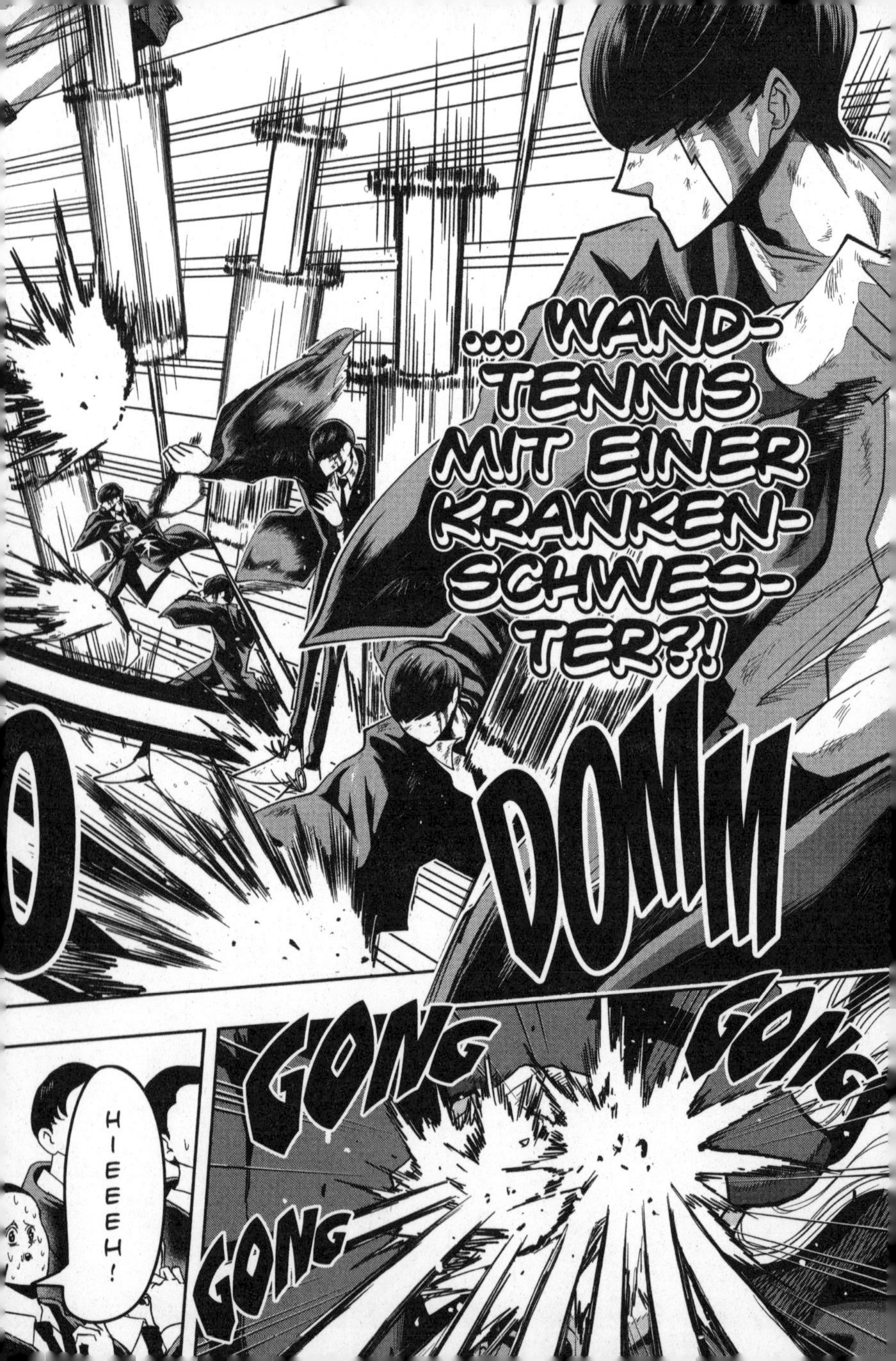
… WAND-TENNIS MIT EINER KRANKEN-SCHWES-TER?!
DOMM
GONG
GONG
GONG
HIEEEEH!

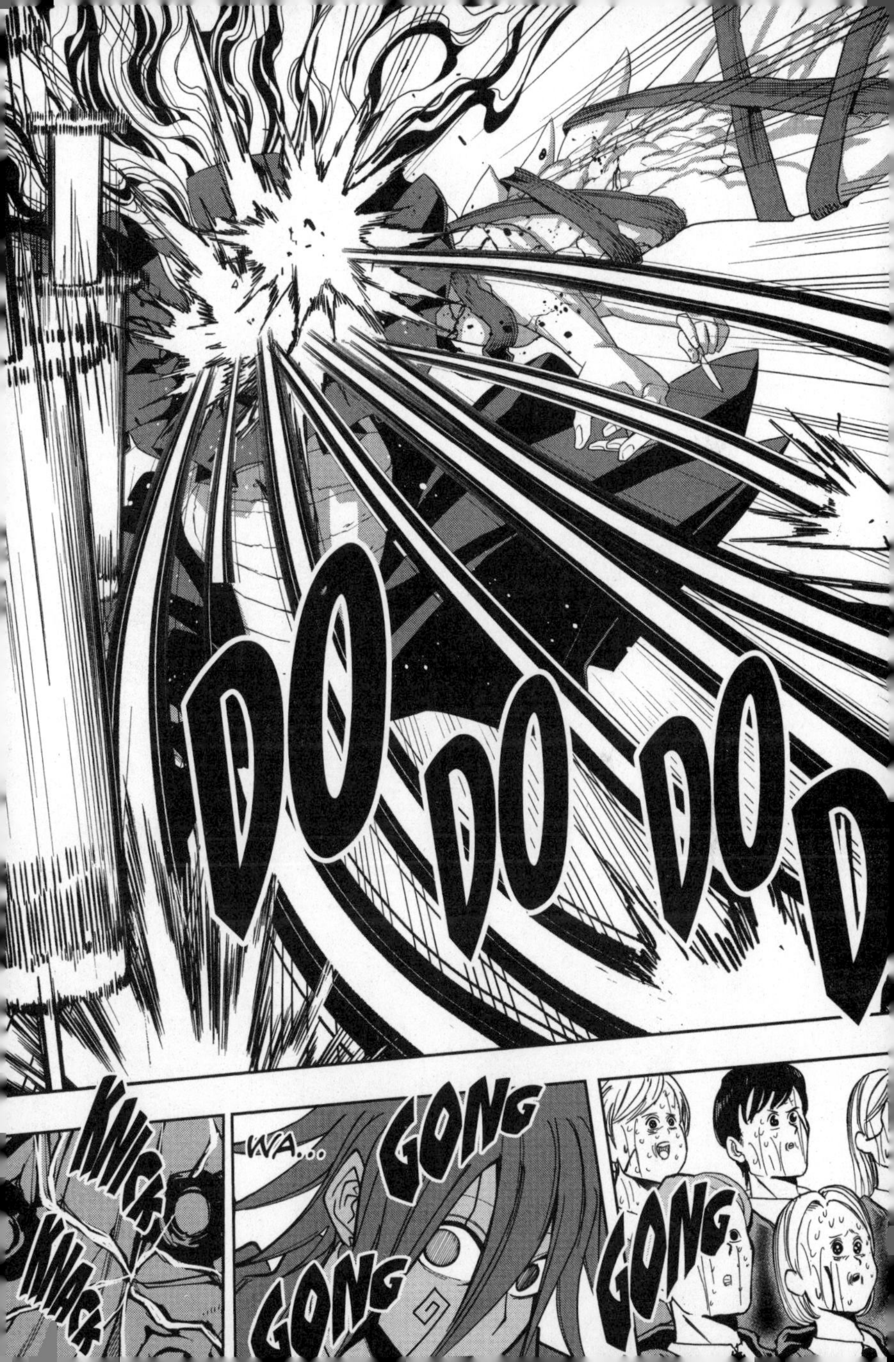
DO-DO-DO-D
KNICK KNACK
WA...
GONG GONG
GONG

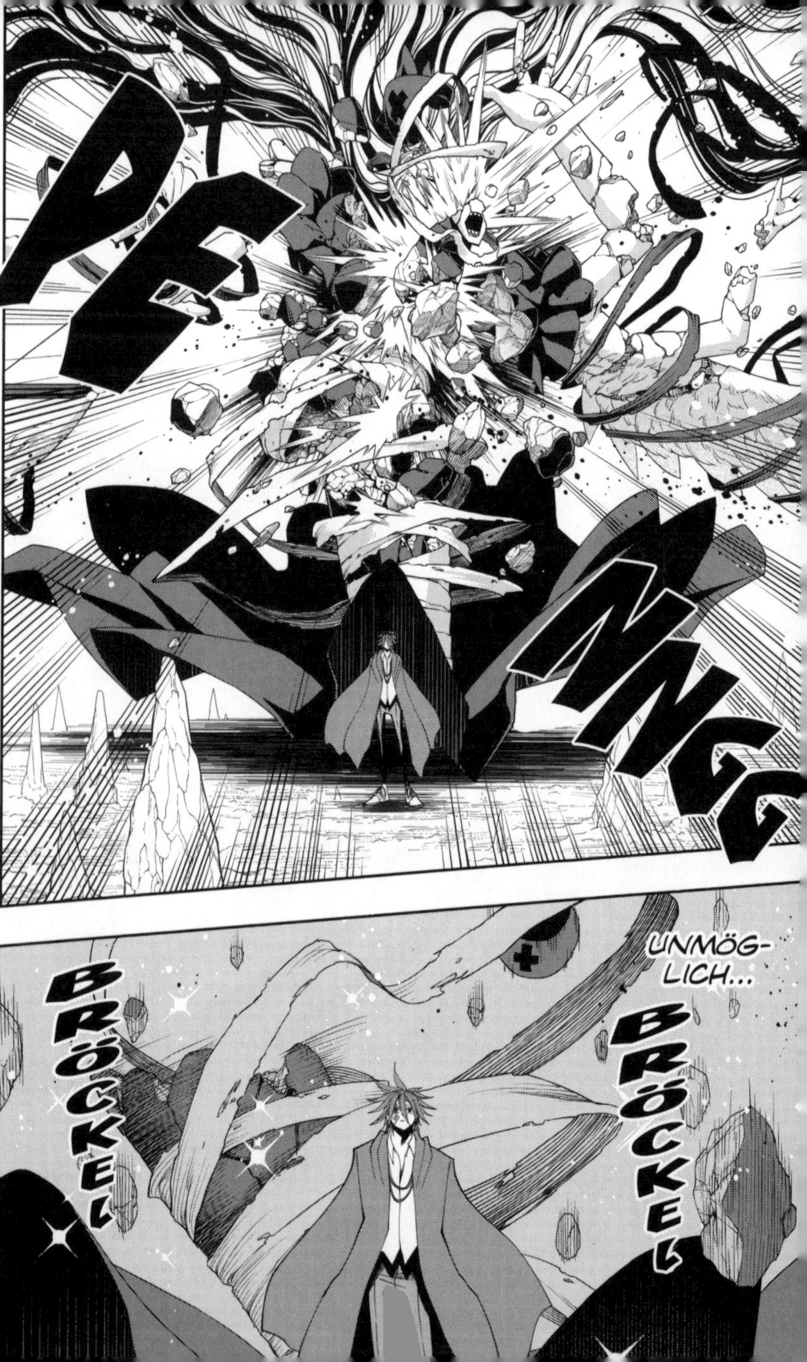
PE
NNGG
UNMÖG-
LICH...
BRÖCKEL
BRÖCKEL

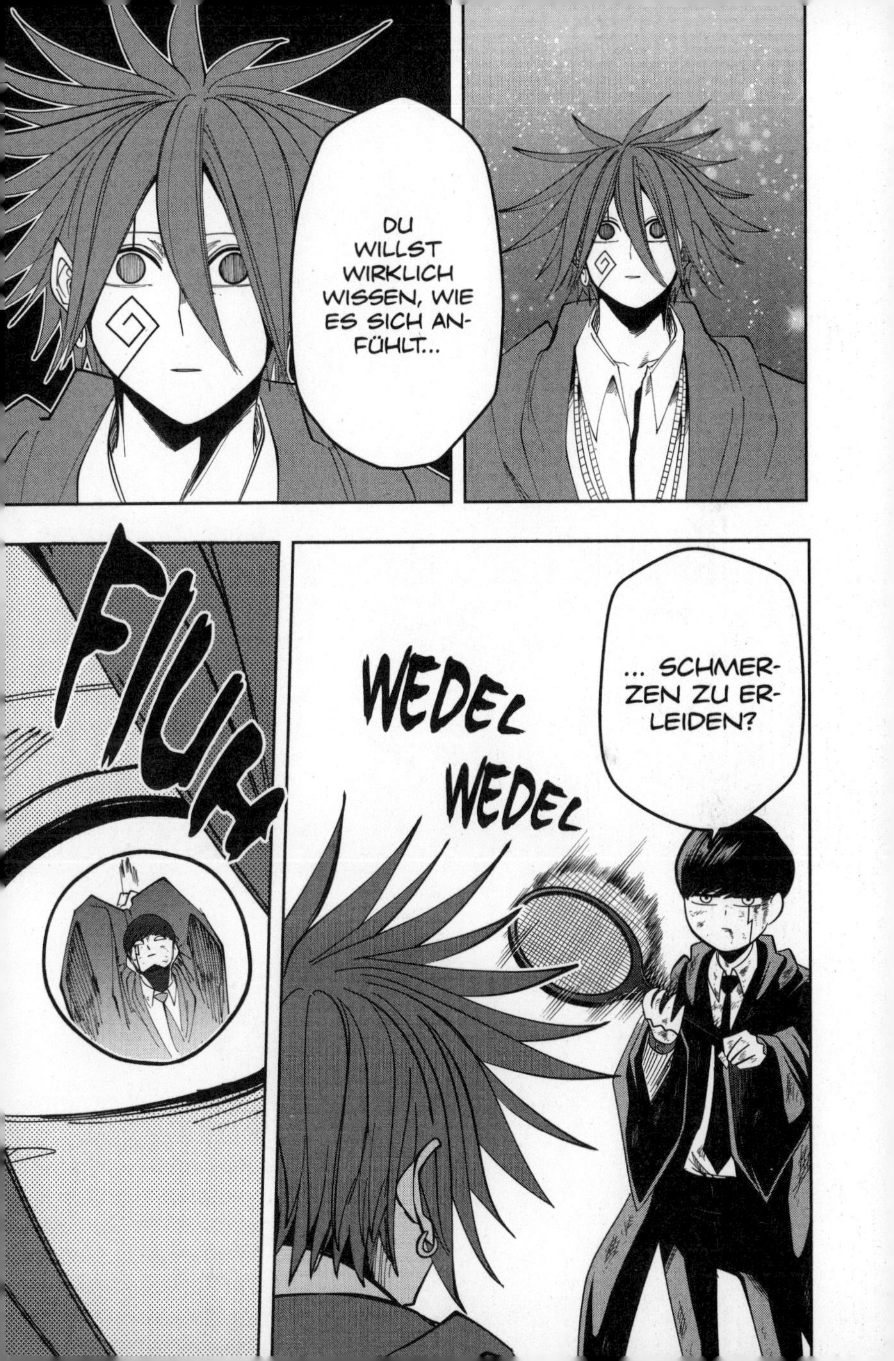

DU WILLST WIRKLICH WISSEN, WIE ES SICH AN-FÜHLT...
... SCHMER-ZEN ZU ER-LEIDEN?
WEDEL WEDEL
FIUH

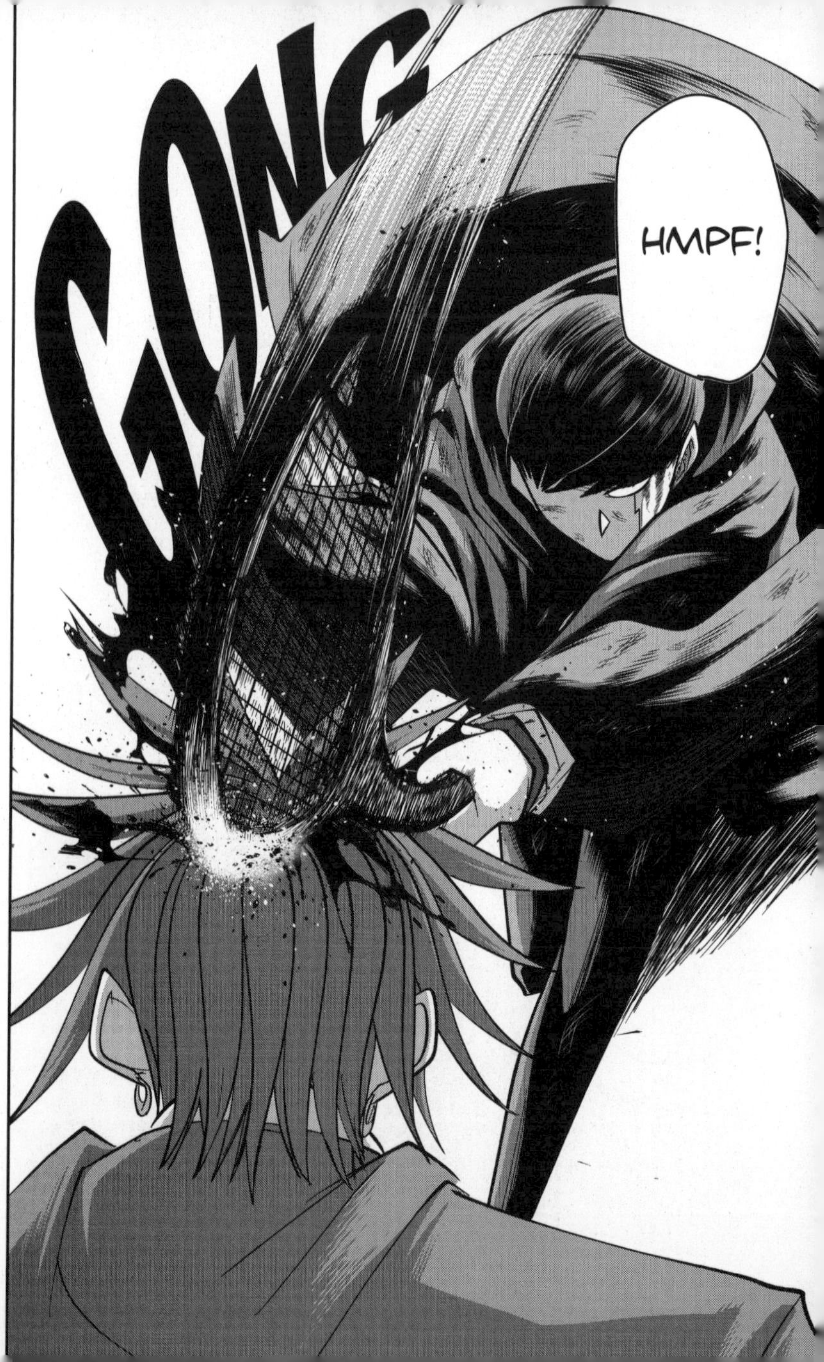
HMPF!
CLONG

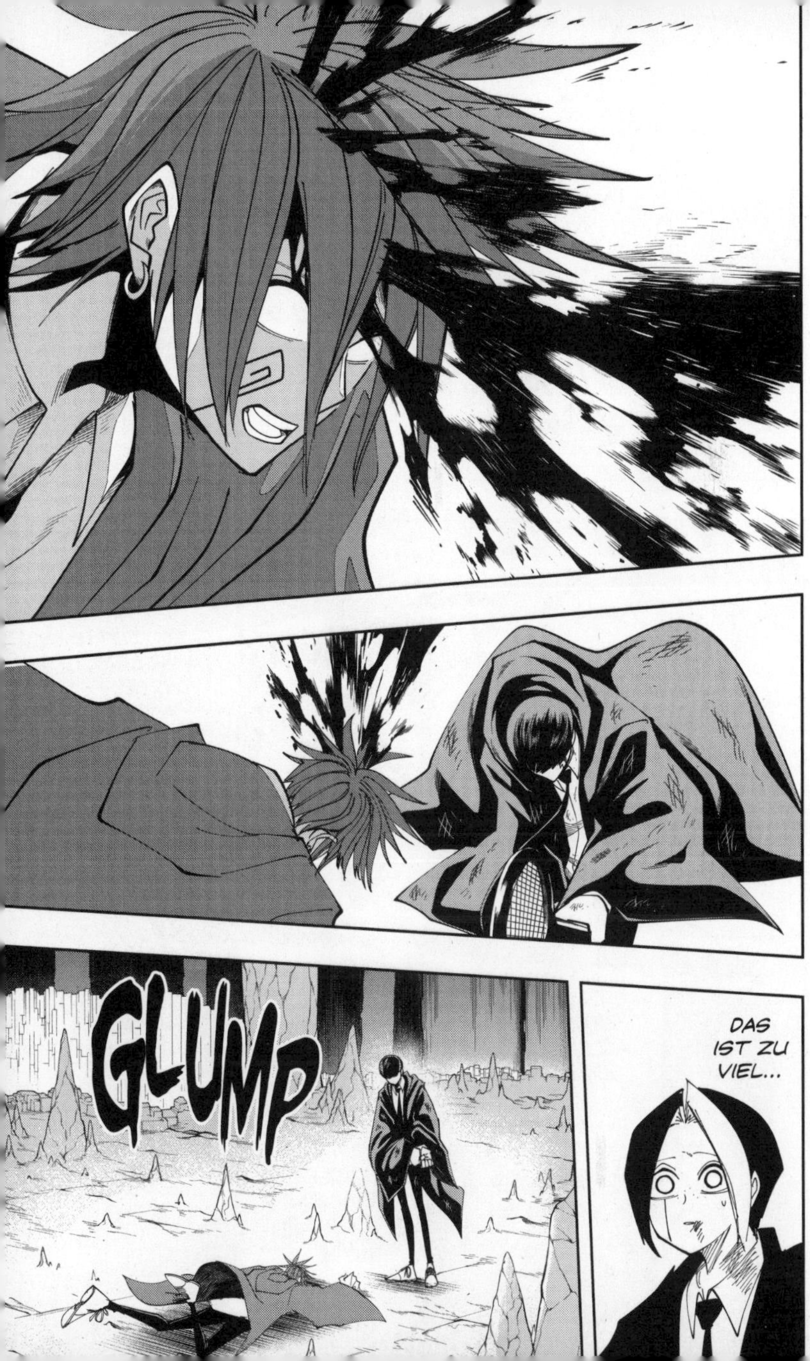
GLUMP
DAS IST ZU VIEL...

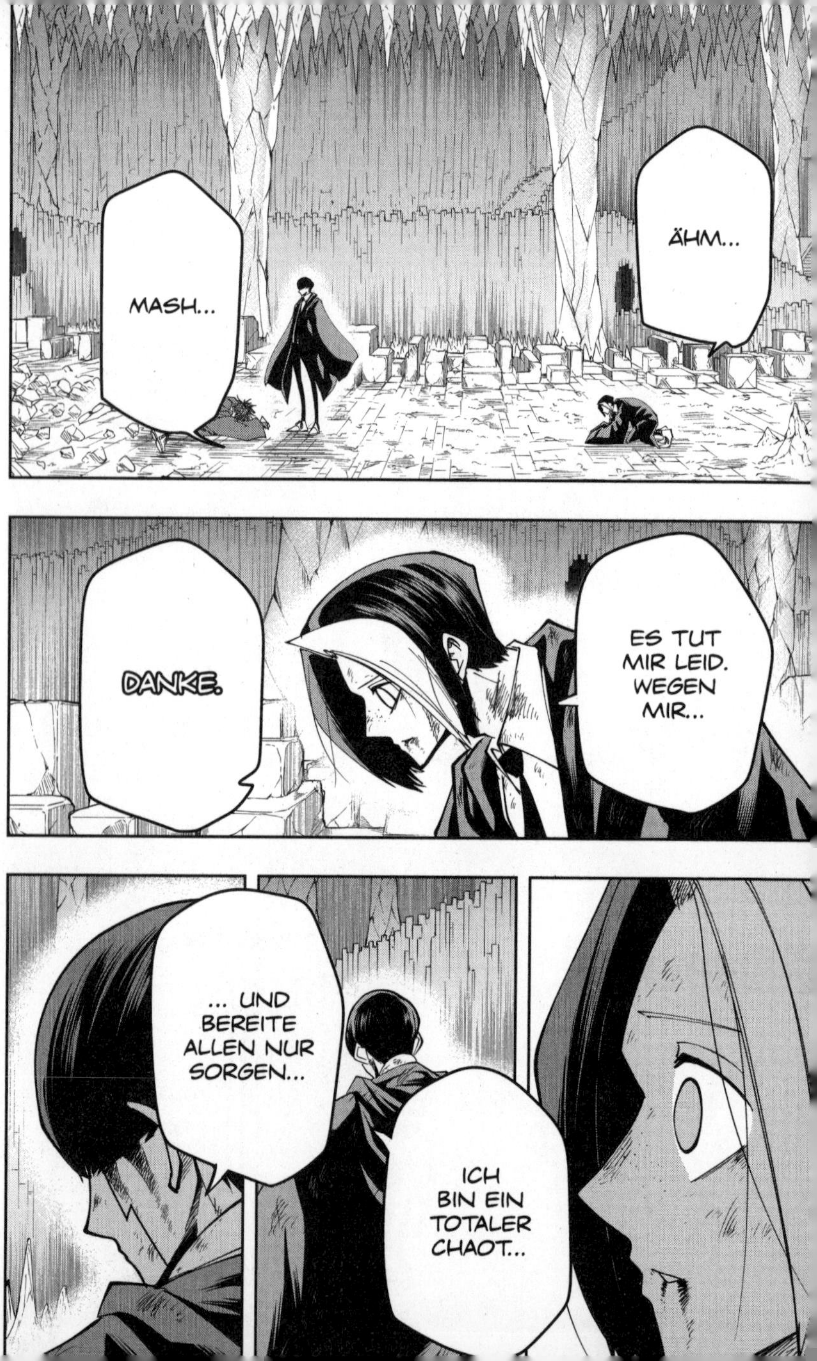
ÄHM...
MASH...
ES TUT MIR LEID. WEGEN MIR...
DANKE.
ICH BIN EIN TOTALER CHAOT...
... UND BEREITE ALLEN NUR SORGEN...

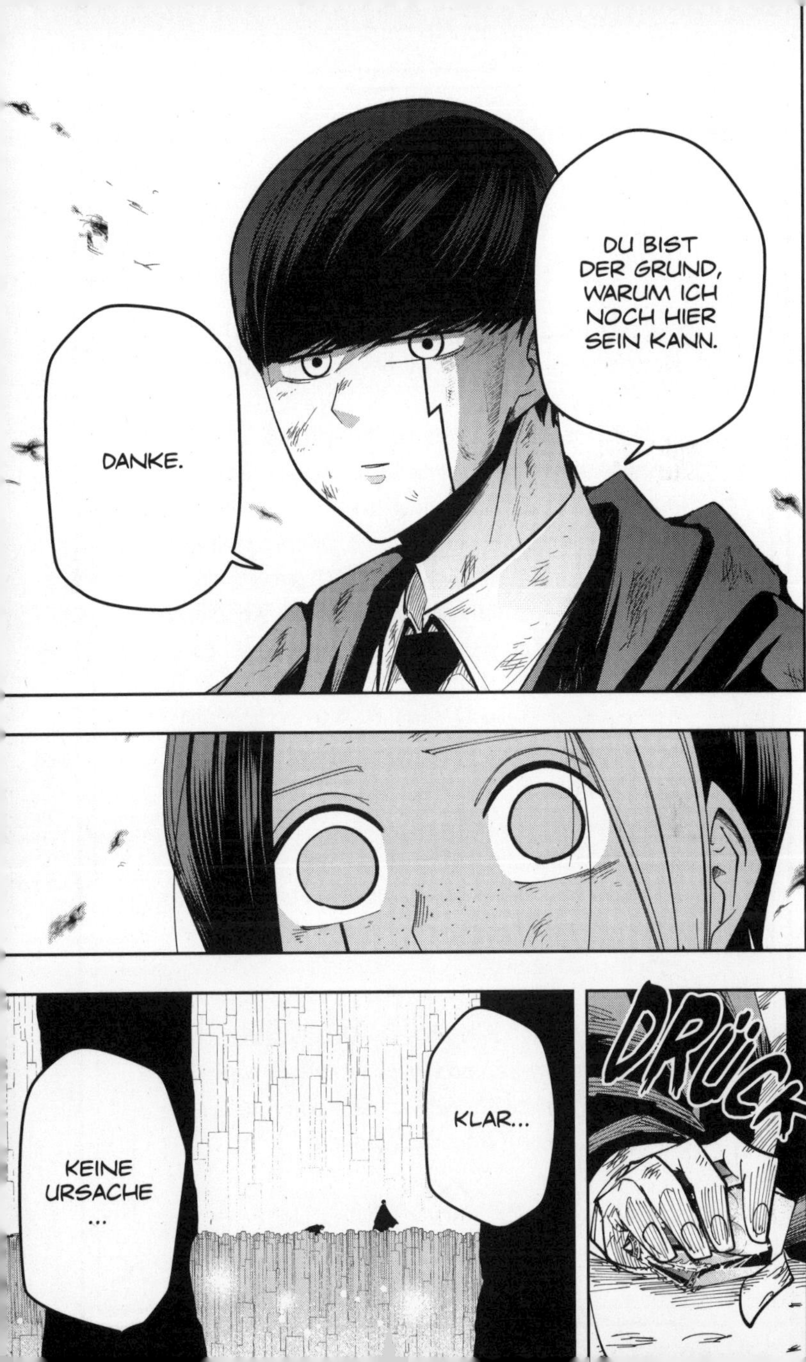
DU BIST DER GRUND, WARUM ICH NOCH HIER SEIN KANN.
DANKE.
DRÜCK
KLAR...
KEINE URSACHE ...

Liebe Leserinnen und Leser

Vielen Dank, dass ihr Band 7 gekauft habt. Ich würde sagen, damit sind wir bei der Hälfte der Geschichte angelangt...
Hechel... Hechel... Ha... Ha... Es tut mir leid. Ich habe gesagt, dass ich weitermache, bis Mash in Frieden leben kann. Er hat noch einiges vor sich!
Ich wollte diese Geschichte kurz halten, deswegen schäme ich mich, dass ich euch noch um Geduld bitten muss. Aber ich wäre sehr dankbar, wenn ihr bleibt!! Es sind so viele Leute involviert, da ist es schwer, die Reihe abrupt enden zu lassen. Ugh... M...Mein Kopf... Aber U...Urlaub... Warum fühlt sich mein Kopf an, als ob er zerspringen würde? U... Ugh... Argh...
Zerplatz!!!!!!!
Wo bin ich? Wer bin ich?
Ähm, sorry, ich bin etwas abgeschweift... Jedenfalls würde ich mich freuen, wenn ihr mir noch etwas Gesellschaft leistet!!

PS: Vielen Dank für die Briefe. Ich bin überrascht, dass ich immer noch so viel zu den Magia Lupus bekomme!! Vielleicht sollte ich sie später noch mal auftreten lassen!! Nochmals danke!!

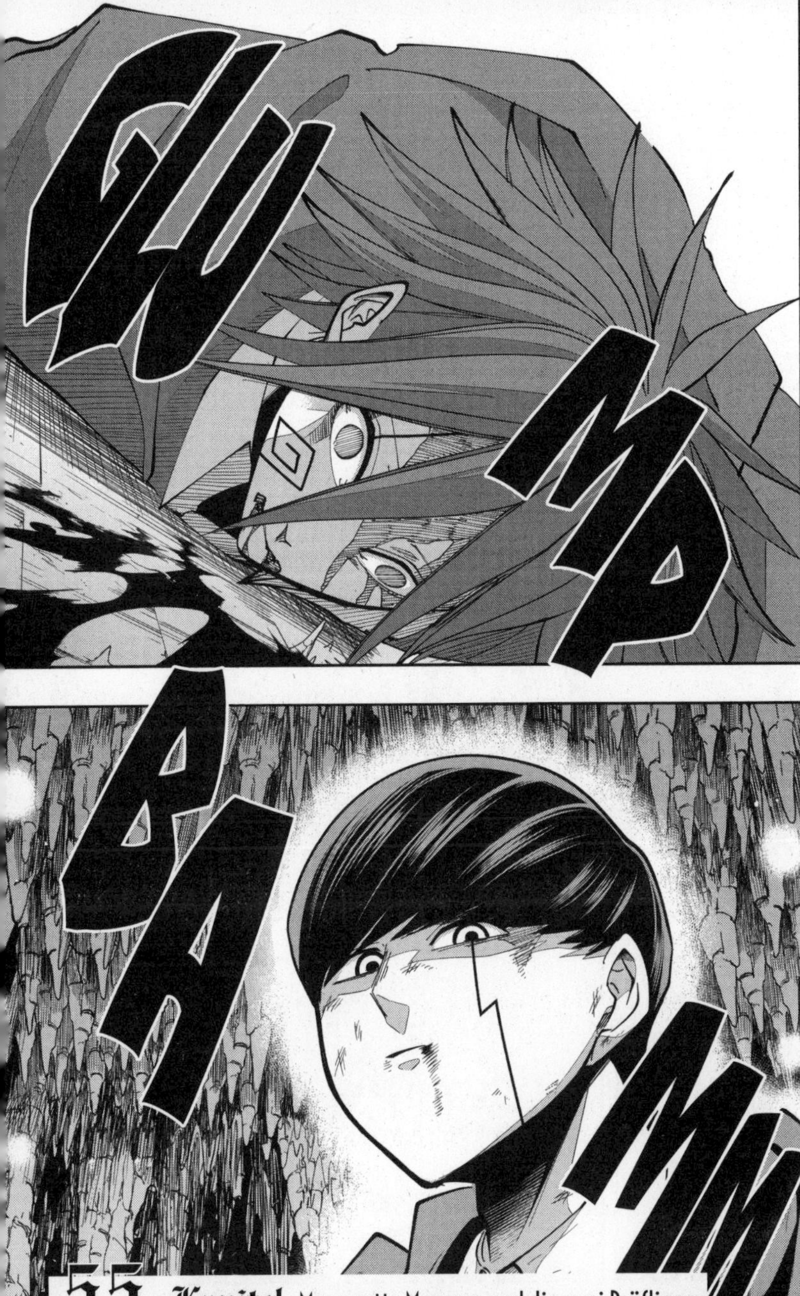

55. Kapitel Margarette Macaron und die zwei Prüflinge

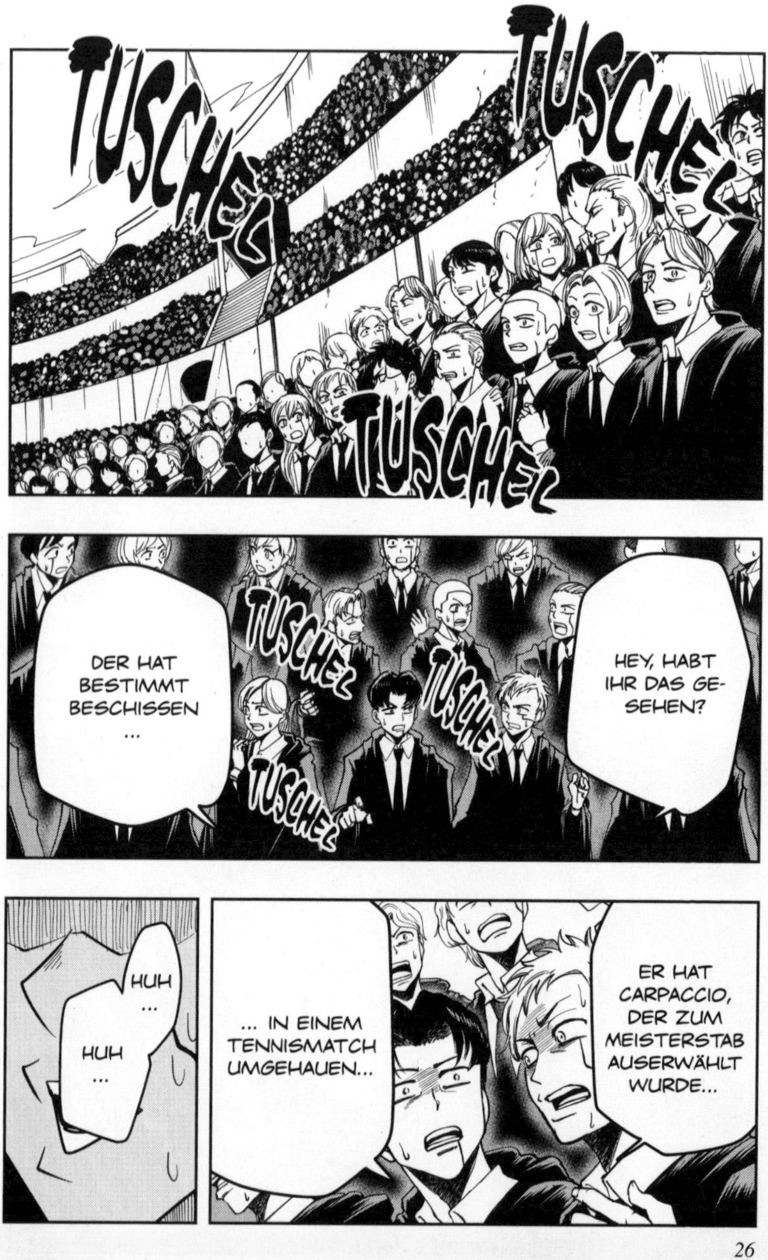
TUSCHEL
TUSCHEL
TUSCHEL
HEY, HABT IHR DAS GE-SEHEN?
TUSCHEL
TUSCHEL
TUSCHEL
DER HAT BESTIMMT BESCHISSEN ...
ER HAT CARPACCIO, DER ZUM MEISTERSTAB AUSERWÄHLT WURDE...
... IN EINEM TENNISMATCH UMGEHAUEN...
HUH ...
HUH ...

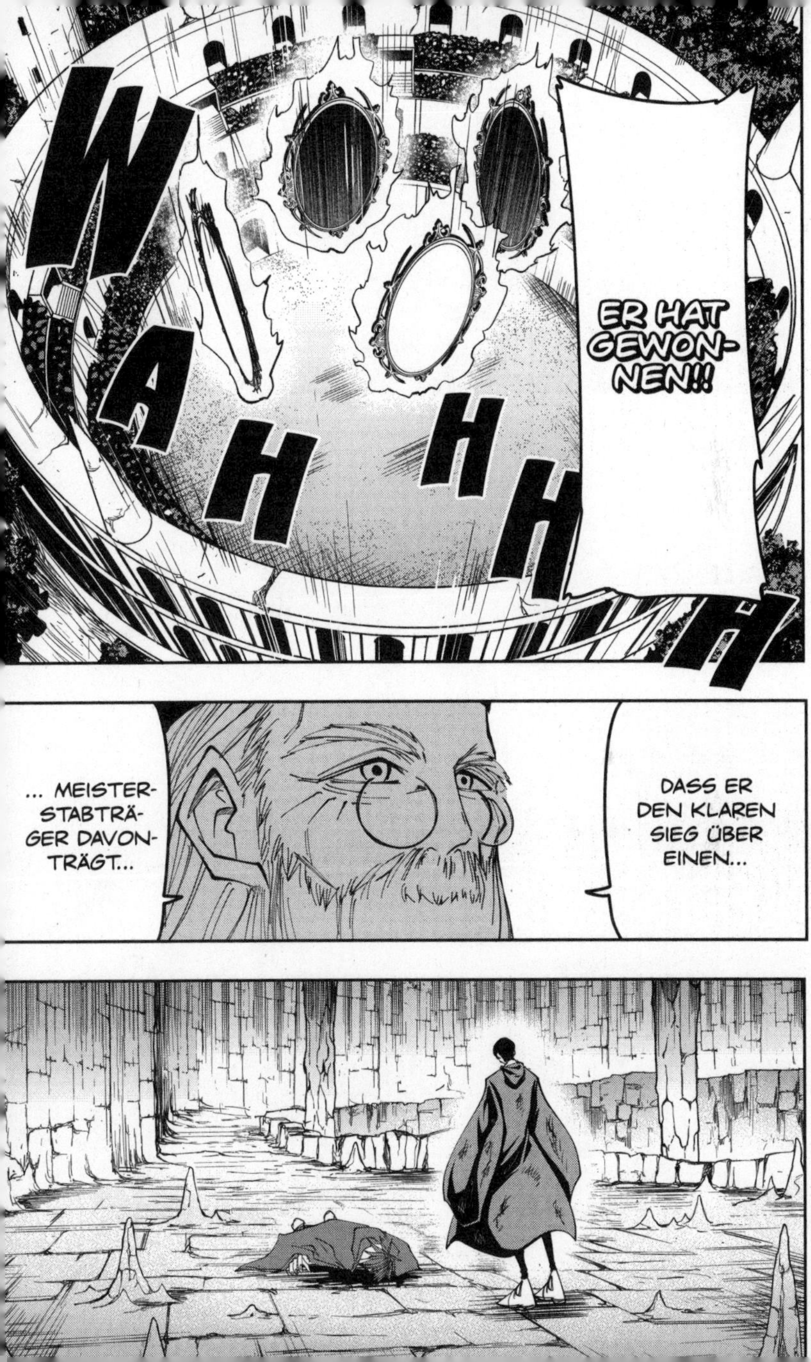
ER HAT GEWON-NEN!!
WAAHHHH
DASS ER DEN KLAREN SIEG ÜBER EINEN...
... MEISTER-STABTRÄ-GER DAVON-TRÄGT...

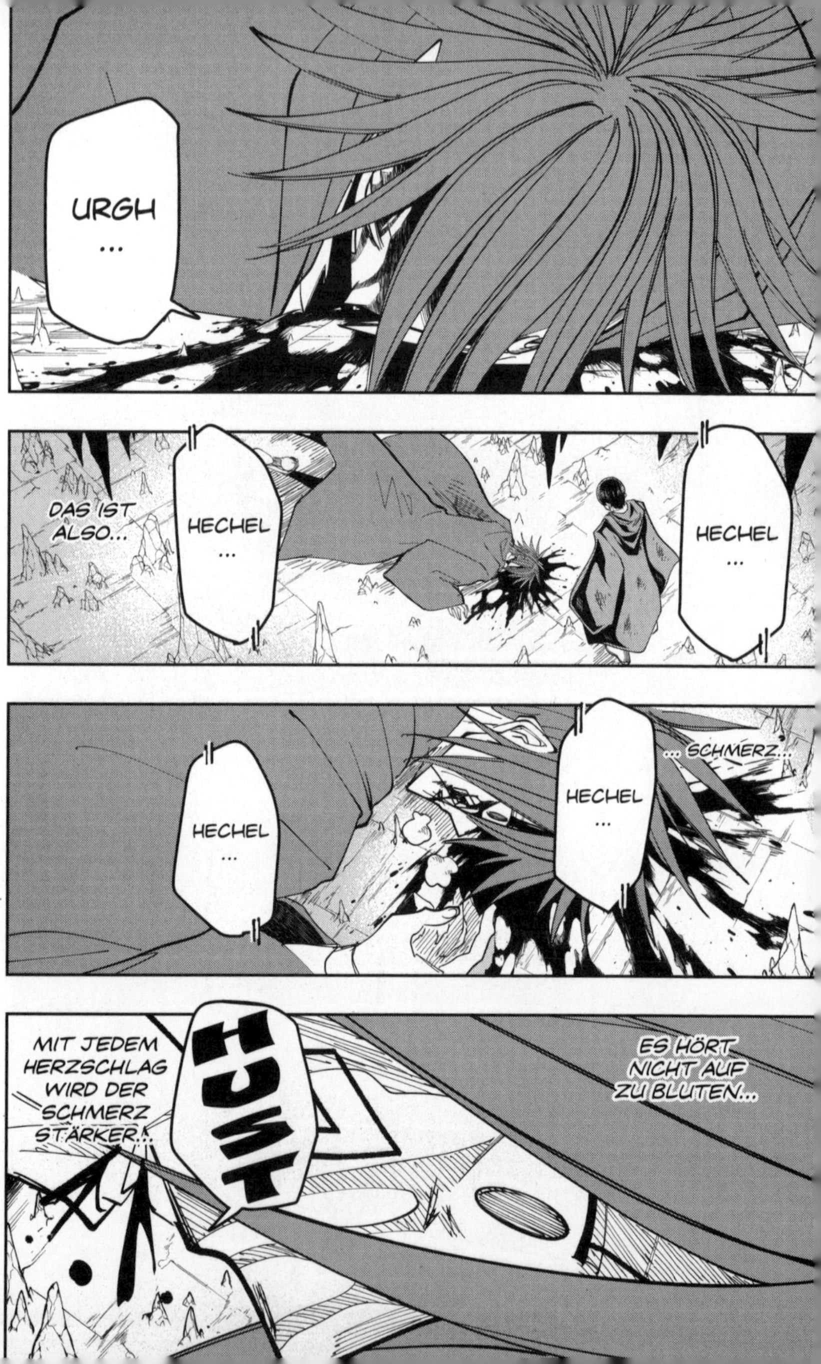
URGH ...
HECHEL ...
HECHEL ...
DAS IST ALSO...
... SCHMERZ...
HECHEL ...
HECHEL ...
ES HÖRT NICHT AUF ZU BLUTEN...
HUST
MIT JEDEM HERZSCHLAG WIRD DER SCHMERZ STÄRKER...

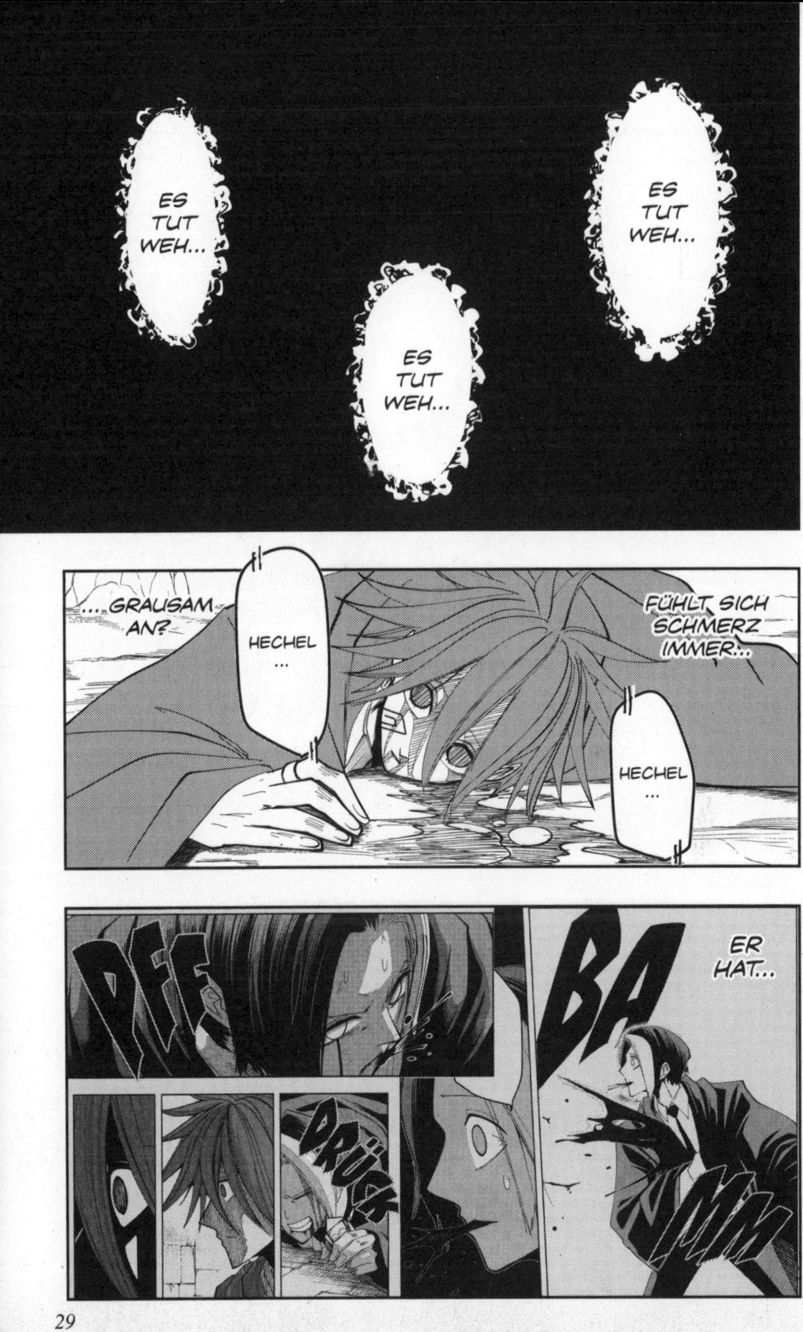
ES TUT WEH...
ES TUT WEH...
ES TUT WEH...
FÜHLT SICH SCHMERZ IMMER...
HECHEL ...
HECHEL ...
...GRAUSAM AN?
ER HAT...
BA
DEF
DRÜCK
IMMM

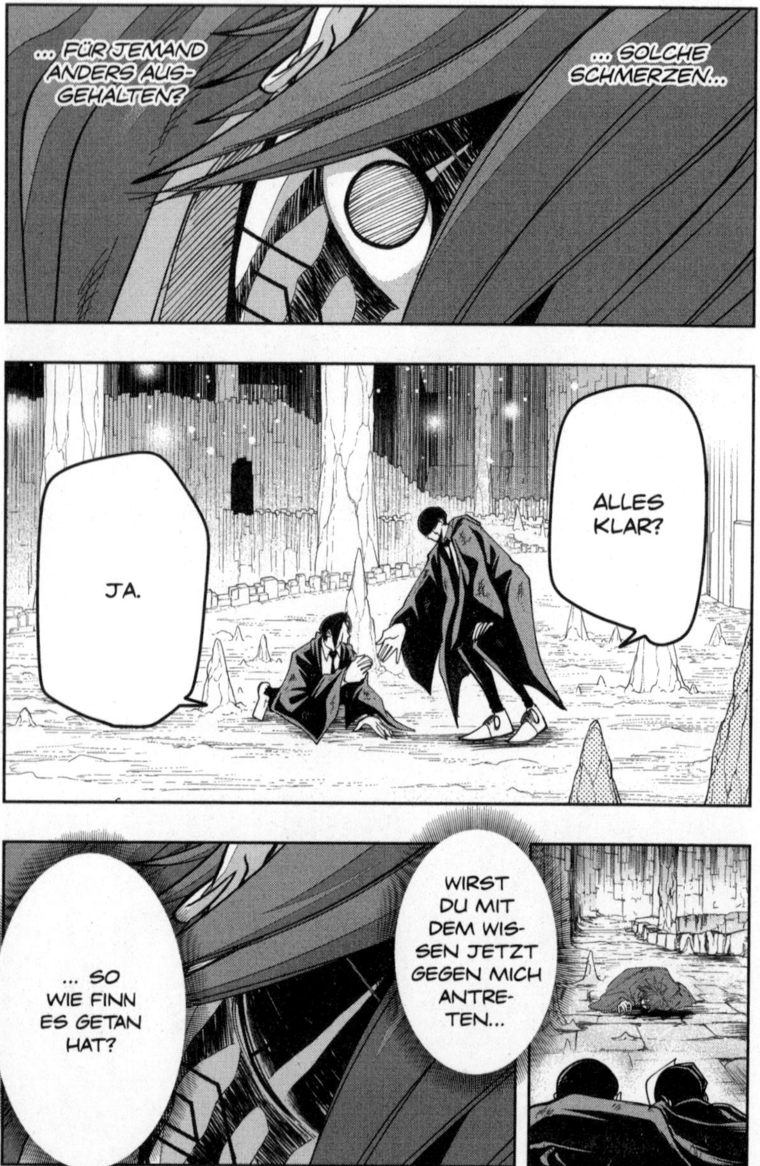

... SOLCHE SCHMERZEN...
... FÜR JEMAND ANDERS AUS-GEHALTEN?
ALLES KLAR?
JA.
WIRST DU MIT DEM WIS-SEN JETZT GEGEN MICH ANTRE-TEN...
... SO WIE FINN ES GETAN HAT?

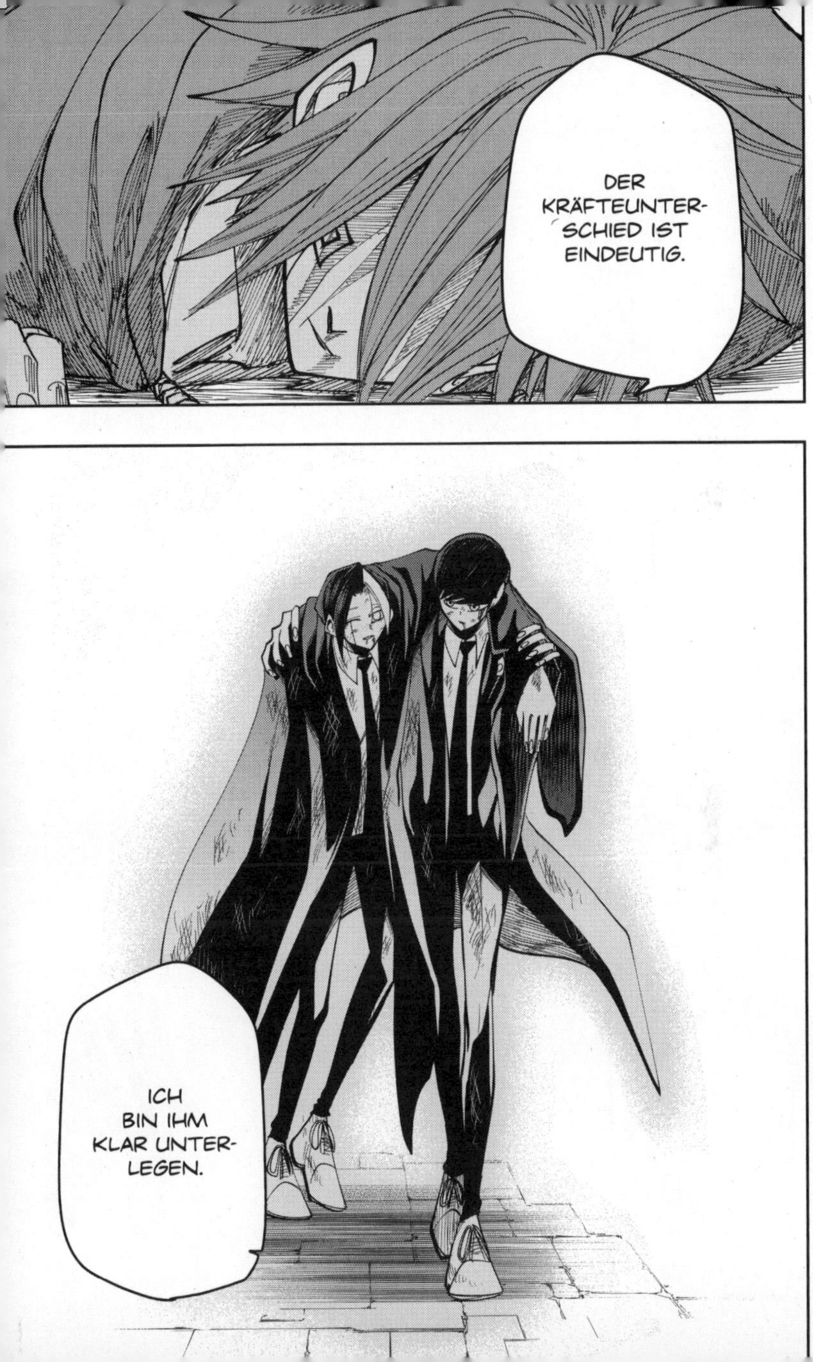
DER KRÄFTEUNTER-SCHIED IST EINDEUTIG.
ICH BIN IHM KLAR UNTER-LEGEN.

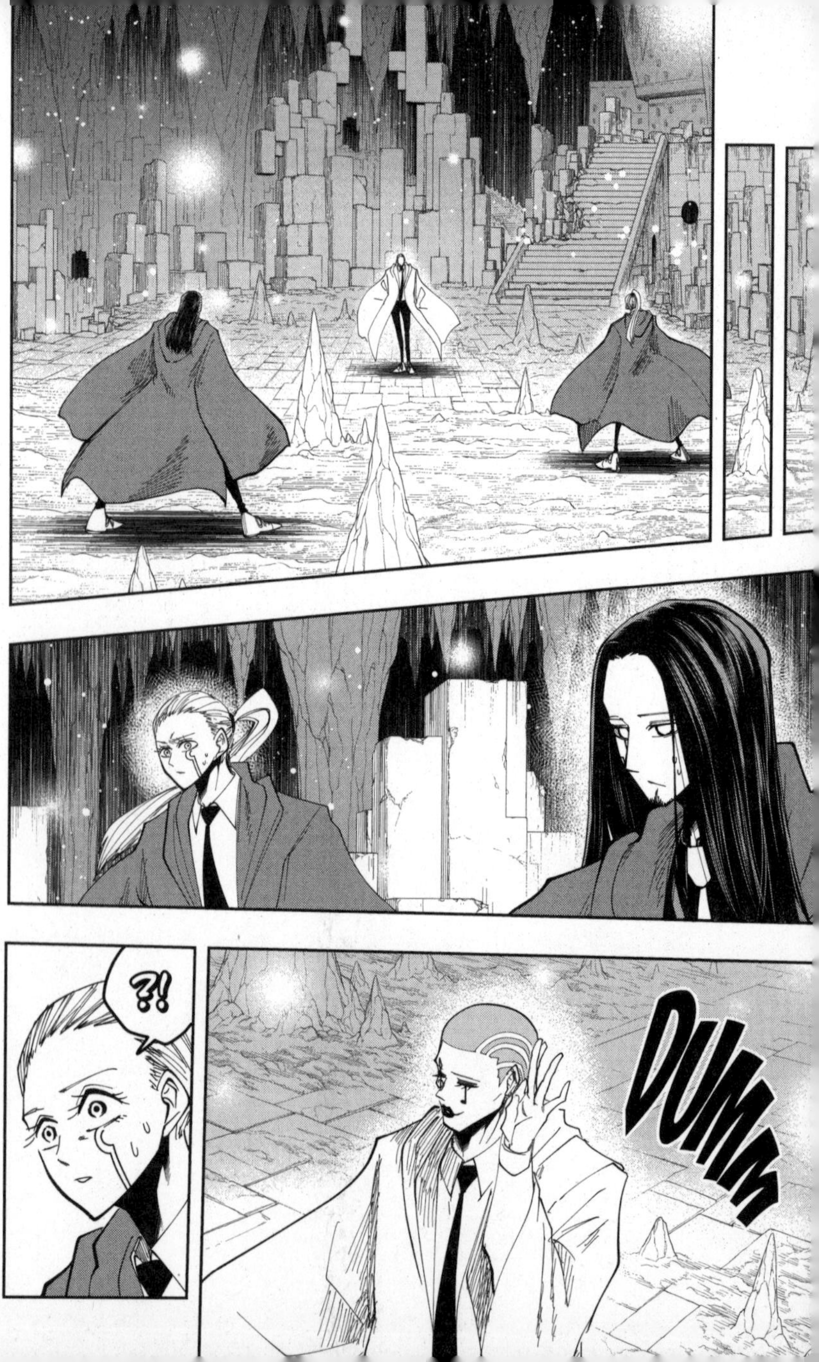
?!
DUMM

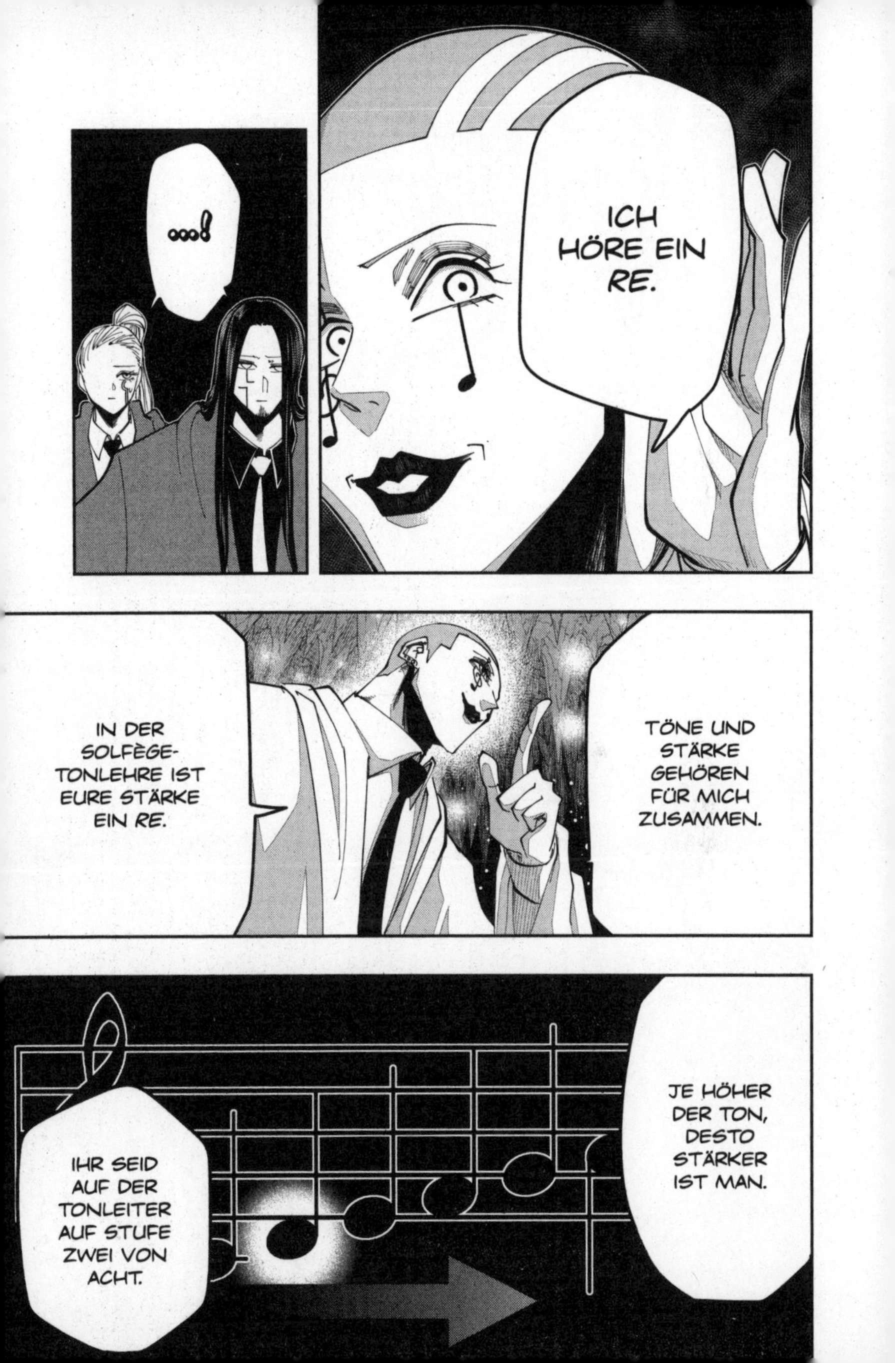
ICH HÖRE EIN RE.
...!
TÖNE UND STÄRKE GEHÖREN FÜR MICH ZUSAMMEN.
IN DER SOLFÈGE-TONLEHRE IST EURE STÄRKE EIN RE.
JE HÖHER DER TON, DESTO STÄRKER IST MAN.
IHR SEID AUF DER TONLEITER AUF STUFE ZWEI VON ACHT.

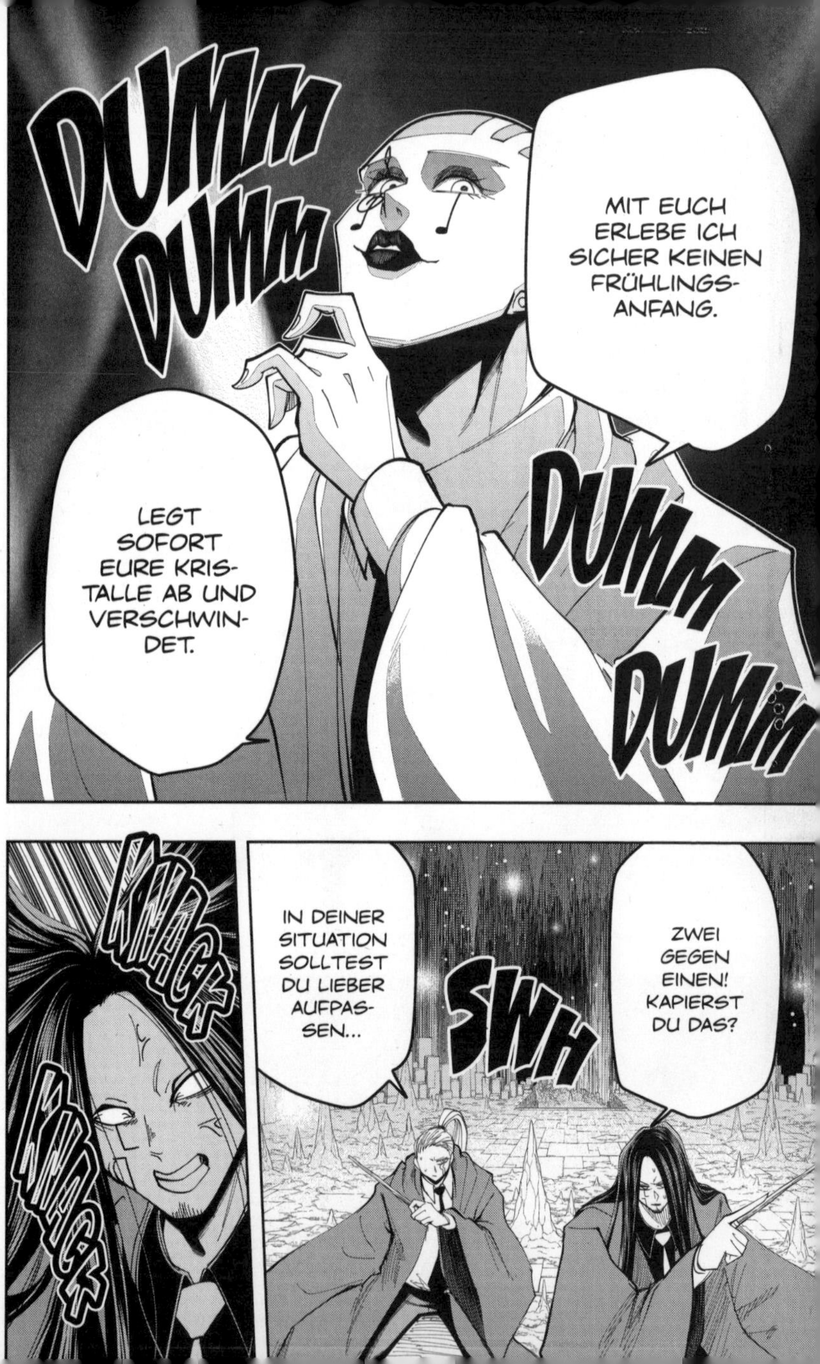
DUMM DUMM
MIT EUCH ERLEBE ICH SICHER KEINEN FRÜHLINGS-ANFANG.
LEGT SOFORT EURE KRIS-TALLE AB UND VERSCHWIN-DET.
DUMM DUMM
ZWEI GEGEN EINEN! KAPIERST DU DAS?
SWH
IN DEINER SITUATION SOLLTEST DU LIEBER AUFPAS-SEN...

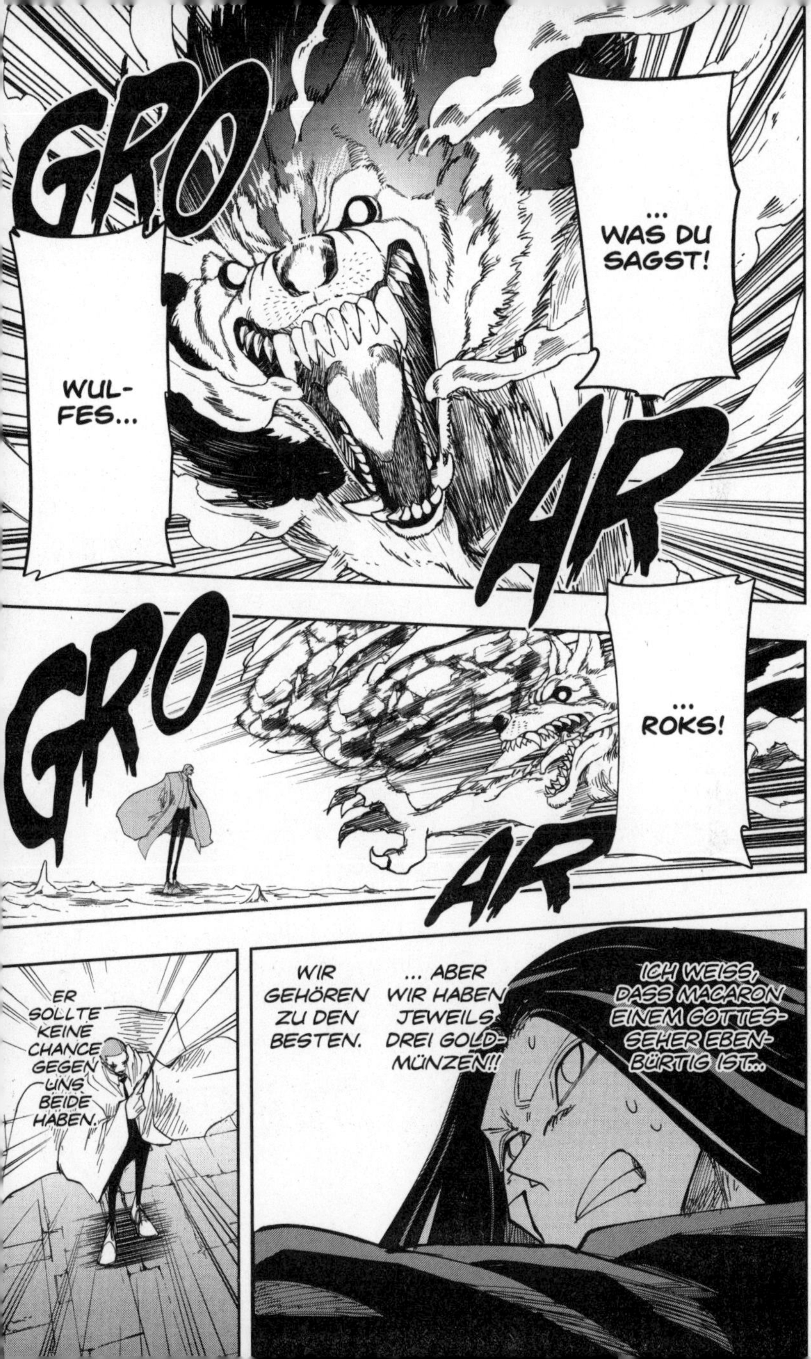
... WAS DU SAGST!
GRO
WUL-FES...
AR
GRO
... ROKS!
AR
ICH WEISS, DASS MACARON EINEM GOTTES-SEHER EBEN-BÜRTIG IST...
WIR GEHÖREN ZU DEN BESTEN.
... ABER WIR HABEN JEWEILS DREI GOLD-MÜNZEN!!
ER SOLLTE KEINE CHANCE GEGEN UNS BEIDE HABEN.

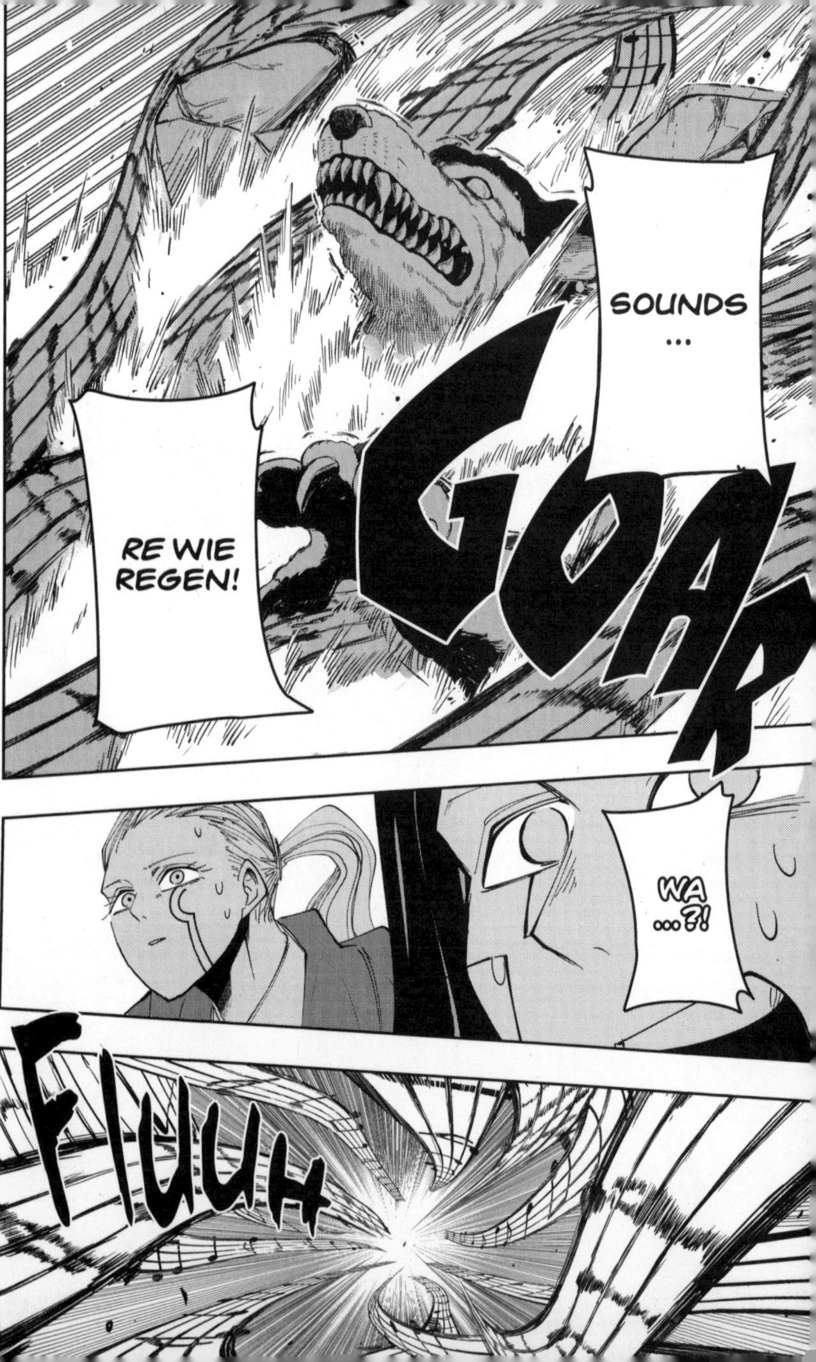
SOUNDS ...
RE WIE REGEN!
GOAR
WA ...?!
FIUUH

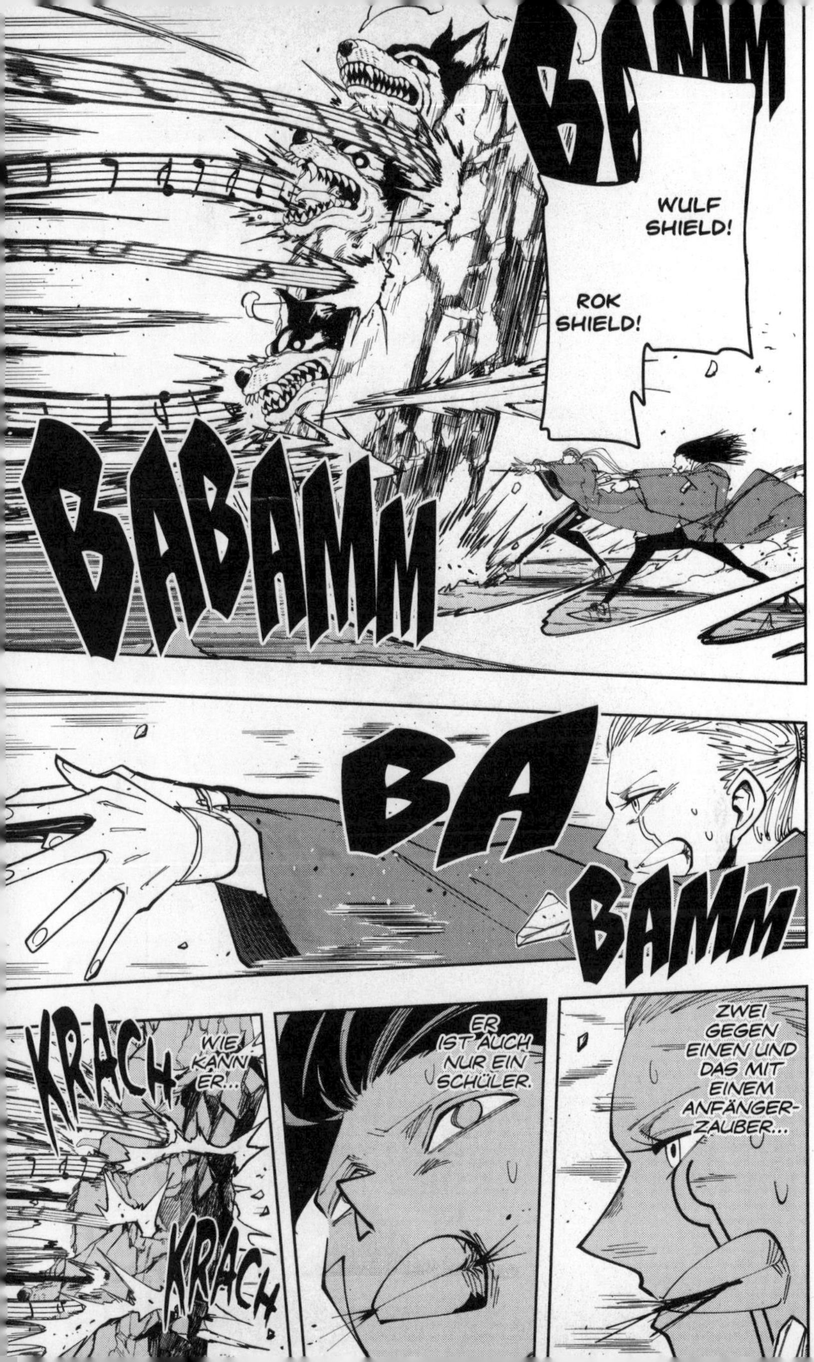
BAMM
WULF SHIELD!
ROK SHIELD!
BABAMM
BA
BAMM
ZWEI GEGEN EINEN UND DAS MIT EINEM ANFÄNGER-ZAUBER…
ER IST AUCH NUR EIN SCHÜLER.
WIE KANN ER…
KRACH
KRACH

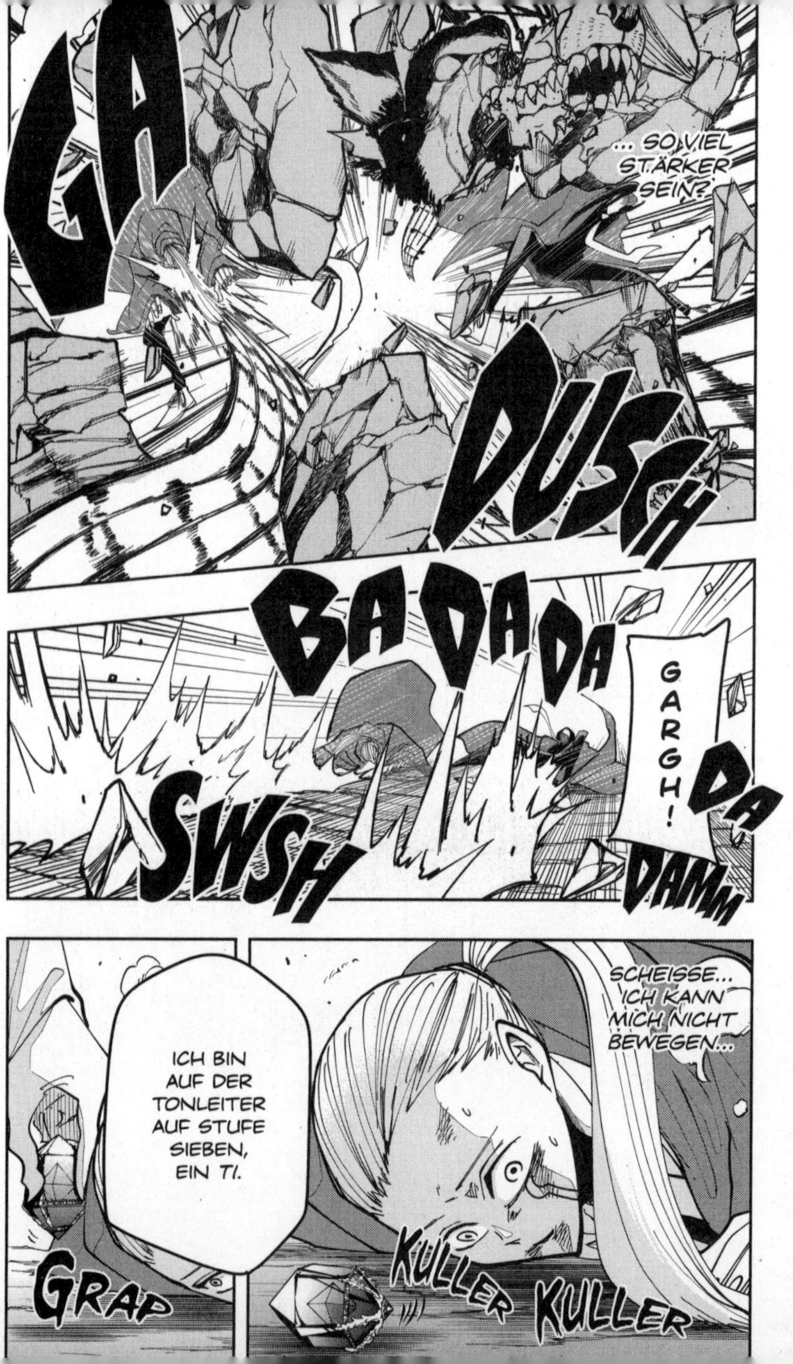

GA
... SO VIEL STÄRKER SEIN?
DUSCH
BADADA
GARGH!
DA DA
SWSH
DAMM
SCHEISSE... ICH KANN MICH NICHT BEWEGEN...
ICH BIN AUF DER TONLEITER AUF STUFE SIEBEN, EIN TI.
KULLER KULLER
GRAP

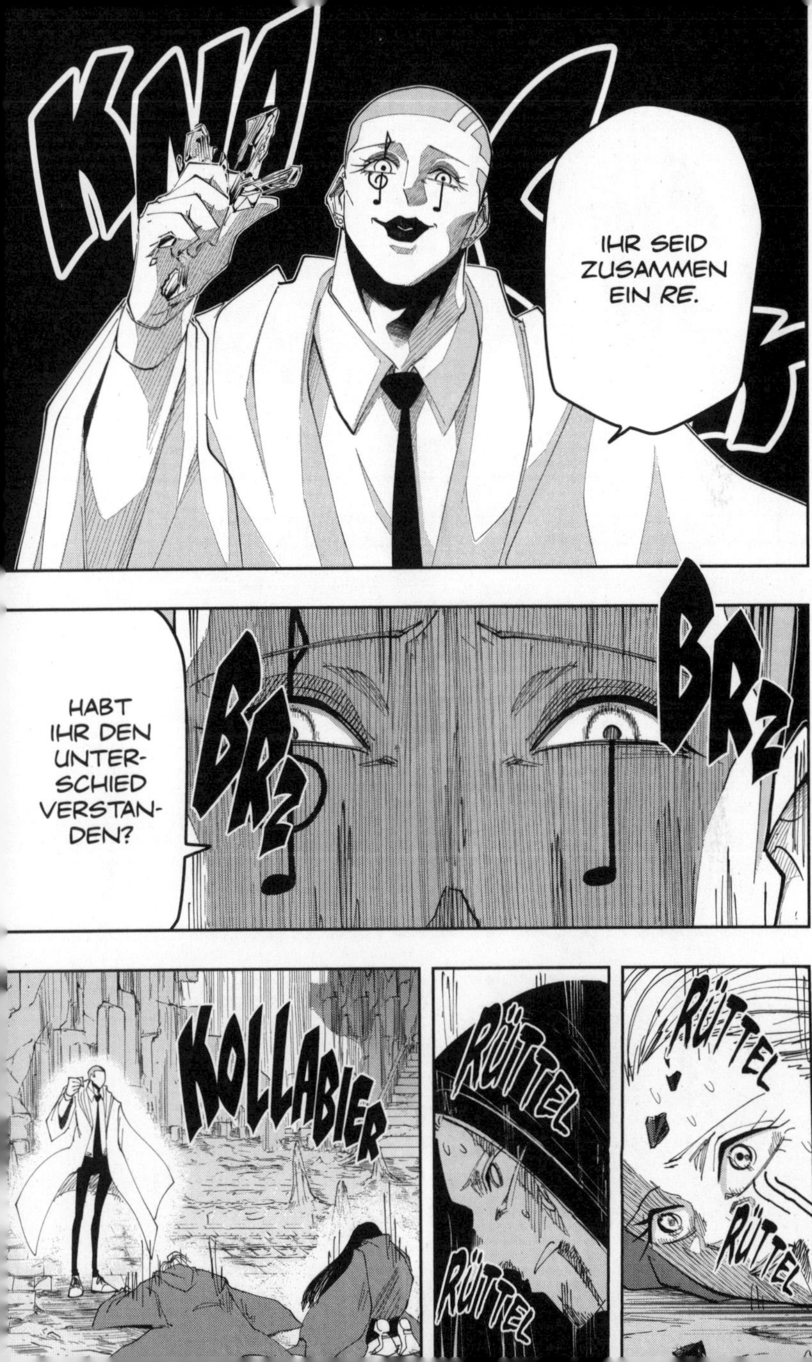
KNA
IHR SEID ZUSAMMEN EIN RE.
BRZ
BRZ
HABT IHR DEN UNTER-SCHIED VERSTAN-DEN?
RÜTTEL
RÜTTEL
RÜTTEL
RÜTTEL
KOLLABIER

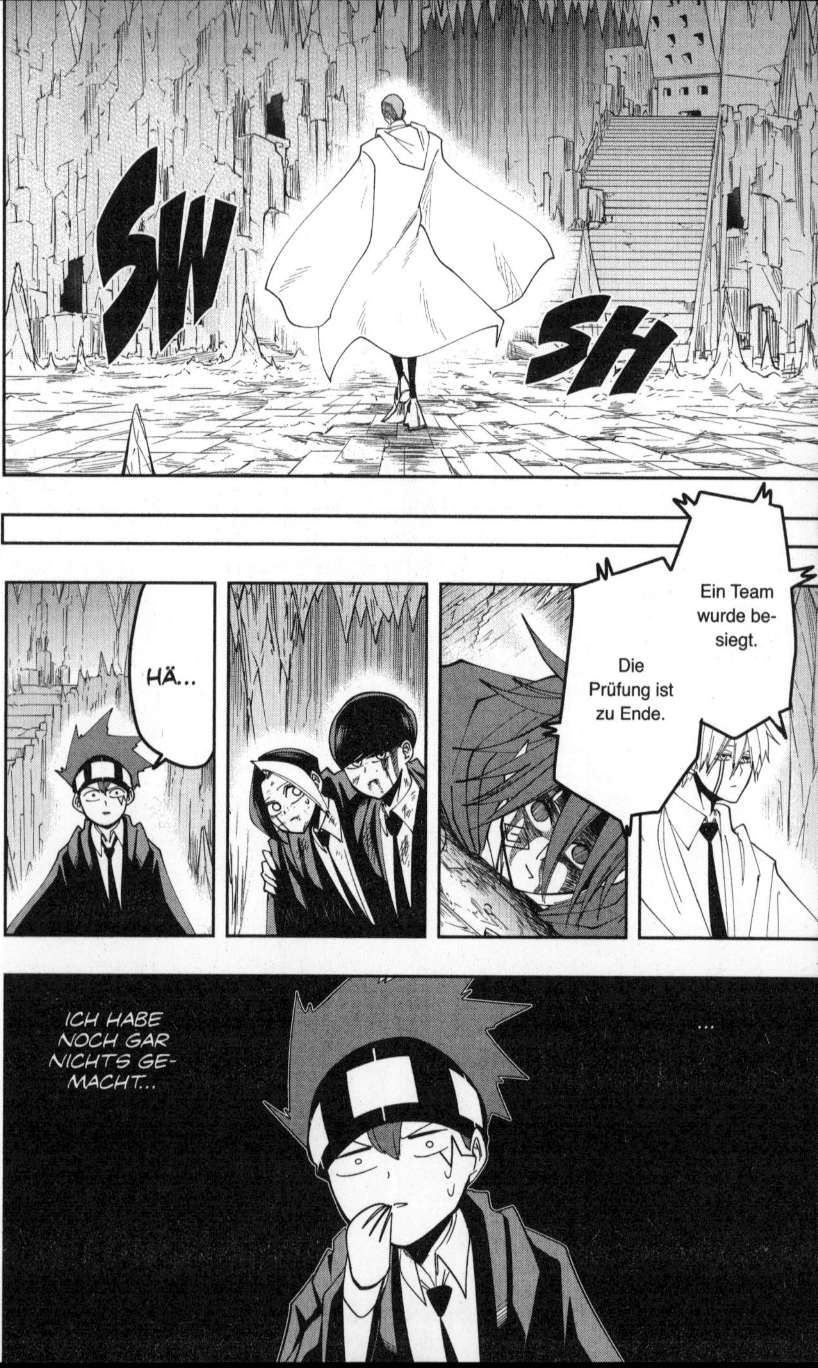

SWSH
Ein Team wurde besiegt.
Die Prüfung ist zu Ende.
HÄ...
...
ICH HABE NOCH GAR NICHTS GEMACHT...

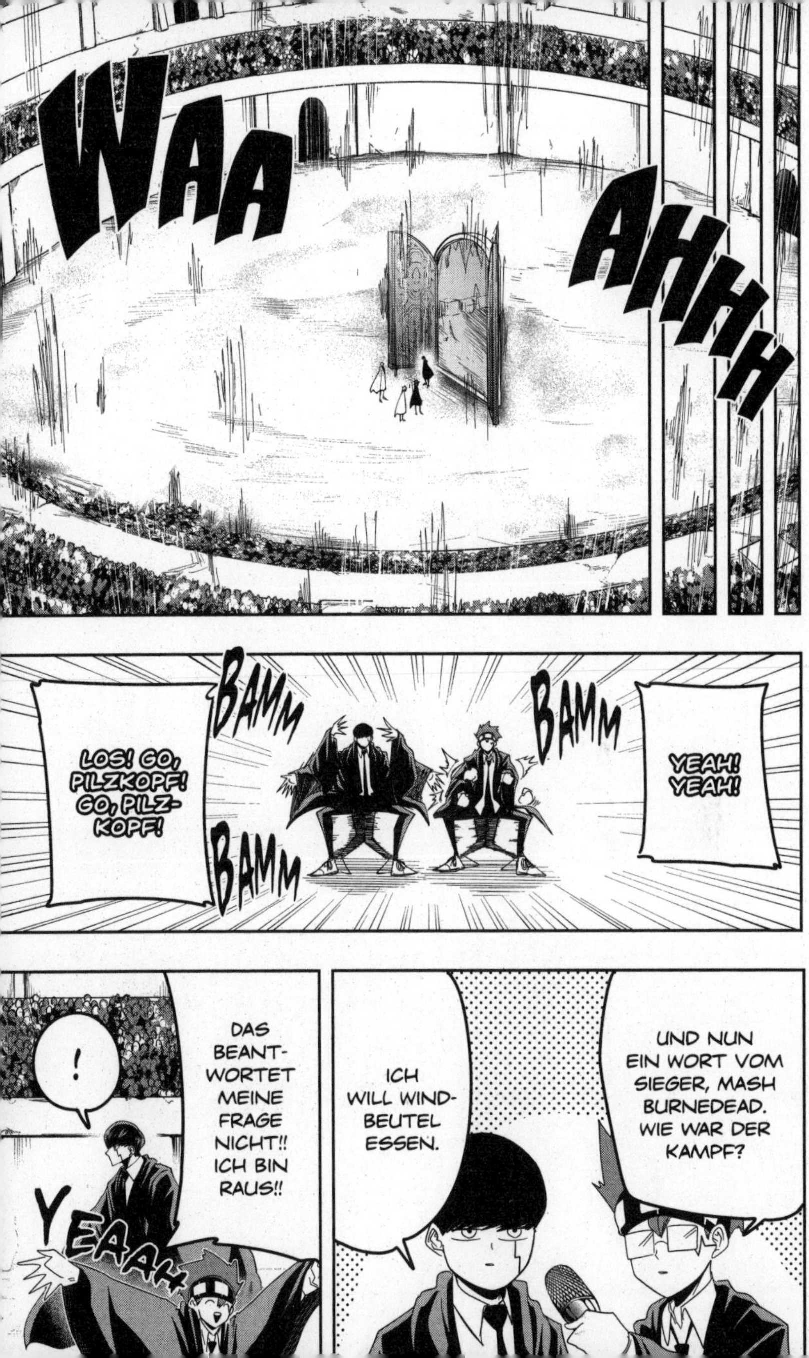
WAA
AHHH
YEAH! YEAH!
BAMM
BAMM
BAMM
LOS! GO, PILZKOPF! GO, PILZ-KOPF!
UND NUN EIN WORT VOM SIEGER, MASH BURNEDEAD. WIE WAR DER KAMPF?
ICH WILL WIND-BEUTEL ESSEN.
DAS BEANT-WORTET MEINE FRAGE NICHT!! ICH BIN RAUS!!
!
YEAAAH

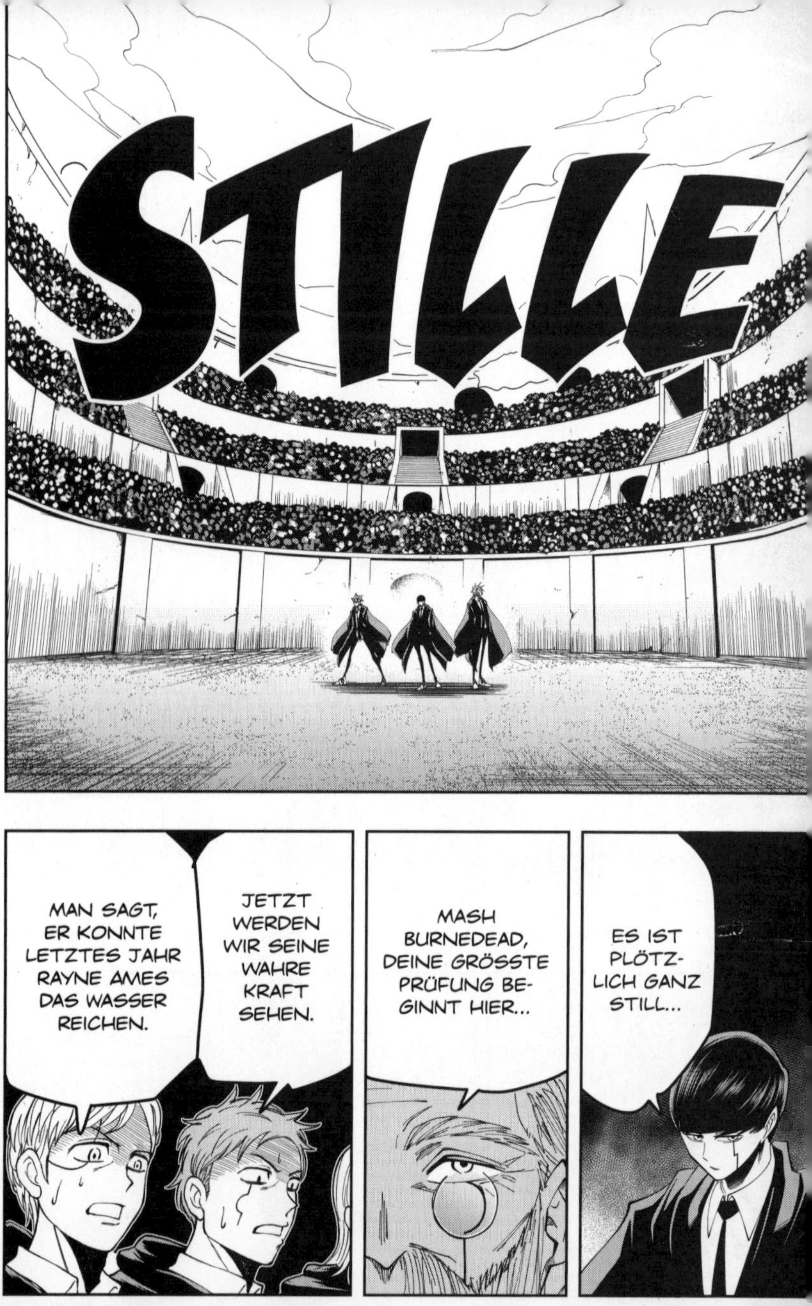
STILLE
ES IST PLÖTZLICH GANZ STILL...
MASH BURNEDEAD, DEINE GRÖSSTE PRÜFUNG BEGINNT HIER...
JETZT WERDEN WIR SEINE WAHRE KRAFT SEHEN.
MAN SAGT, ER KONNTE LETZTES JAHR RAYNE AMES DAS WASSER REICHEN.

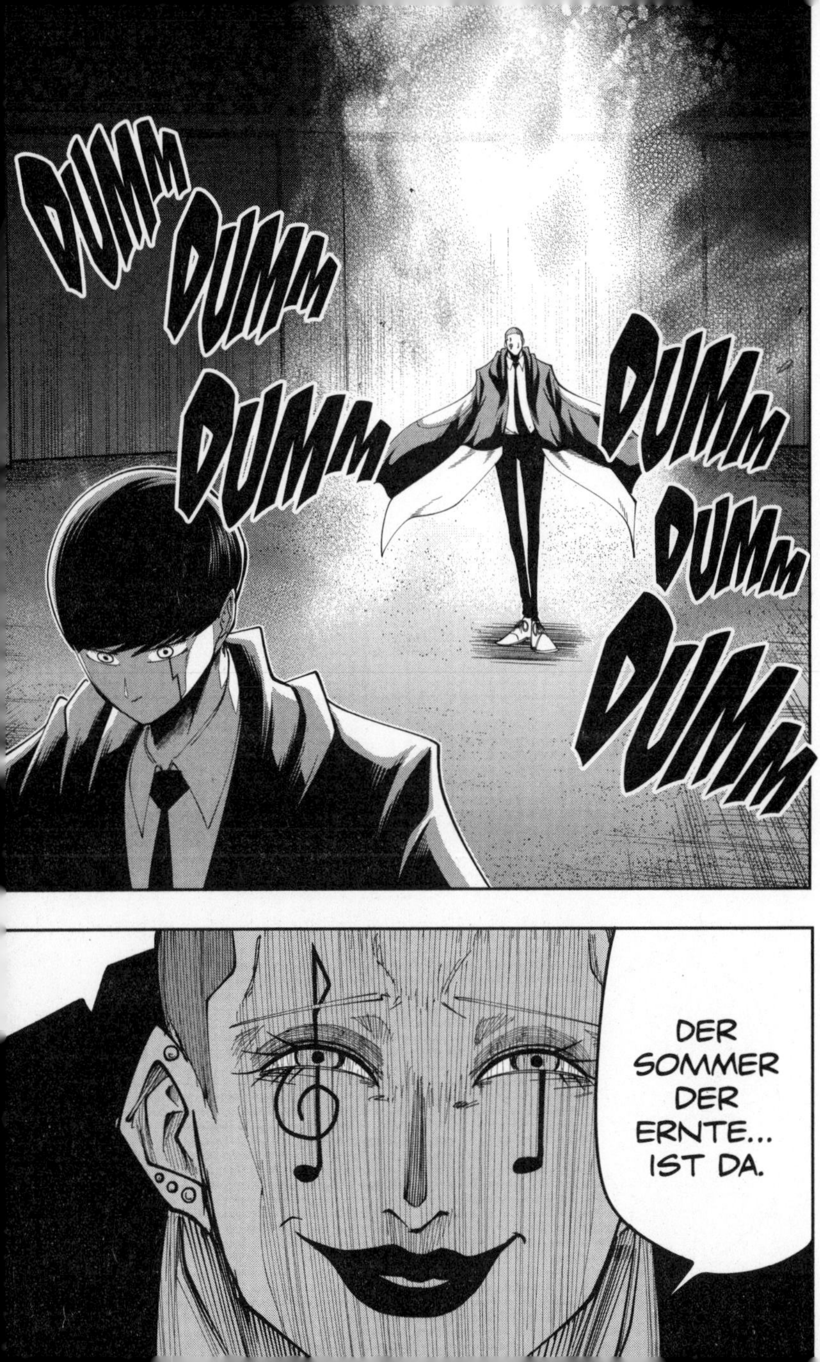
DUMM
DUMM
DUMM
DUMM
DUMM
DUMM
DER SOMMER DER ERNTE... IST DA.

Extra 1

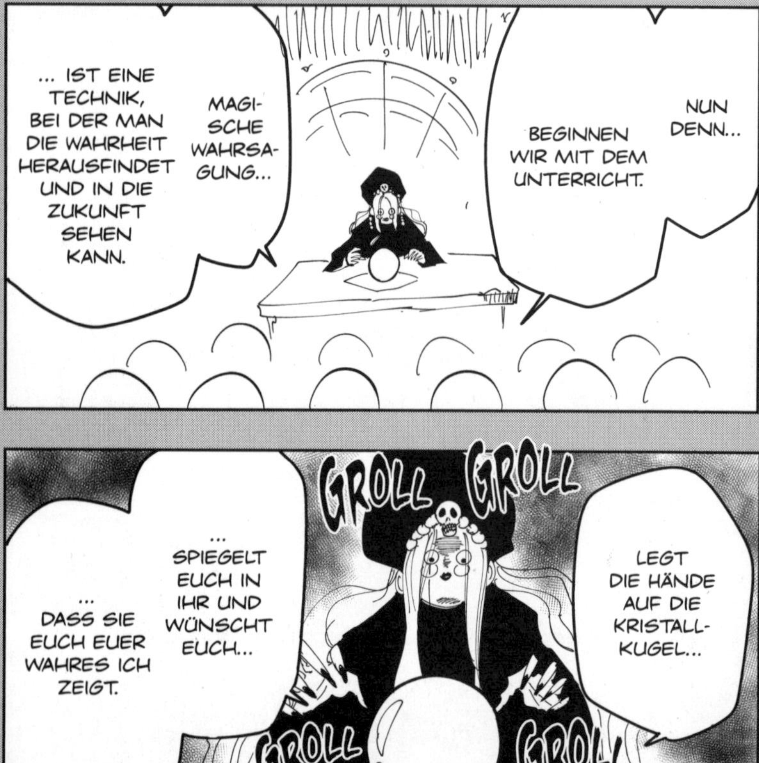

Fortsetzung auf Seite 66

56. Kapitel Mash Burnedead und der Gottesseher des Feuers

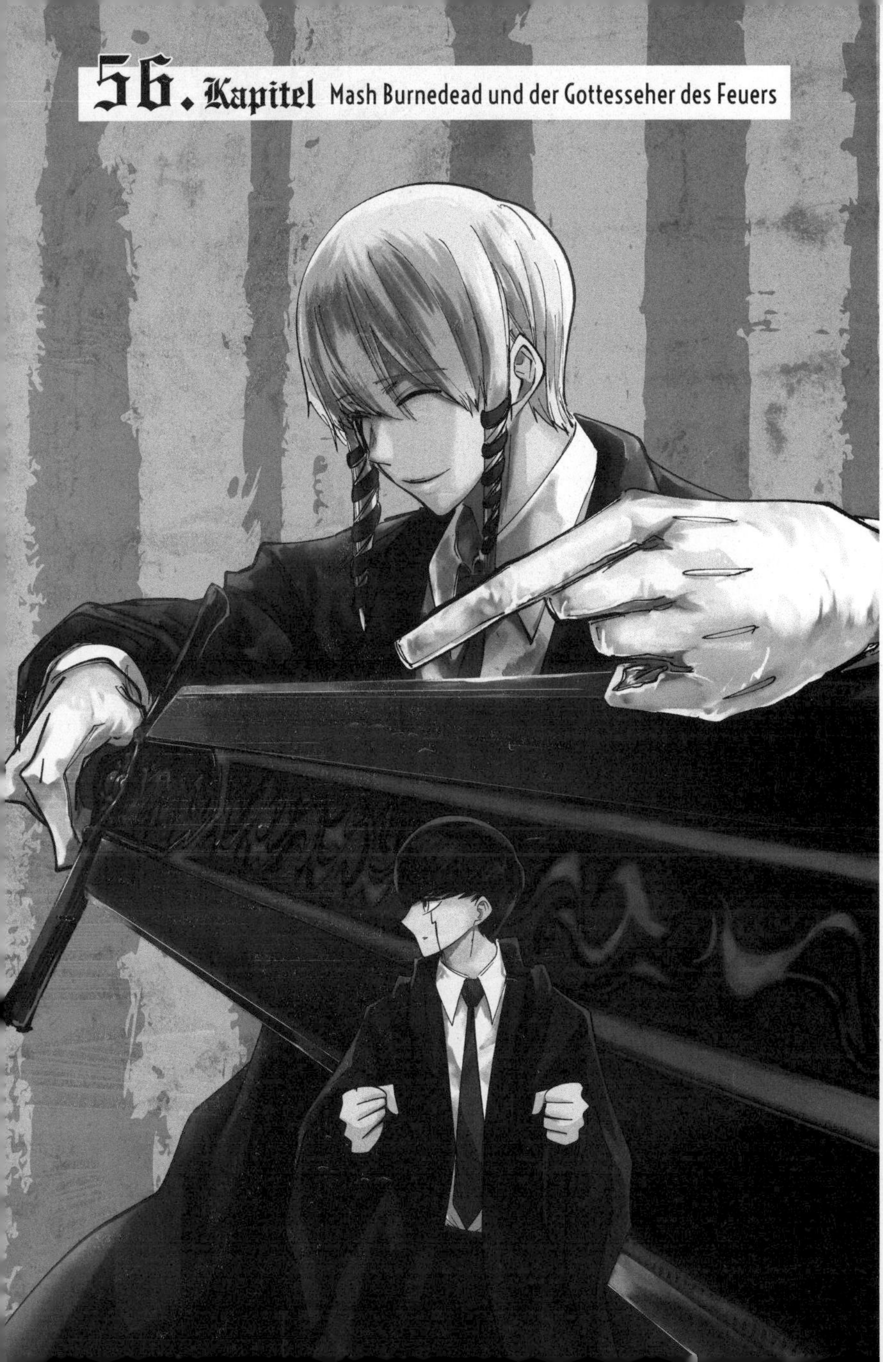

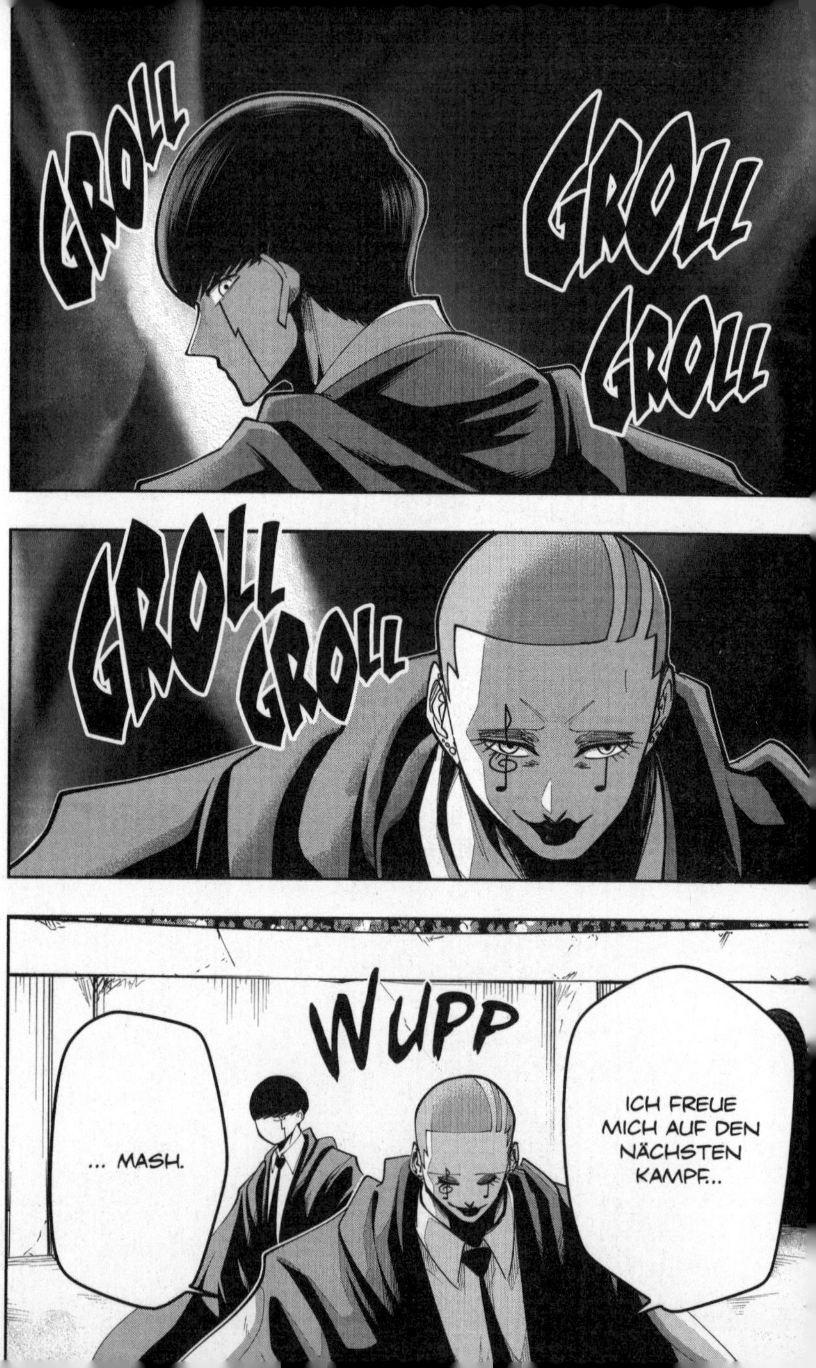
GROLL
GROLL
GROLL
GROLL
GROLL
WUPP
ICH FREUE MICH AUF DEN NÄCHSTEN KAMPF...
... MASH.

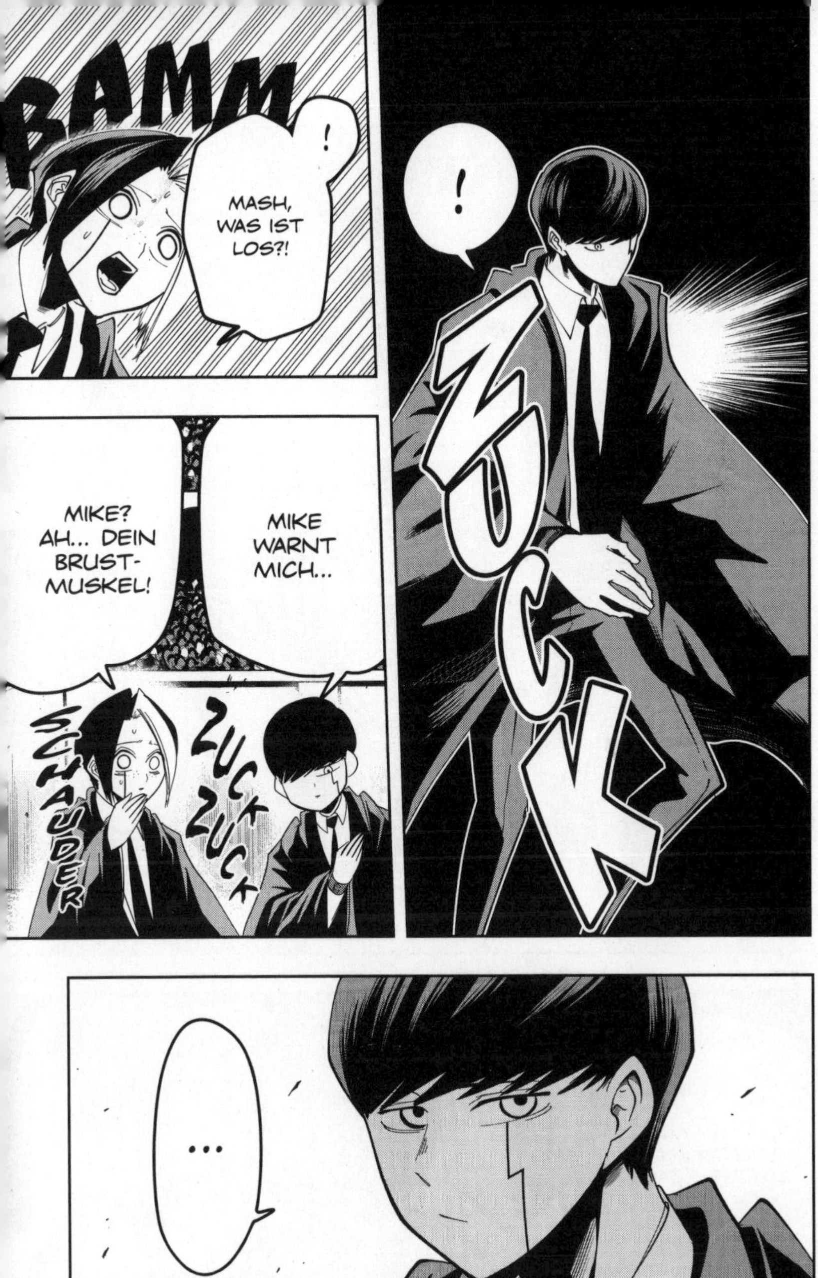
!
ZUCK
BAMM
!
MASH, WAS IST LOS?!
MIKE WARNT MICH...
ZUCK ZUCK
MIKE? AH... DEIN BRUST-MUSKEL!
SCHAUDER
...

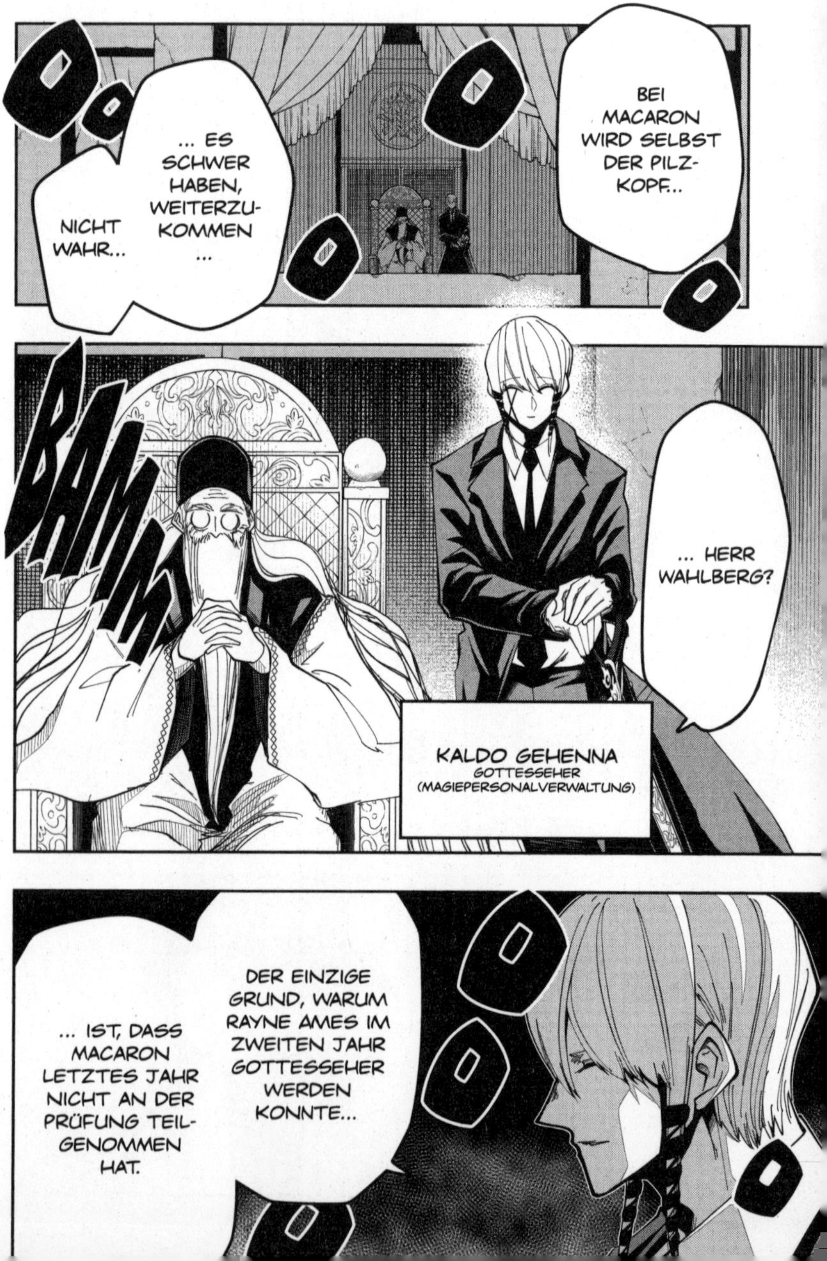

BEI MACARON WIRD SELBST DER PILZ-KOPF...
... ES SCHWER HABEN, WEITERZU-KOMMEN ...
NICHT WAHR...
BAMM
... HERR WAHLBERG?
KALDO GEHENNA
GOTTESSEHER (MAGIEPERSONALVERWALTUNG)
DER EINZIGE GRUND, WARUM RAYNE AMES IM ZWEITEN JAHR GOTTESSEHER WERDEN KONNTE...
... IST, DASS MACARON LETZTES JAHR NICHT AN DER PRÜFUNG TEIL-GENOMMEN HAT.

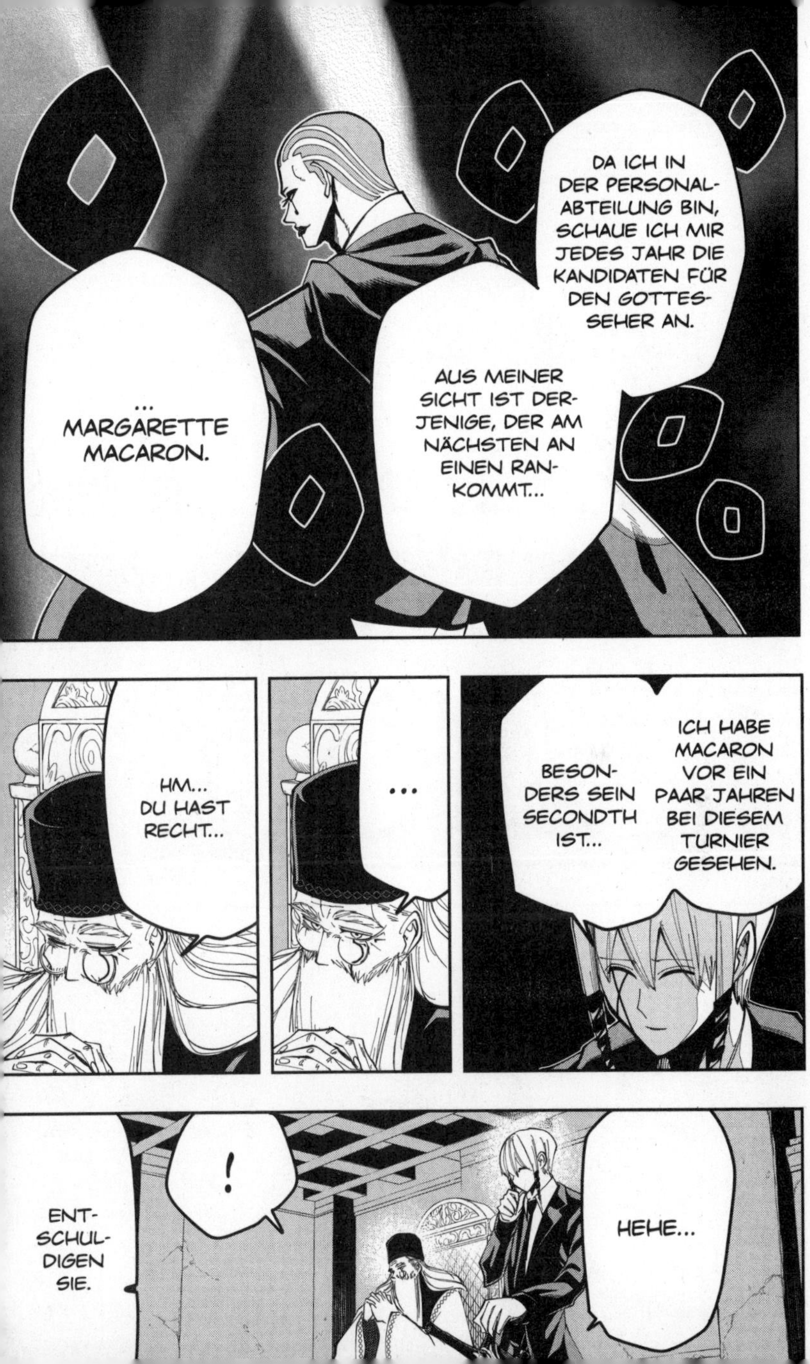
DA ICH IN DER PERSONAL-ABTEILUNG BIN, SCHAUE ICH MIR JEDES JAHR DIE KANDIDATEN FÜR DEN GOTTES-SEHER AN.
AUS MEINER SICHT IST DER-JENIGE, DER AM NÄCHSTEN AN EINEN RAN-KOMMT...
... MARGARETTE MACARON.
ICH HABE MACARON VOR EIN PAAR JAHREN BEI DIESEM TURNIER GESEHEN.
BESON-DERS SEIN SECONDTH IST...
...
HM... DU HAST RECHT...
HEHE...
!
ENT-SCHUL-DIGEN SIE.

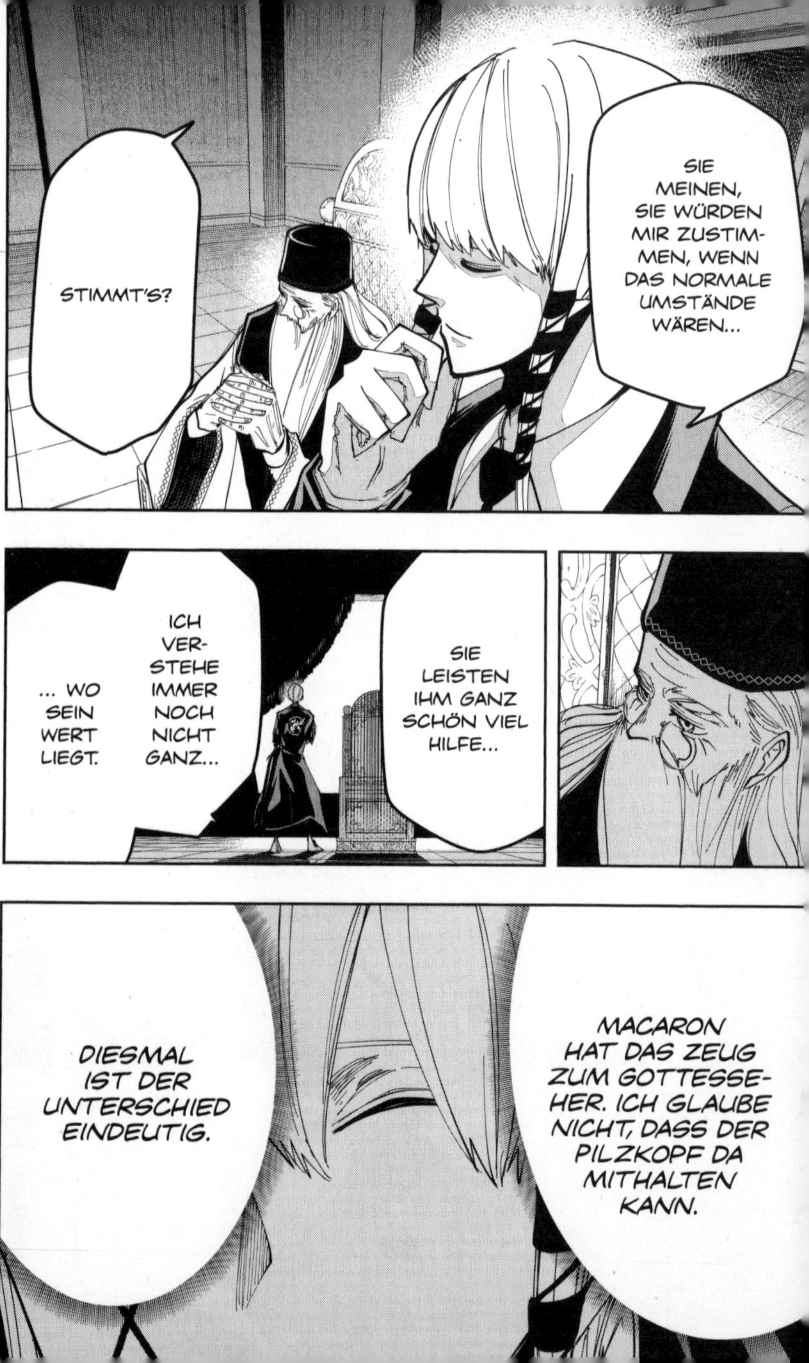
SIE MEINEN, SIE WÜRDEN MIR ZUSTIM-MEN, WENN DAS NORMALE UMSTÄNDE WÄREN...
STIMMT'S?
SIE LEISTEN IHM GANZ SCHÖN VIEL HILFE...
ICH VER-STEHE IMMER NOCH NICHT GANZ...
... WO SEIN WERT LIEGT.
MACARON HAT DAS ZEUG ZUM GOTTESSE-HER. ICH GLAUBE NICHT, DASS DER PILZKOPF DA MITHALTEN KANN.
DIESMAL IST DER UNTERSCHIED EINDEUTIG.

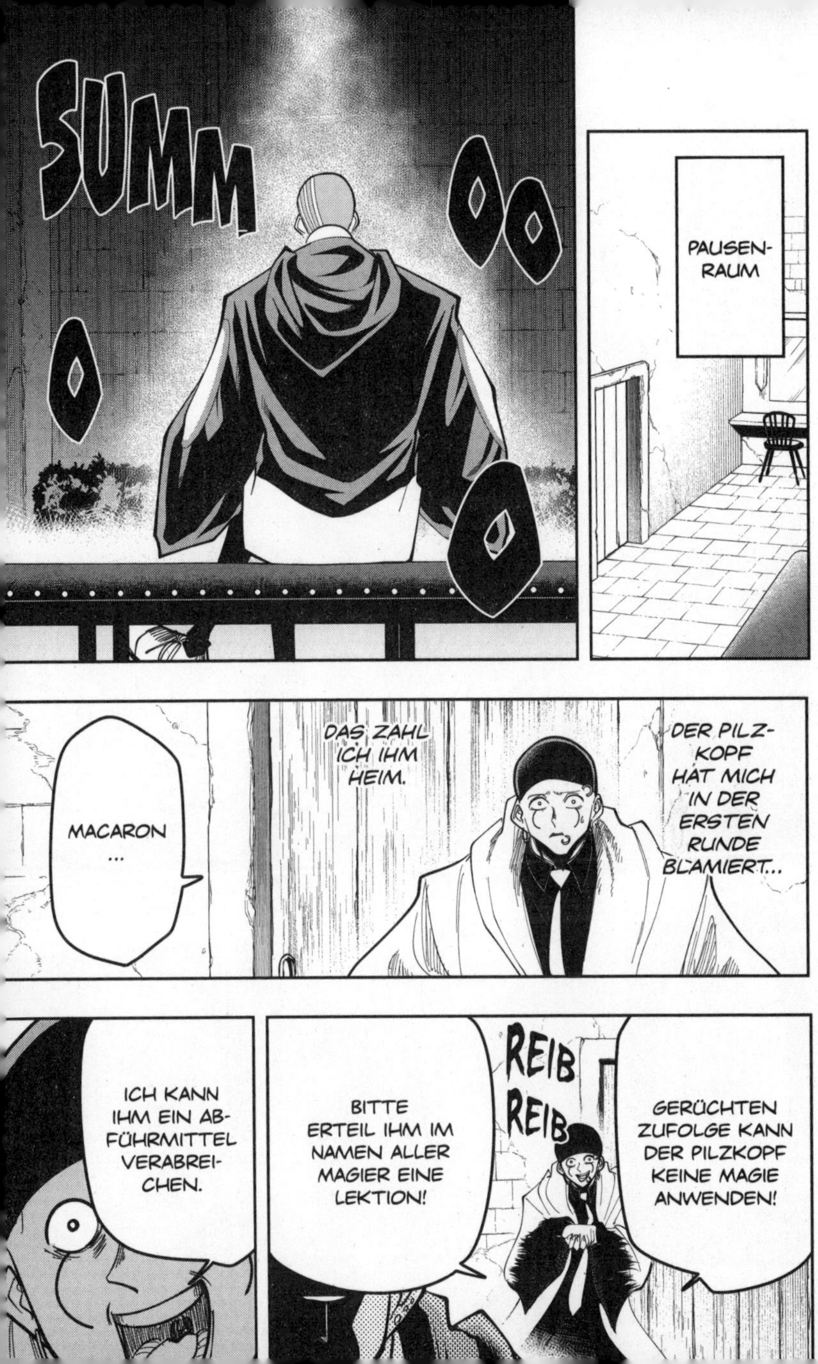
PAUSEN-
RAUM
SUMM
DER PILZKOPF HAT MICH IN DER ERSTEN RUNDE BLAMIERT...
DAS ZAHL ICH IHM HEIM.
MACARON ...
GERÜCHTEN ZUFOLGE KANN DER PILZKOPF KEINE MAGIE ANWENDEN!
REIB REIB
BITTE ERTEIL IHM IM NAMEN ALLER MAGIER EINE LEKTION!
ICH KANN IHM EIN AB-FÜHRMITTEL VERABREI-CHEN.

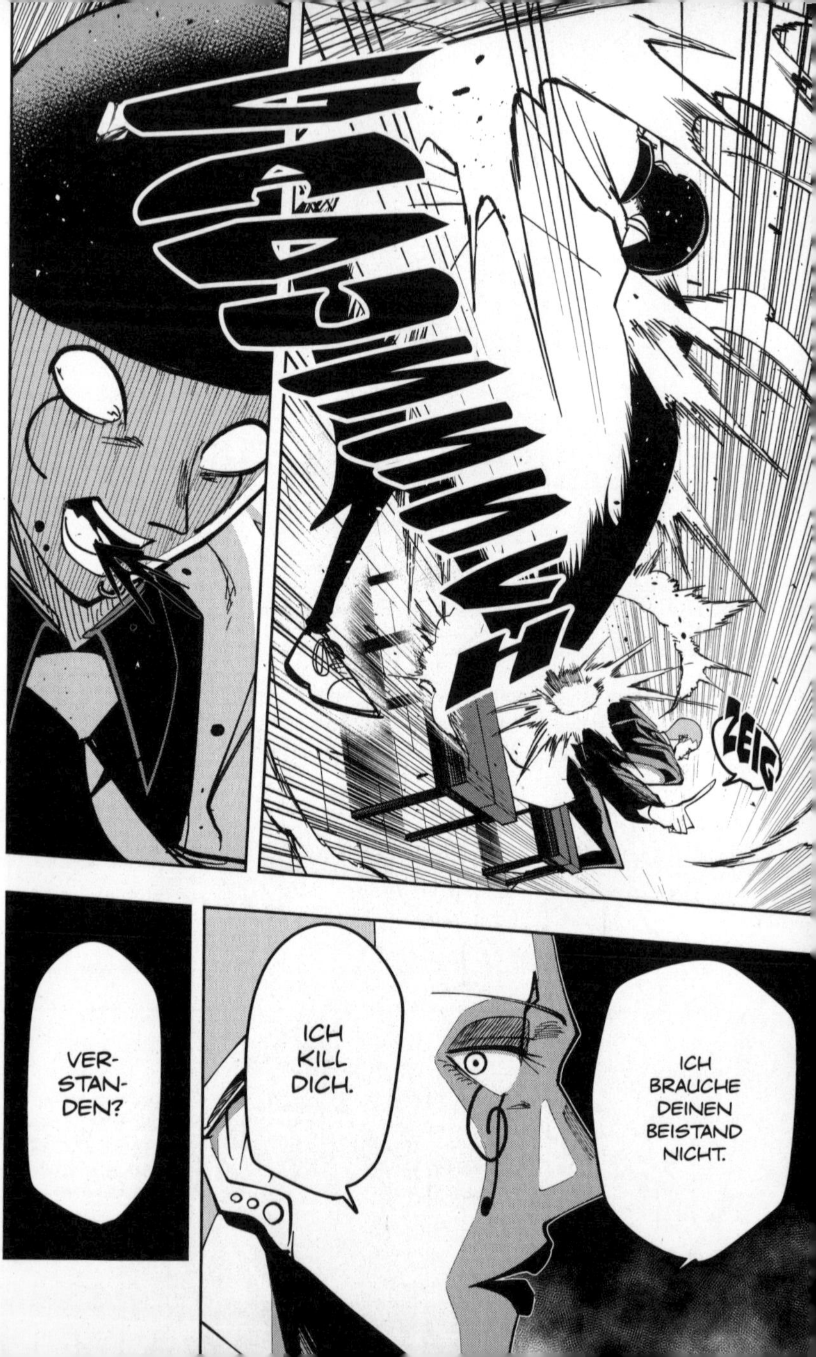
ZEIG
ICH BRAUCHE DEINEN BEISTAND NICHT.
ICH KILL DICH.
VER-STAN-DEN?

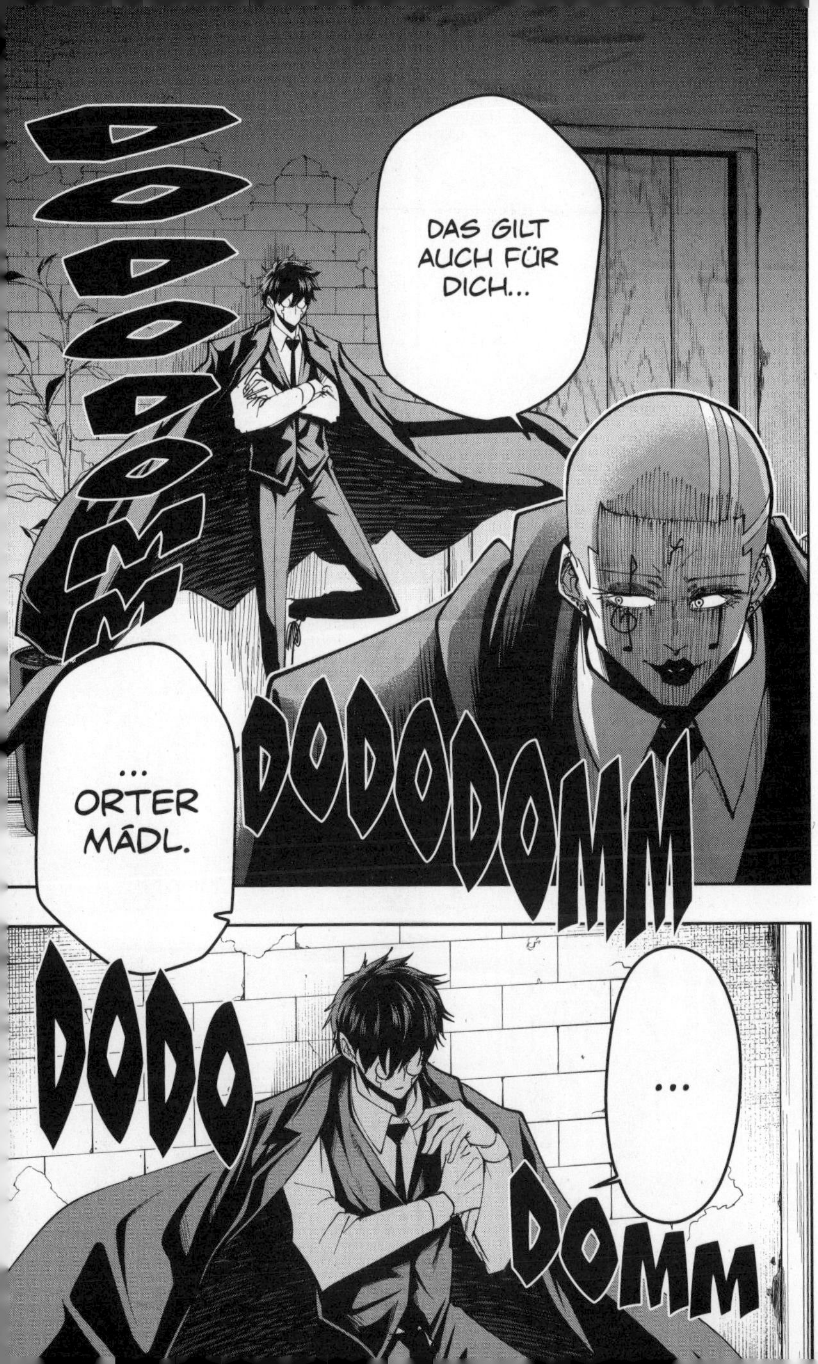
DAS GILT AUCH FÜR DICH...
DODODODOMM
... ORTER MÁDL.
DODODOMM
...
DODODOMM

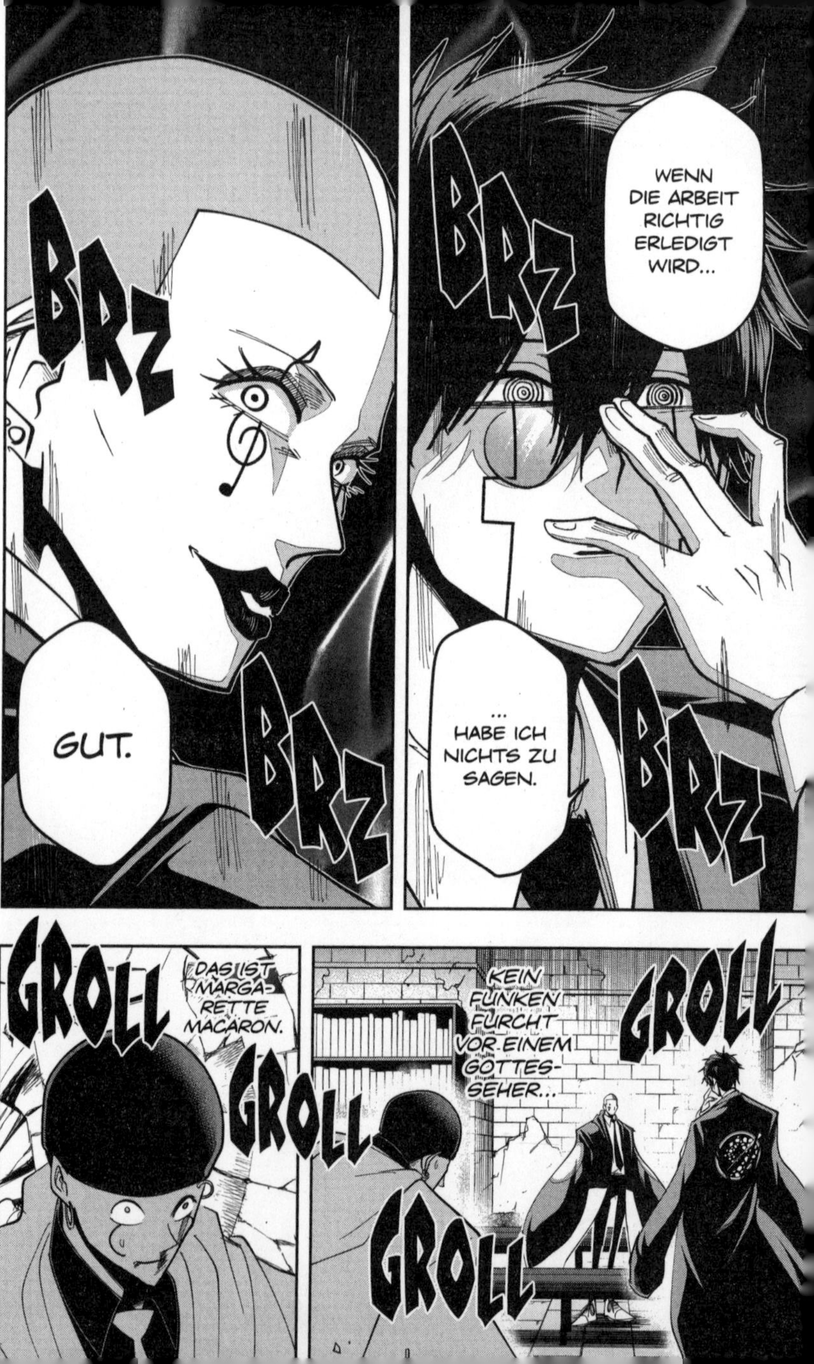
BRZ
WENN DIE ARBEIT RICHTIG ERLEDIGT WIRD...
... HABE ICH NICHTS ZU SAGEN.
BRZ
BRZ
GUT.
BRZ
GROLL
KEIN FUNKEN FURCHT VOR EINEM GOTTES-SEHER...
GROLL
DAS IST MARGA-RETTE MACARON.
GROLL
GROLL

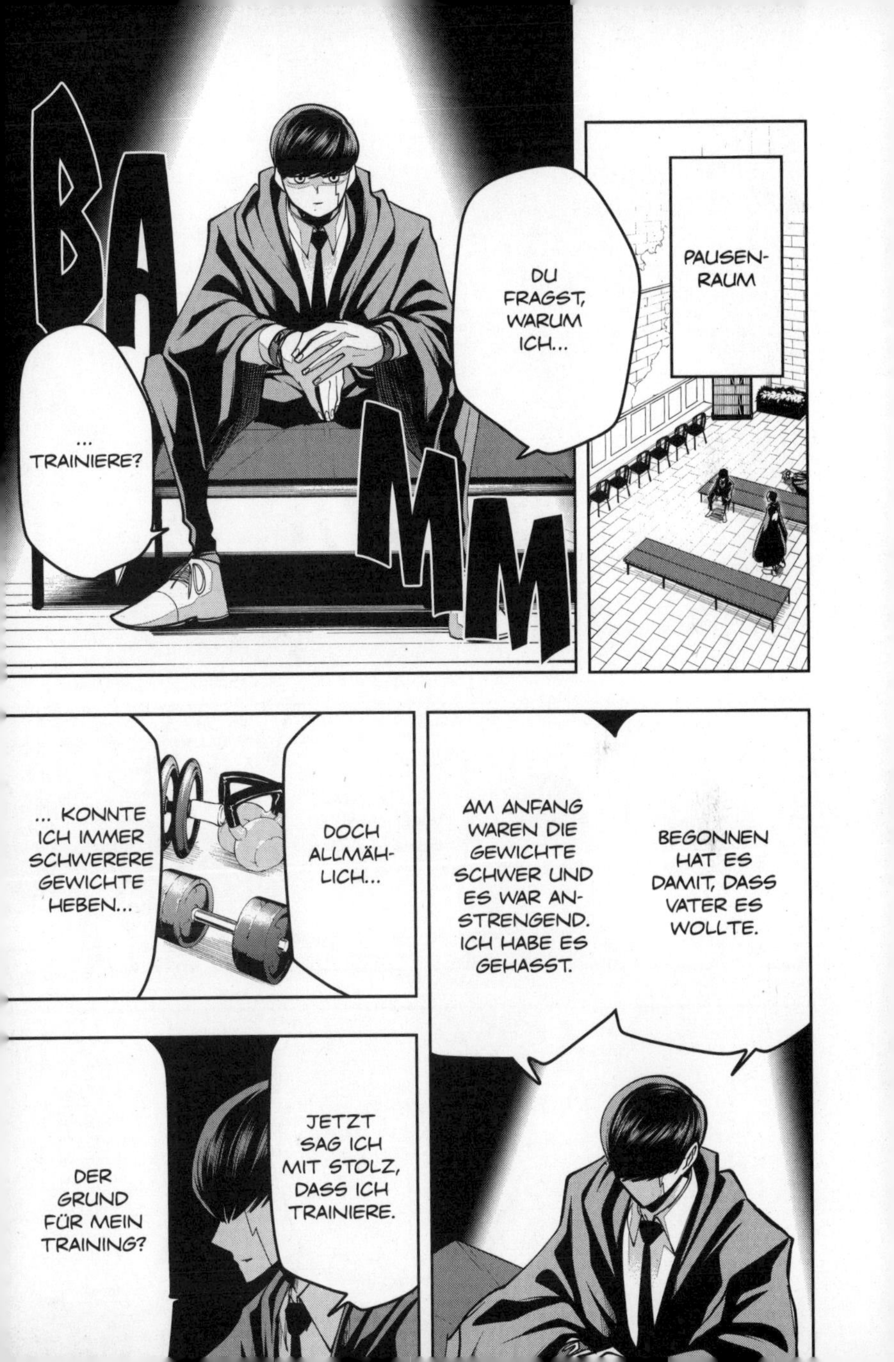
PAUSEN-
RAUM
DU FRAGST, WARUM ICH...
... TRAINIERE?
BAMM
BEGONNEN HAT ES DAMIT, DASS VATER ES WOLLTE.
AM ANFANG WAREN DIE GEWICHTE SCHWER UND ES WAR AN-
STRENGEND. ICH HABE ES GEHASST.
DOCH ALLMÄH-
LICH...
... KONNTE ICH IMMER SCHWERERE GEWICHTE HEBEN...
JETZT SAG ICH MIT STOLZ, DASS ICH TRAINIERE.
DER GRUND FÜR MEIN TRAINING?

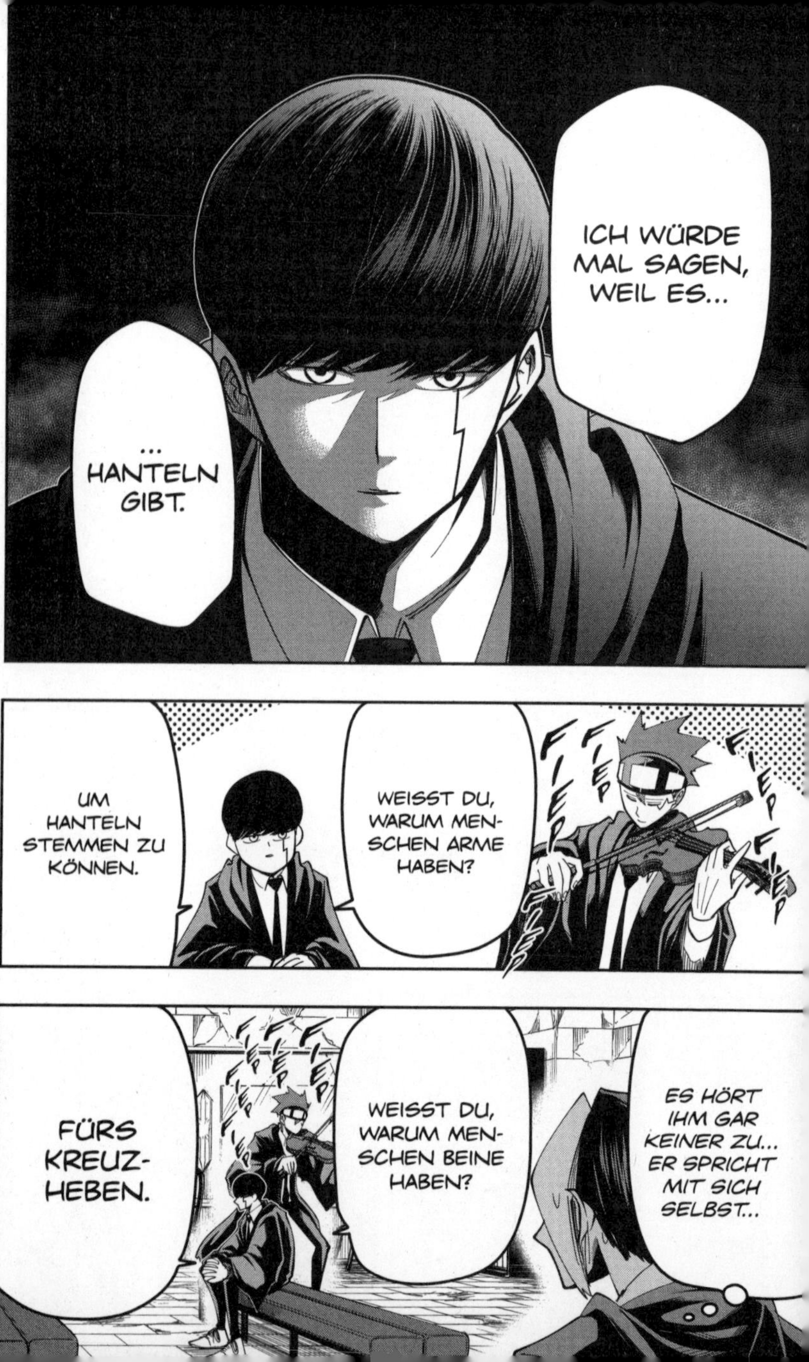
ICH WÜRDE MAL SAGEN, WEIL ES...
... HANTELN GIBT.
FIEP FIEP
FIEP FIEP
WEISST DU, WARUM MEN-SCHEN ARME HABEN?
UM HANTELN STEMMEN ZU KÖNNEN.
ES HÖRT IHM GAR KEINER ZU... ER SPRICHT MIT SICH SELBST...
WEISST DU, WARUM MEN-SCHEN BEINE HABEN?
FIEP FIEP FIEP FIEP
FÜRS KREUZ-HEBEN.

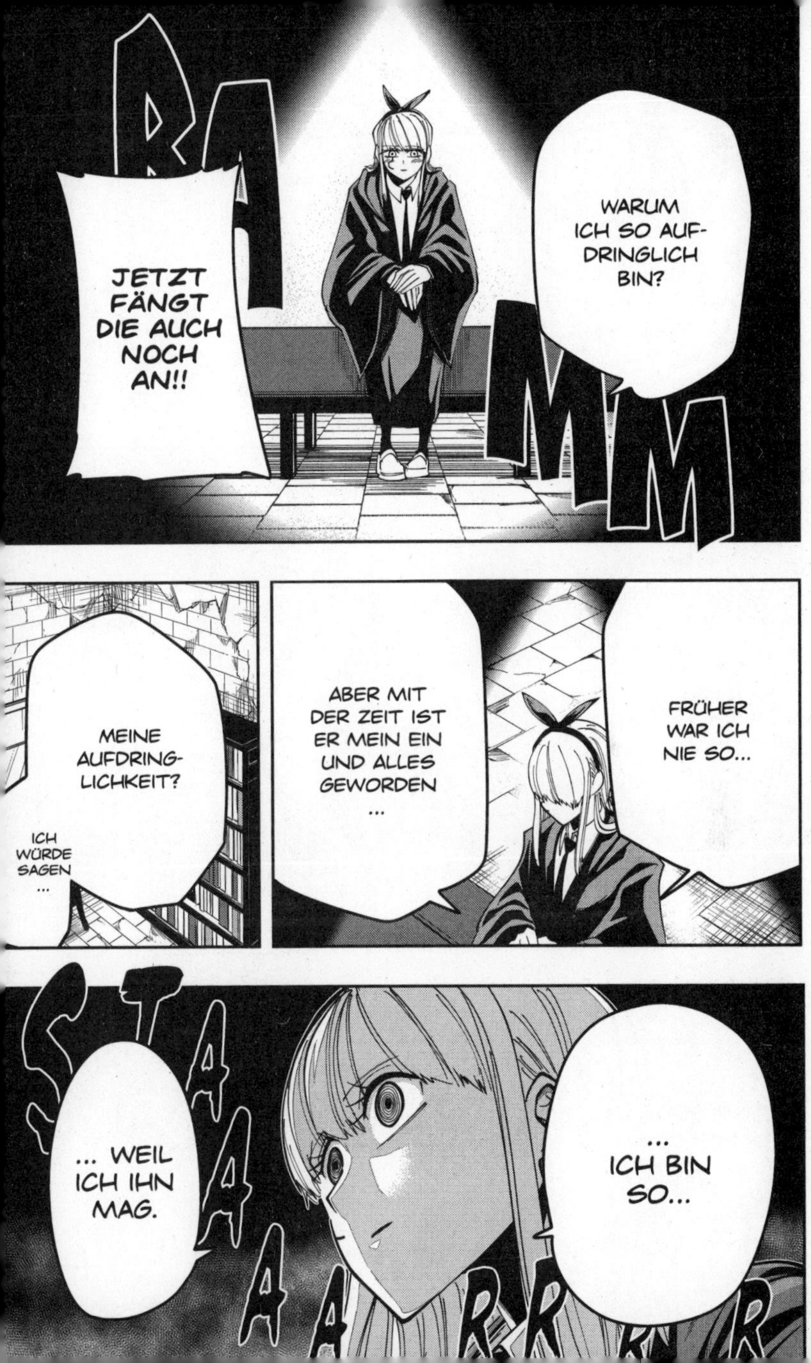
WARUM ICH SO AUF-DRINGLICH BIN?
JETZT FÄNGT DIE AUCH NOCH AN!!
RAMMM
FRÜHER WAR ICH NIE SO...
ABER MIT DER ZEIT IST ER MEIN EIN UND ALLES GEWORDEN ...
MEINE AUFDRING-LICHKEIT?
ICH WÜRDE SAGEN ...
... ICH BIN SO...
... WEIL ICH IHN MAG.

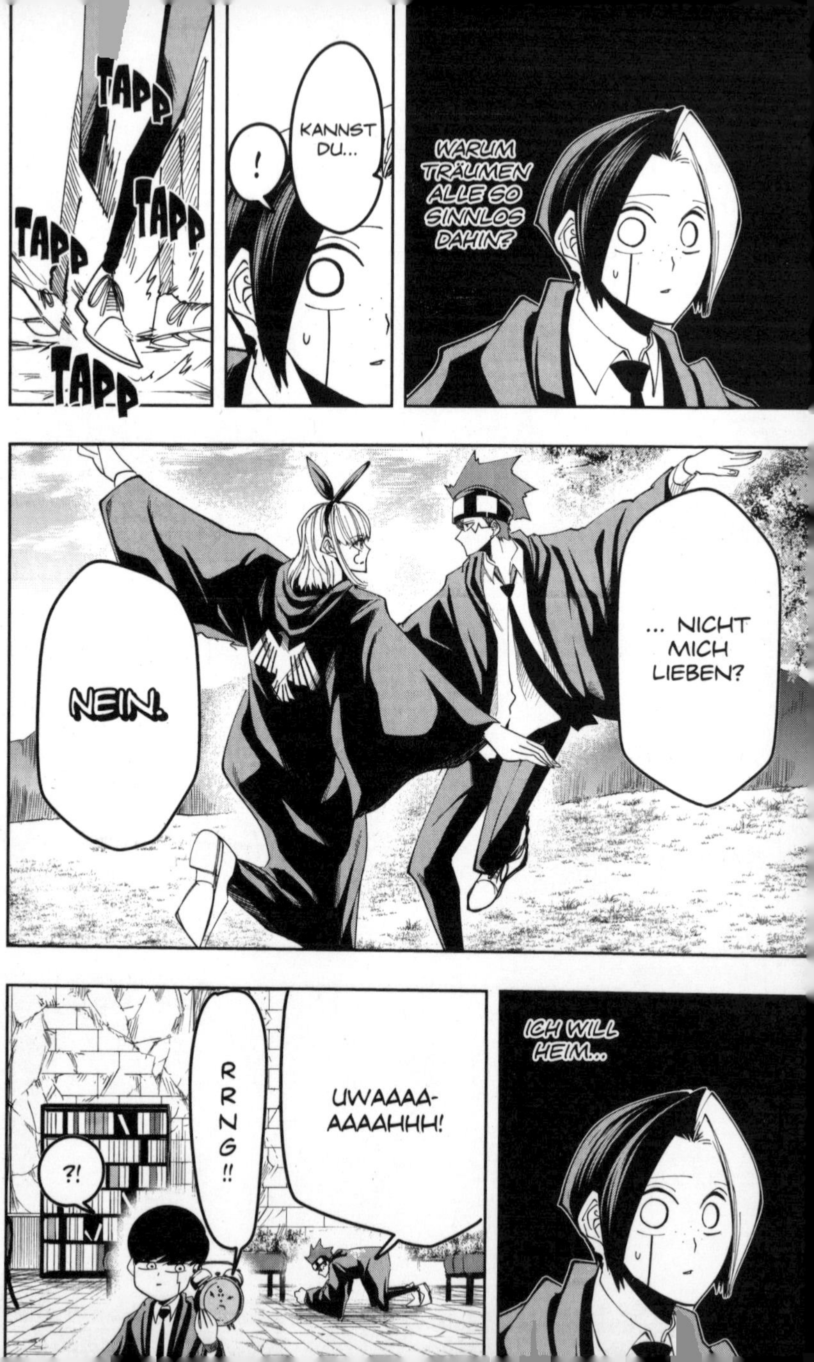
WARUM TRÄUMEN ALLE SO SINNLOS DAHIN?
KANNST DU...
!
TAPP
TAPP
TAPP
TAPP
... NICHT MICH LIEBEN?
NEIN.
ICH WILL HEIM...
UWAAAA-AAAAHHH!
RRNG!!
?!

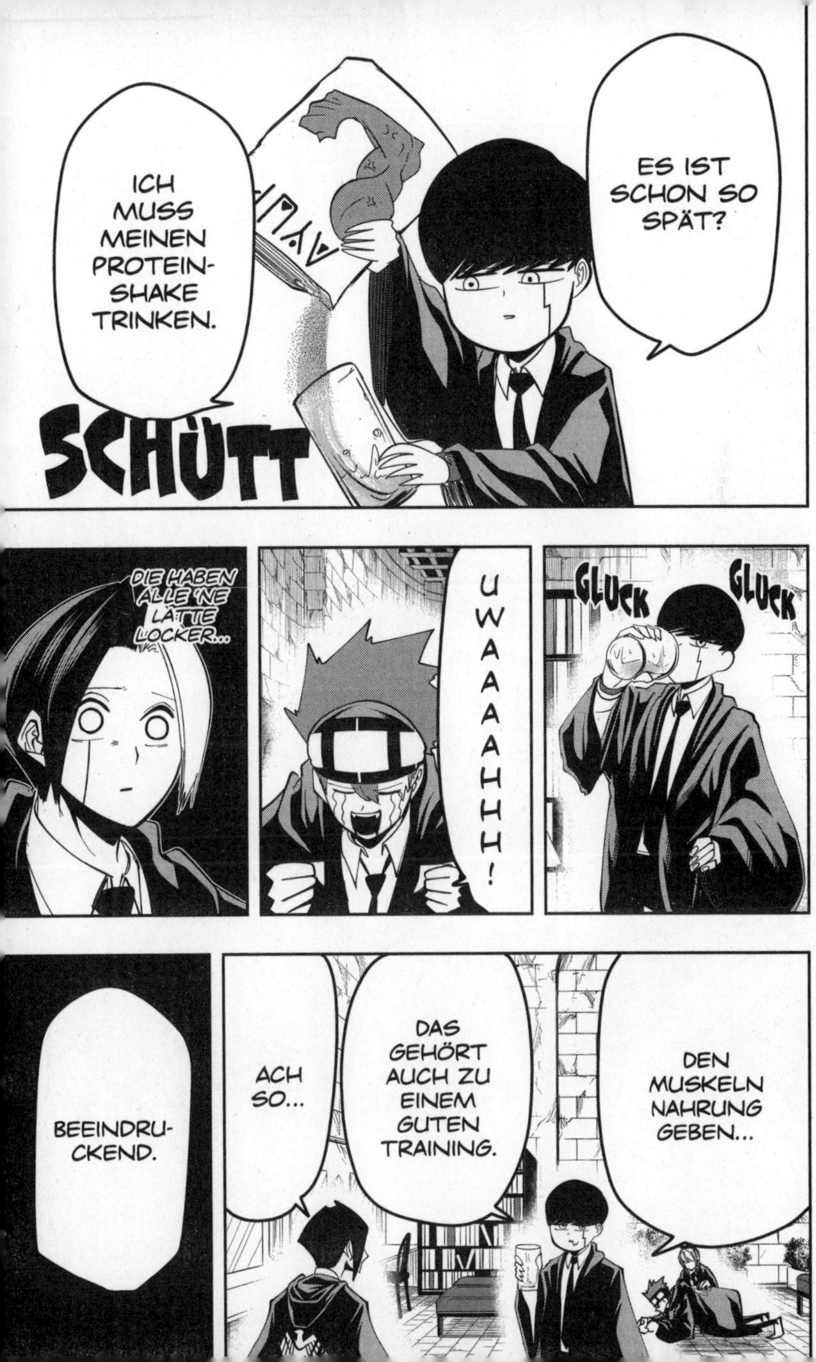
ES IST SCHON SO SPÄT?
ICH MUSS MEINEN PROTEIN-SHAKE TRINKEN.
SCHÜTT
GLUCK
GLUCK
UWAAAAAHHH!
DIE HABEN ALLE 'NE LATTE LOCKER...
DEN MUSKELN NAHRUNG GEBEN...
DAS GEHÖRT AUCH ZU EINEM GUTEN TRAINING.
ACH SO...
BEEINDRU-CKEND.

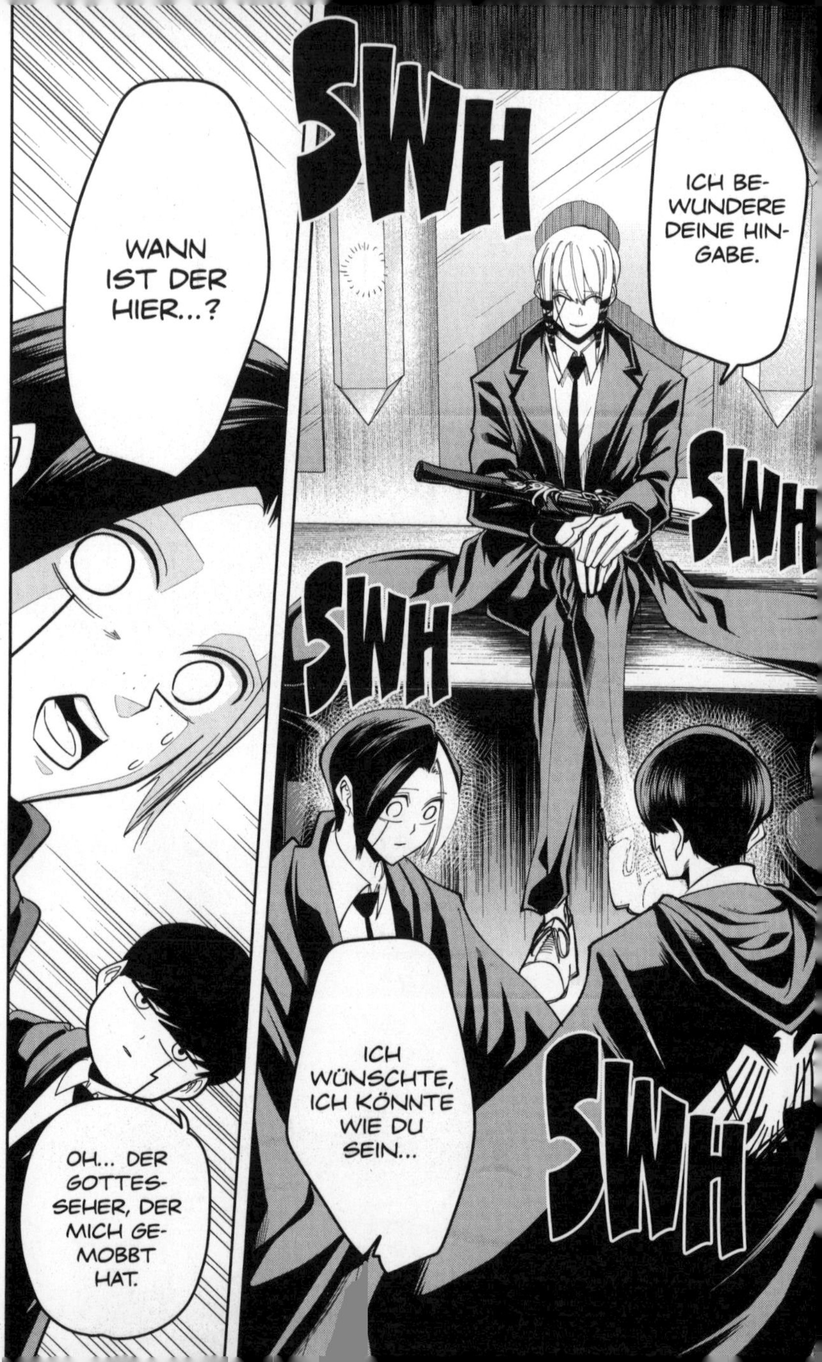
SWH
ICH BE-WUNDERE DEINE HIN-GABE.
SWH
SWH
ICH WÜNSCHTE, ICH KÖNNTE WIE DU SEIN...
SWH
WANN IST DER HIER...?
OH... DER GOTTES-SEHER, DER MICH GE-MOBBT HAT.

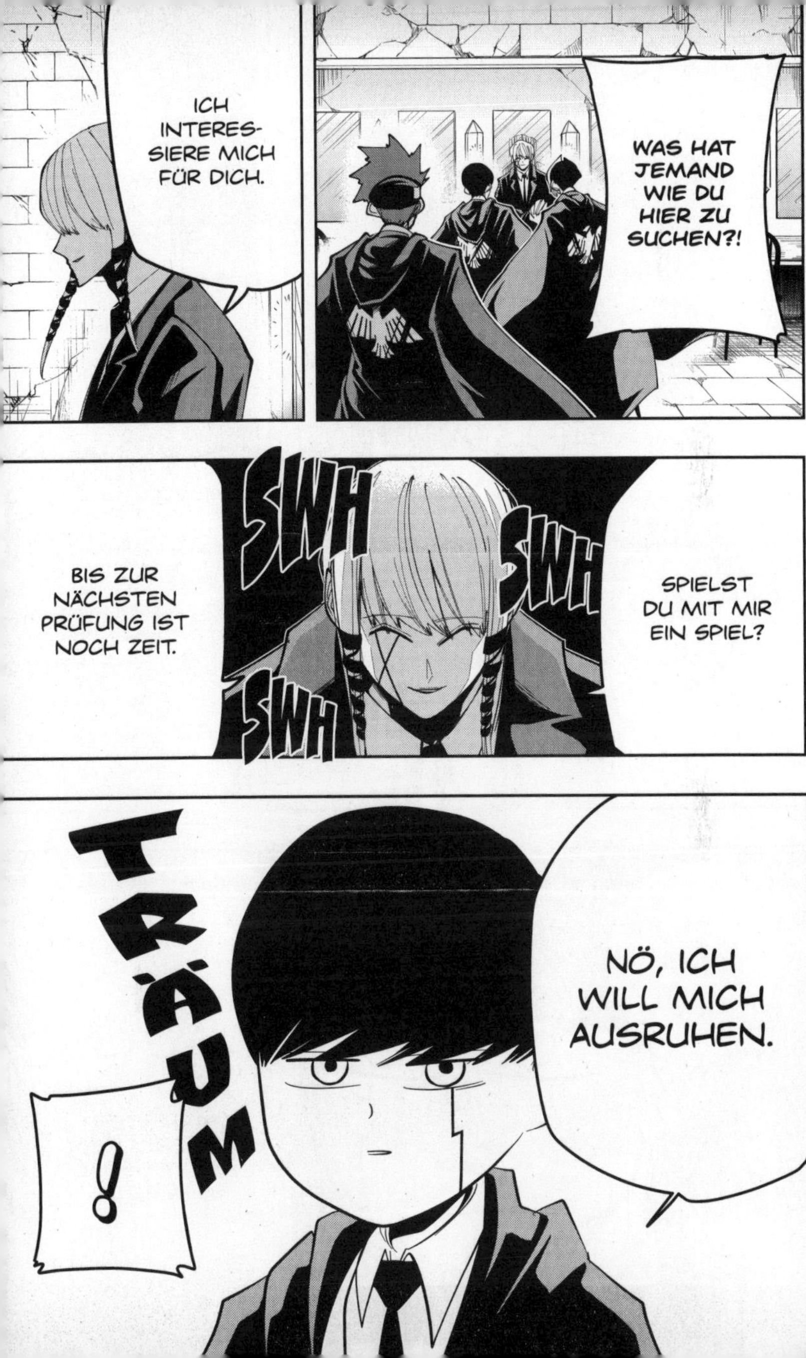
WAS HAT JEMAND WIE DU HIER ZU SUCHEN?!
ICH INTERES-SIERE MICH FÜR DICH.
SPIELST DU MIT MIR EIN SPIEL?
SWH SWH SWH
BIS ZUR NÄCHSTEN PRÜFUNG IST NOCH ZEIT.
NÖ, ICH WILL MICH AUSRUHEN.
TRÄUM
!

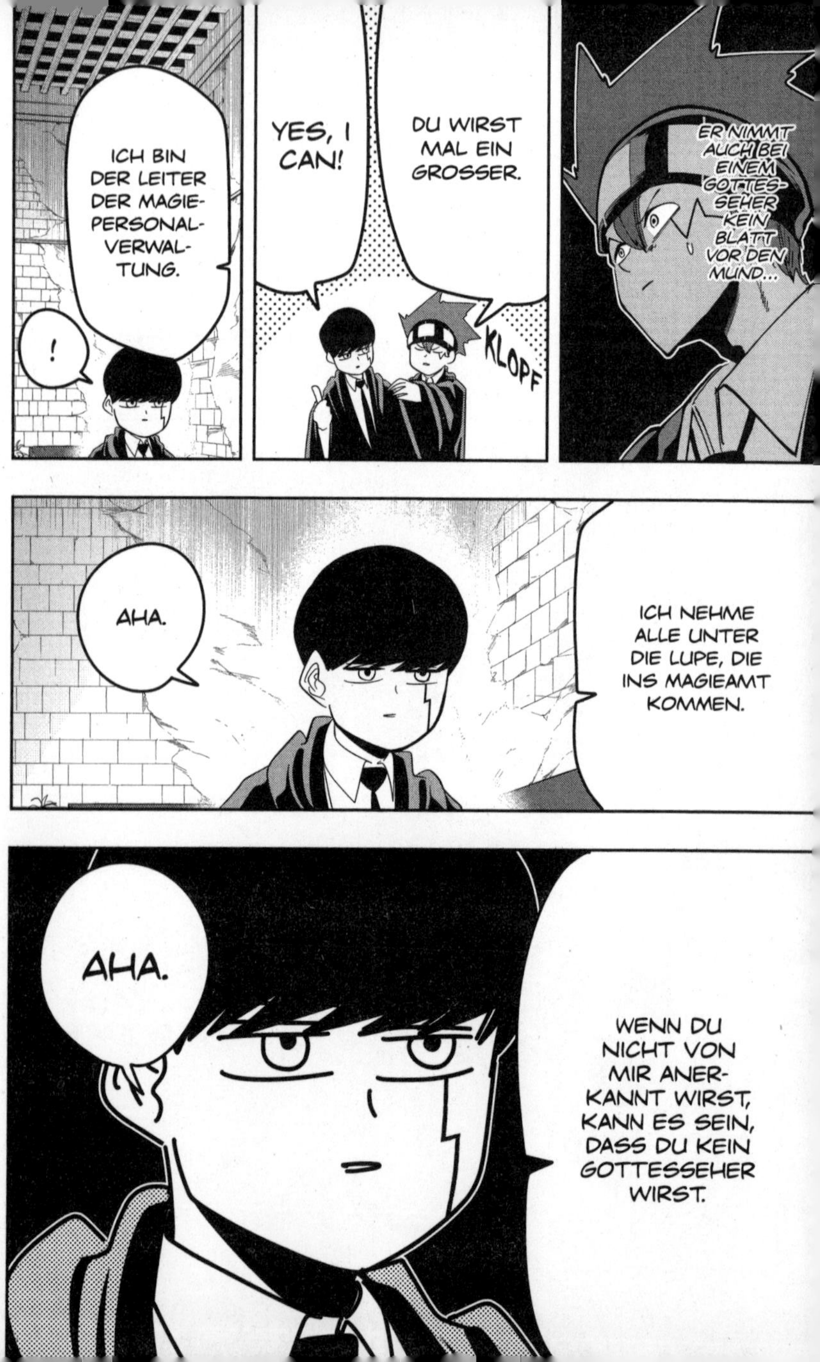
ER NIMMT AUCH BEI EINEM GOTTES-SEHER KEIN BLATT VOR DEN MUND...
DU WIRST MAL EIN GROSSER.
KLOPF
YES, I CAN!
ICH BIN DER LEITER DER MAGIE-PERSONAL-VERWAL-TUNG.
!
ICH NEHME ALLE UNTER DIE LUPE, DIE INS MAGIEAMT KOMMEN.
AHA.
WENN DU NICHT VON MIR ANER-KANNT WIRST, KANN ES SEIN, DASS DU KEIN GOTTESSEHER WIRST.
AHA.

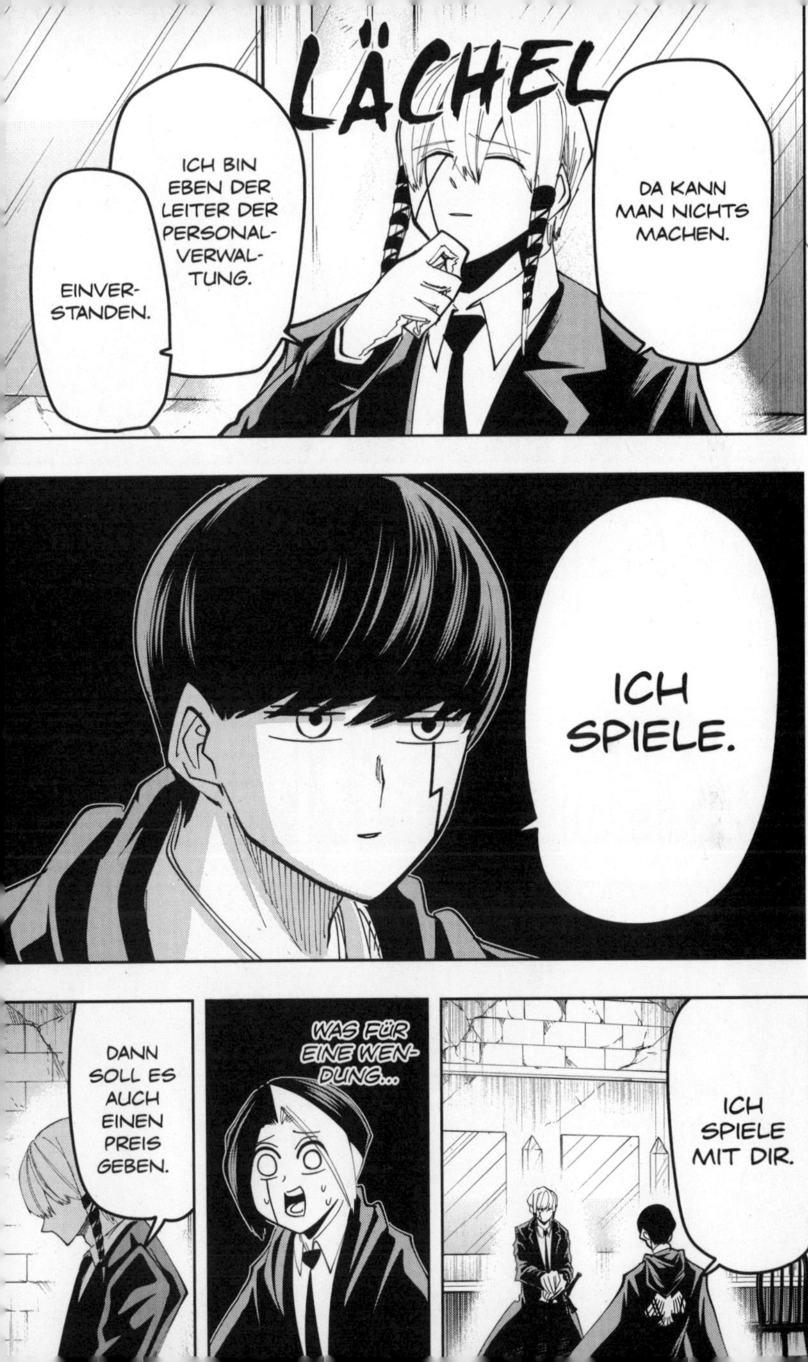
LÄCHEL
DA KANN MAN NICHTS MACHEN.
ICH BIN EBEN DER LEITER DER PERSONAL-VERWAL-TUNG.
EINVER-STANDEN.
ICH SPIELE.
ICH SPIELE MIT DIR.
WAS FÜR EINE WEN-DUNG...
DANN SOLL ES AUCH EINEN PREIS GEBEN.

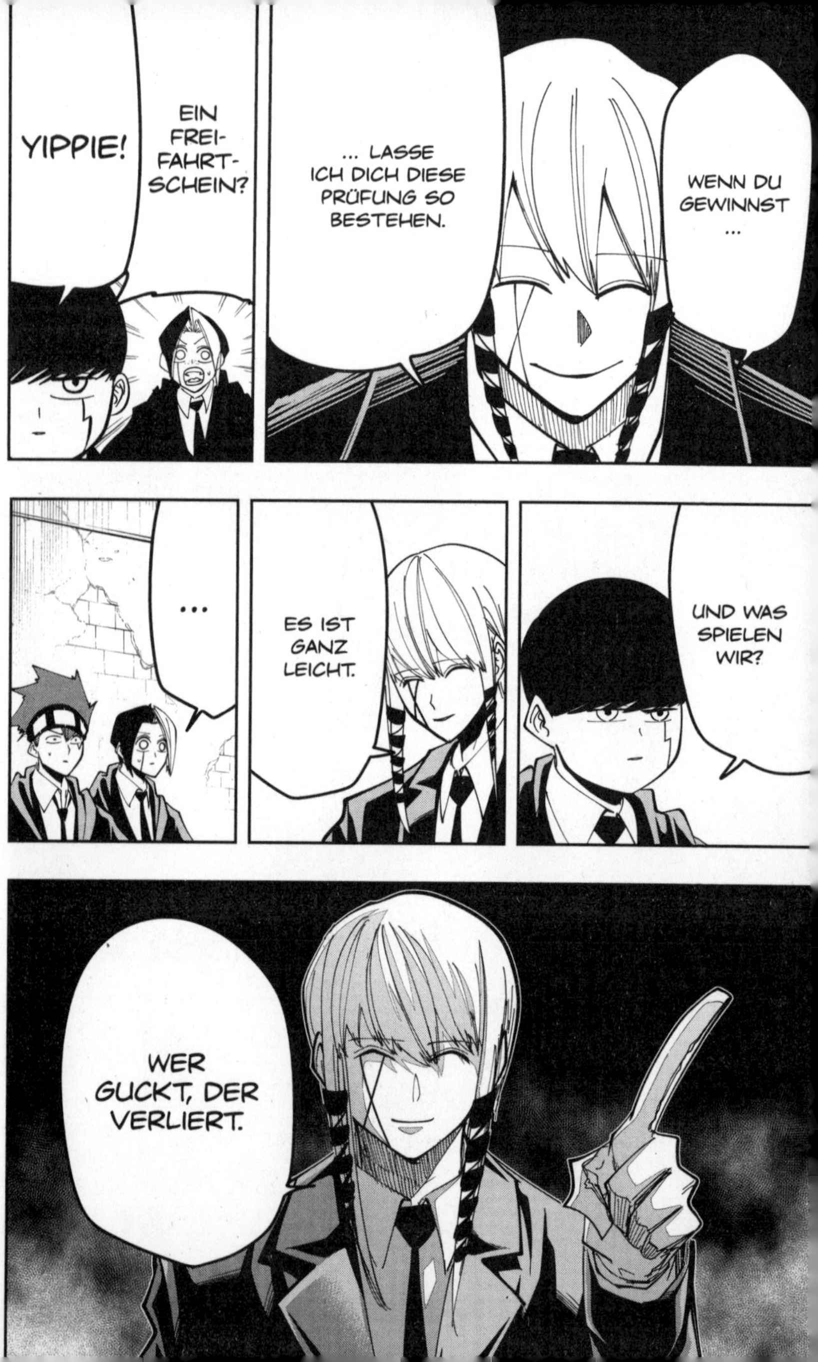
WENN DU GEWINNST …
… LASSE ICH DICH DIESE PRÜFUNG SO BESTEHEN.
EIN FREI-FAHRT-SCHEIN?
YIPPIE!
UND WAS SPIELEN WIR?
ES IST GANZ LEICHT.
…
WER GUCKT, DER VERLIERT.

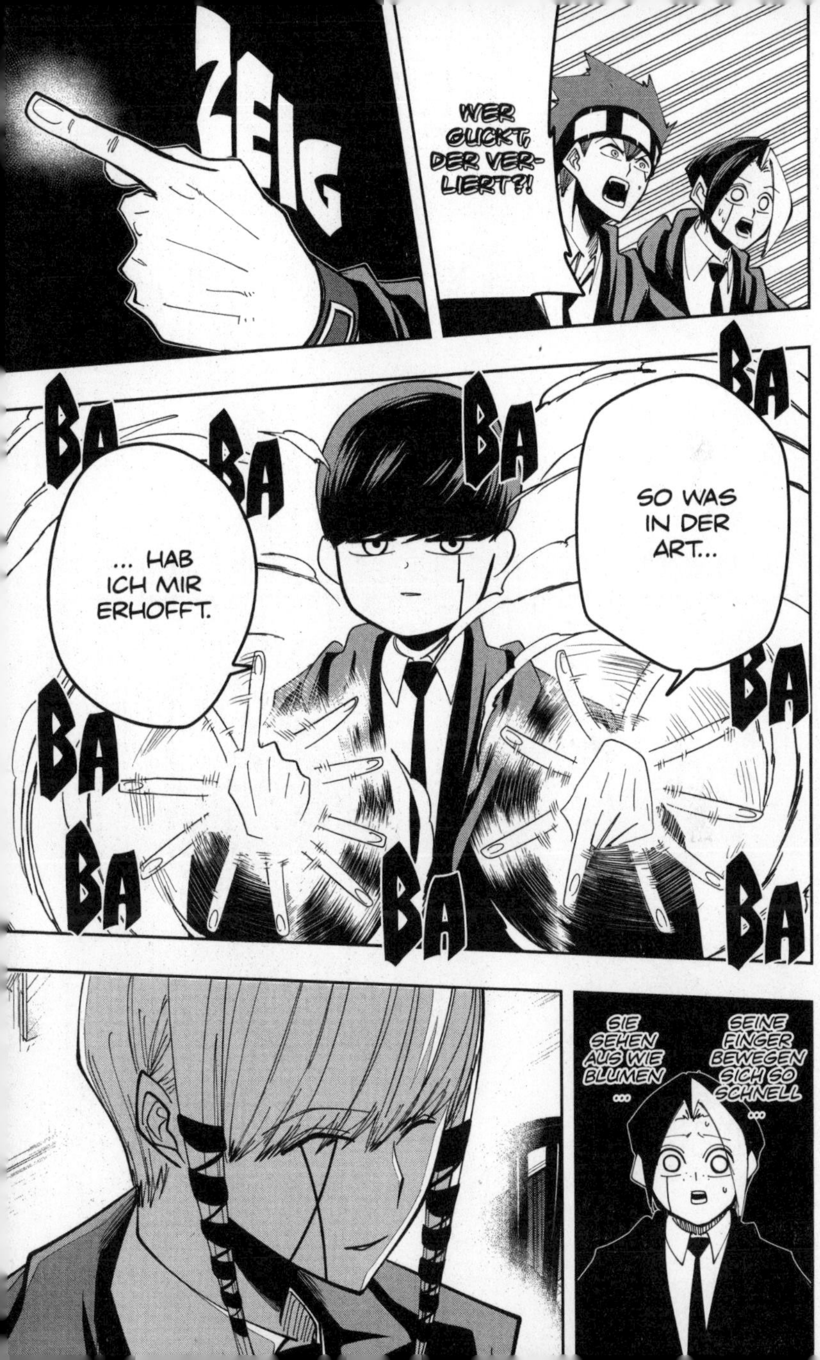
WER GUCKT, DER VERLIERT?!
ZEIG
SO WAS IN DER ART...
... HAB ICH MIR ERHOFFT.
BA BA BA BA BA BA BA BA BA
SEINE FINGER BEWEGEN SICH SO SCHNELL ...
SIE SEHEN AUS WIE BLUMEN ...

Extra ②

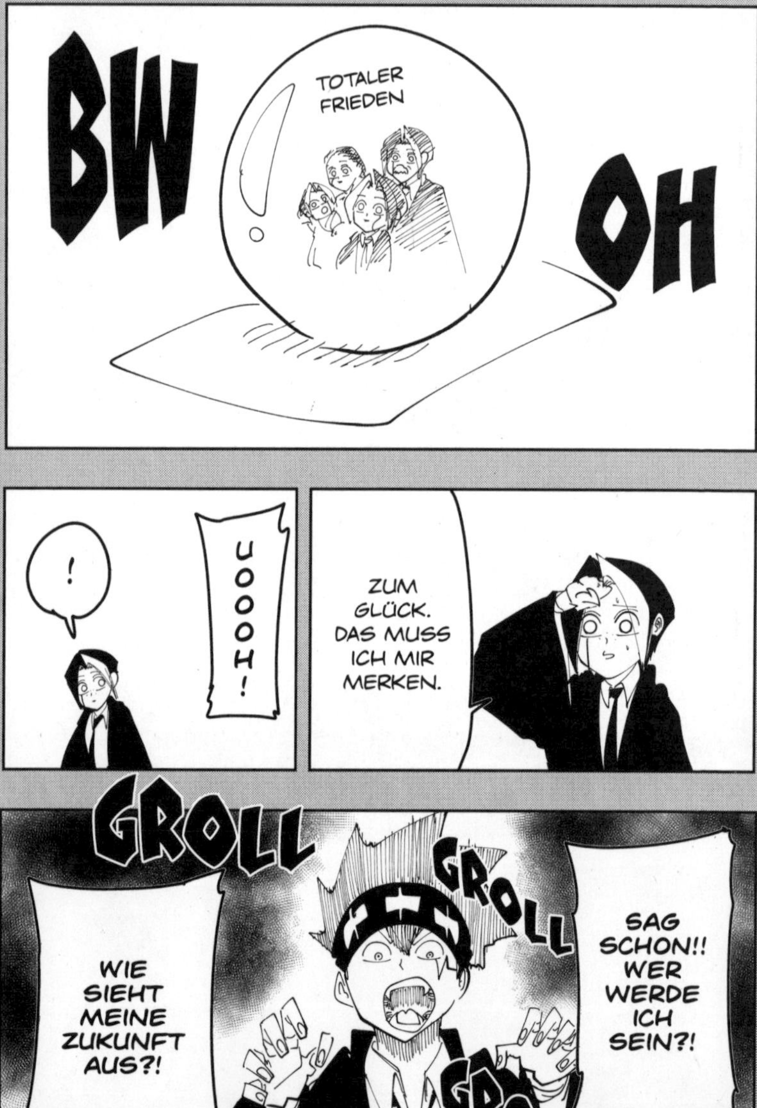

Fortsetzung auf Seite 86

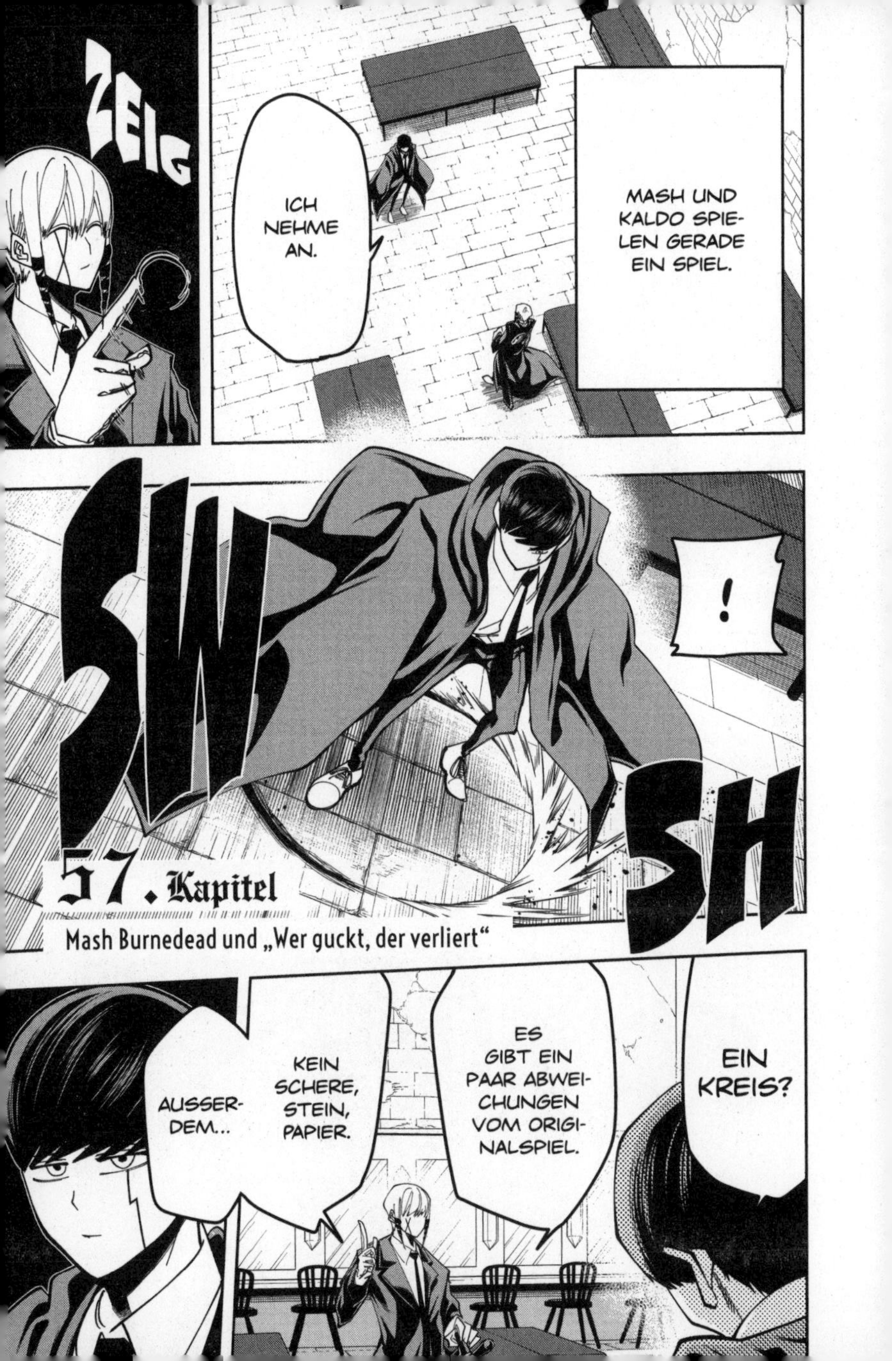

57. Kapitel

Mash Burnedead und „Wer guckt, der verliert“

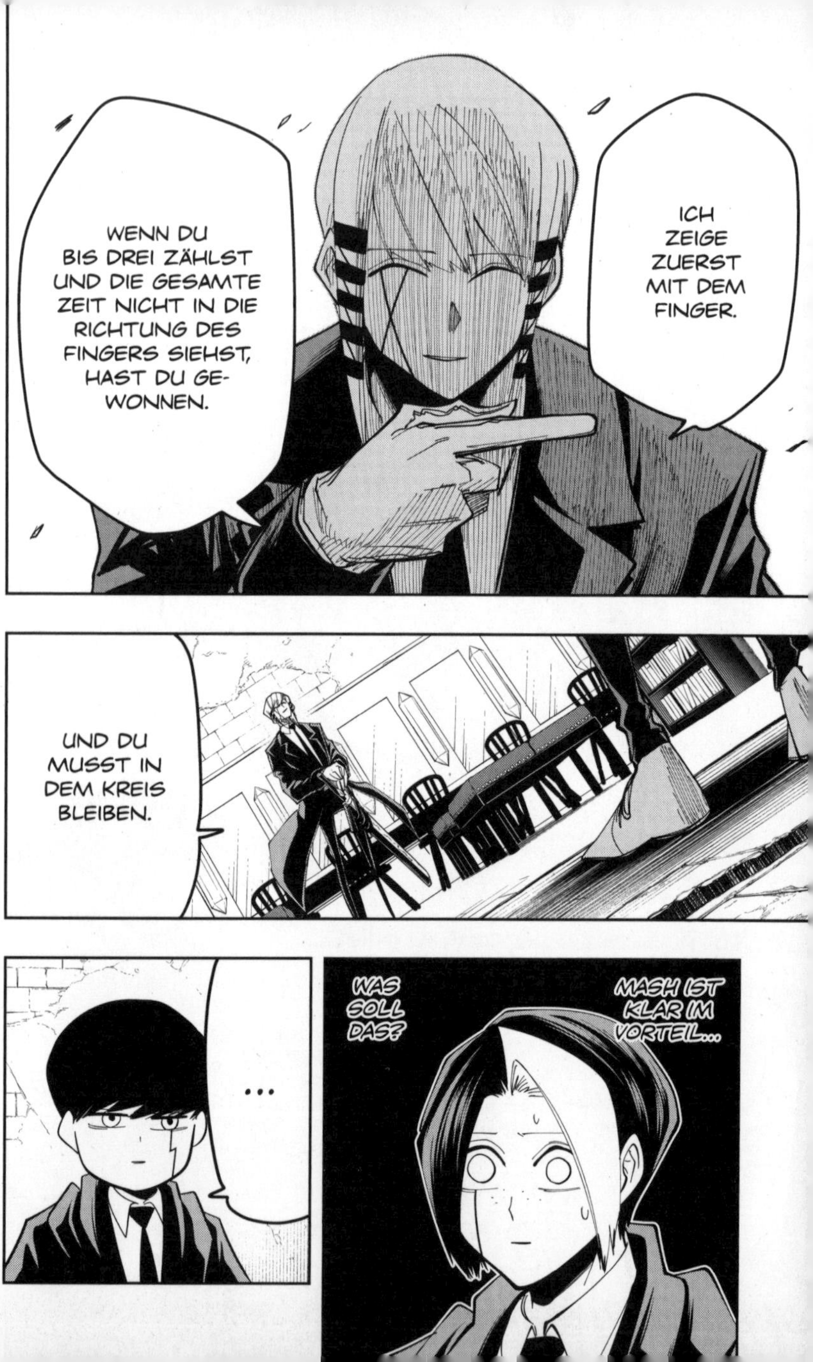
ICH ZEIGE ZUERST MIT DEM FINGER.
WENN DU BIS DREI ZÄHLST UND DIE GESAMTE ZEIT NICHT IN DIE RICHTUNG DES FINGERS SIEHST, HAST DU GE-WONNEN.
UND DU MUSST IN DEM KREIS BLEIBEN.
MASH IST KLAR IM VORTEIL...
WAS SOLL DAS?
...

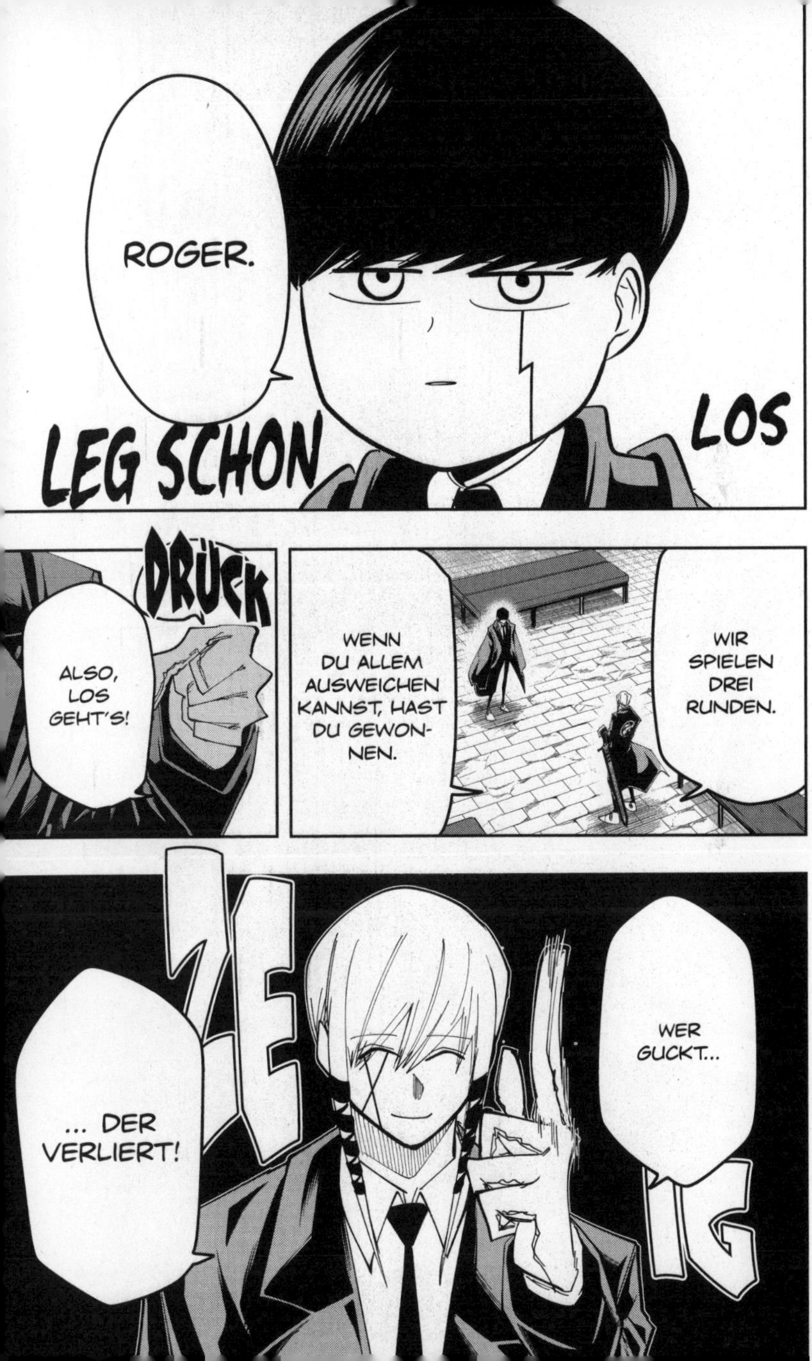
ROGER.
LEG SCHON LOS
WIR SPIELEN DREI RUNDEN.
WENN DU ALLEM AUSWEICHEN KANNST, HAST DU GEWONNEN.
DRÜCK
ALSO, LOS GEHT'S!
WER GUCKT...
... DER VERLIERT!

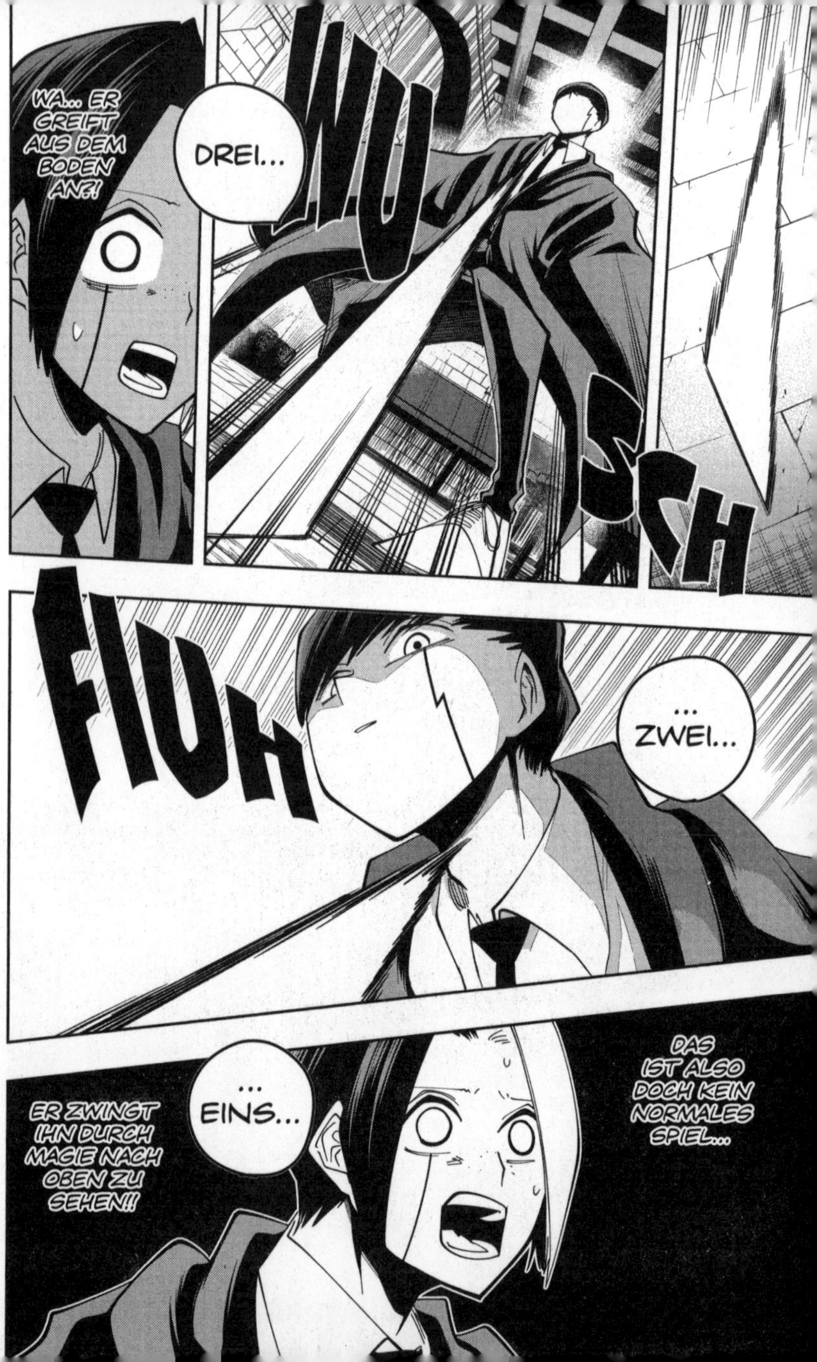
DREI...
WA... ER GREIFT AUS DEM BODEN AN?!
WUUSCH
FIUH
... ZWEI...
DAS IST ALSO DOCH KEIN NORMALES SPIEL...
... EINS...
ER ZWINGT IHN DURCH MAGIE NACH OBEN ZU SEHEN!!

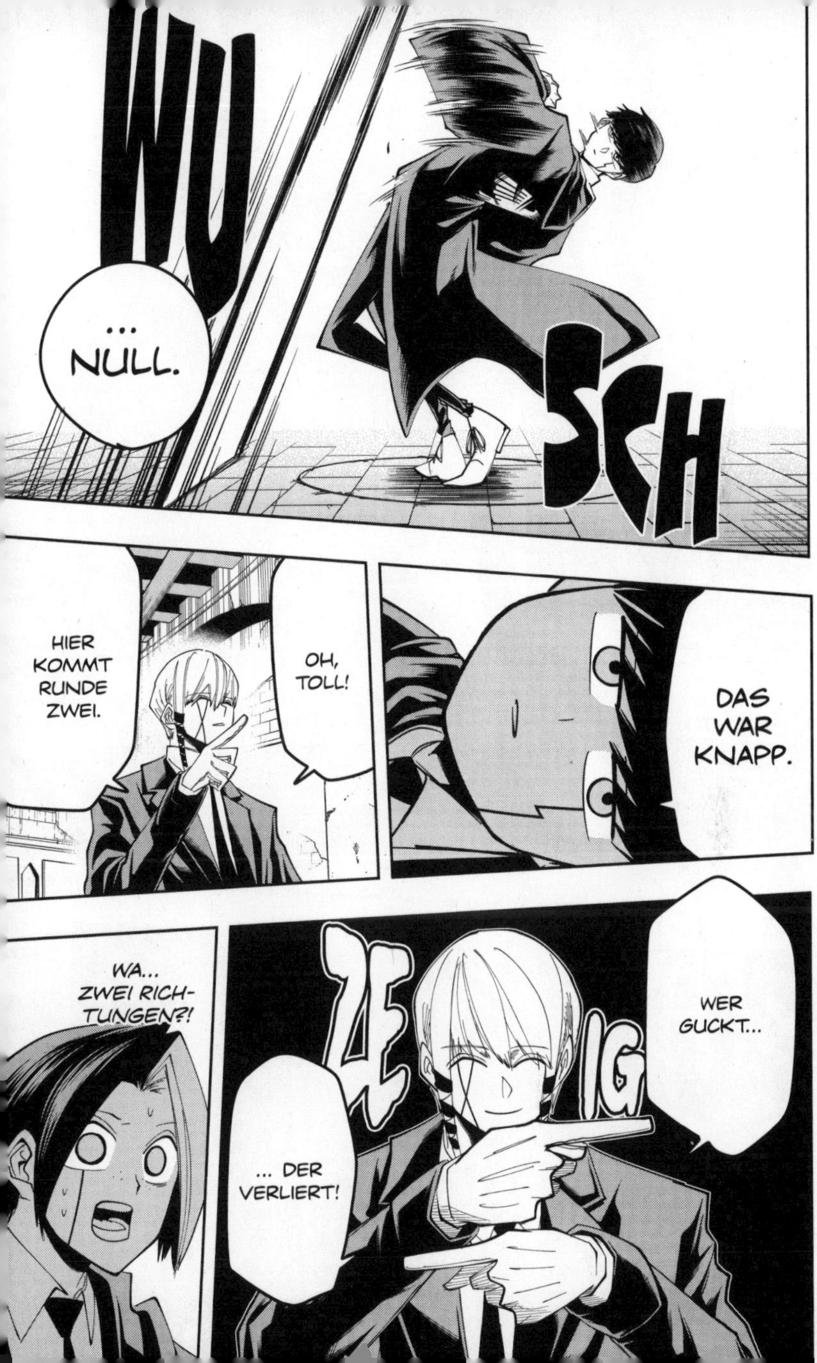
WU
... NULL.
SCH
DAS WAR KNAPP.
OH, TOLL!
HIER KOMMT RUNDE ZWEI.
WER GUCKT...
ZEIG
... DER VERLIERT!
WA... ZWEI RICHTUNGEN?!

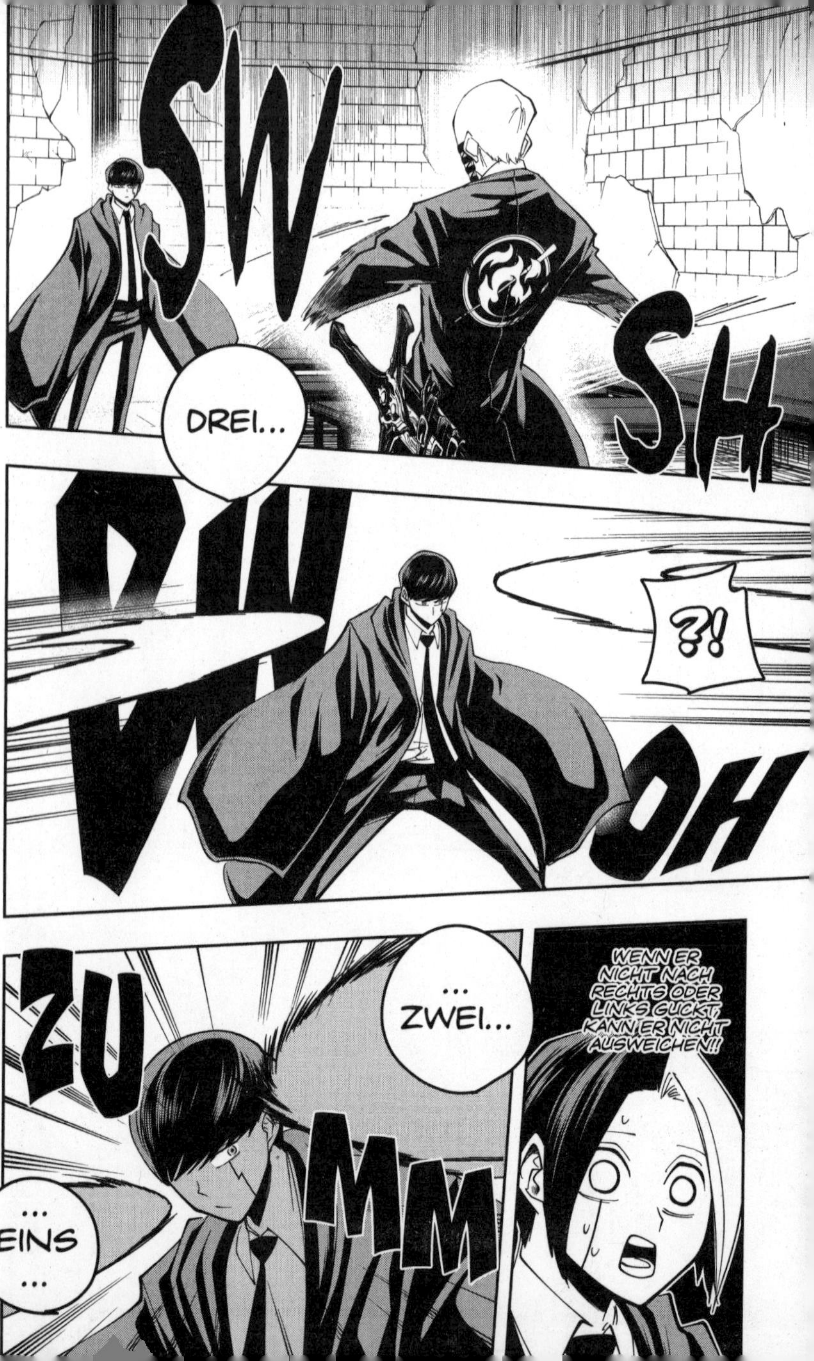
SWSH
DREI...
?!
WENN ER NICHT NACH RECHTS ODER LINKS GUCKT, KANN ER NICHT AUSWEICHEN!!
... ZWEI...
... EINS ...

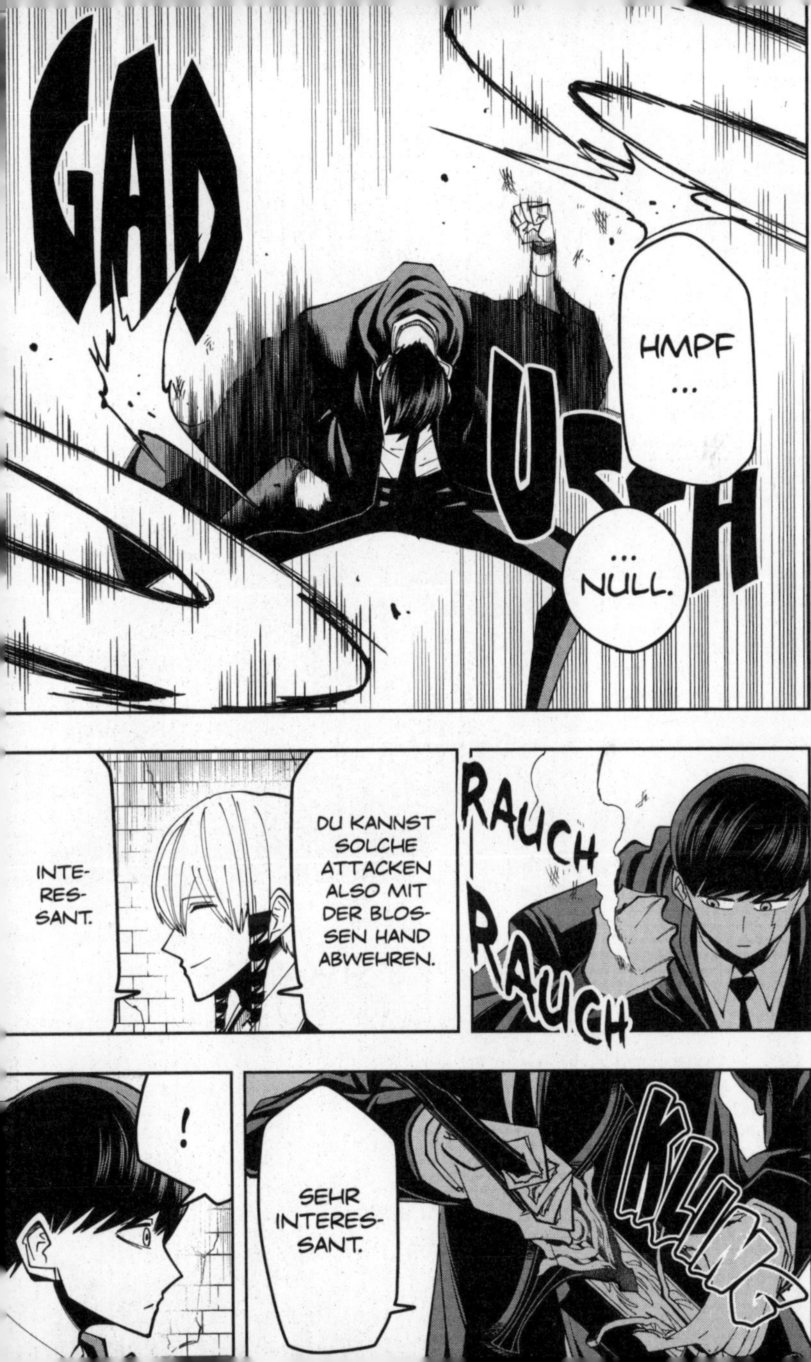
GAD
HMPF …
USCH
… NULL.
RAUCH RAUCH
DU KANNST SOLCHE ATTACKEN ALSO MIT DER BLOSSEN HAND ABWEHREN.
INTERESSANT.
KLING
SEHR INTERESSANT.
!

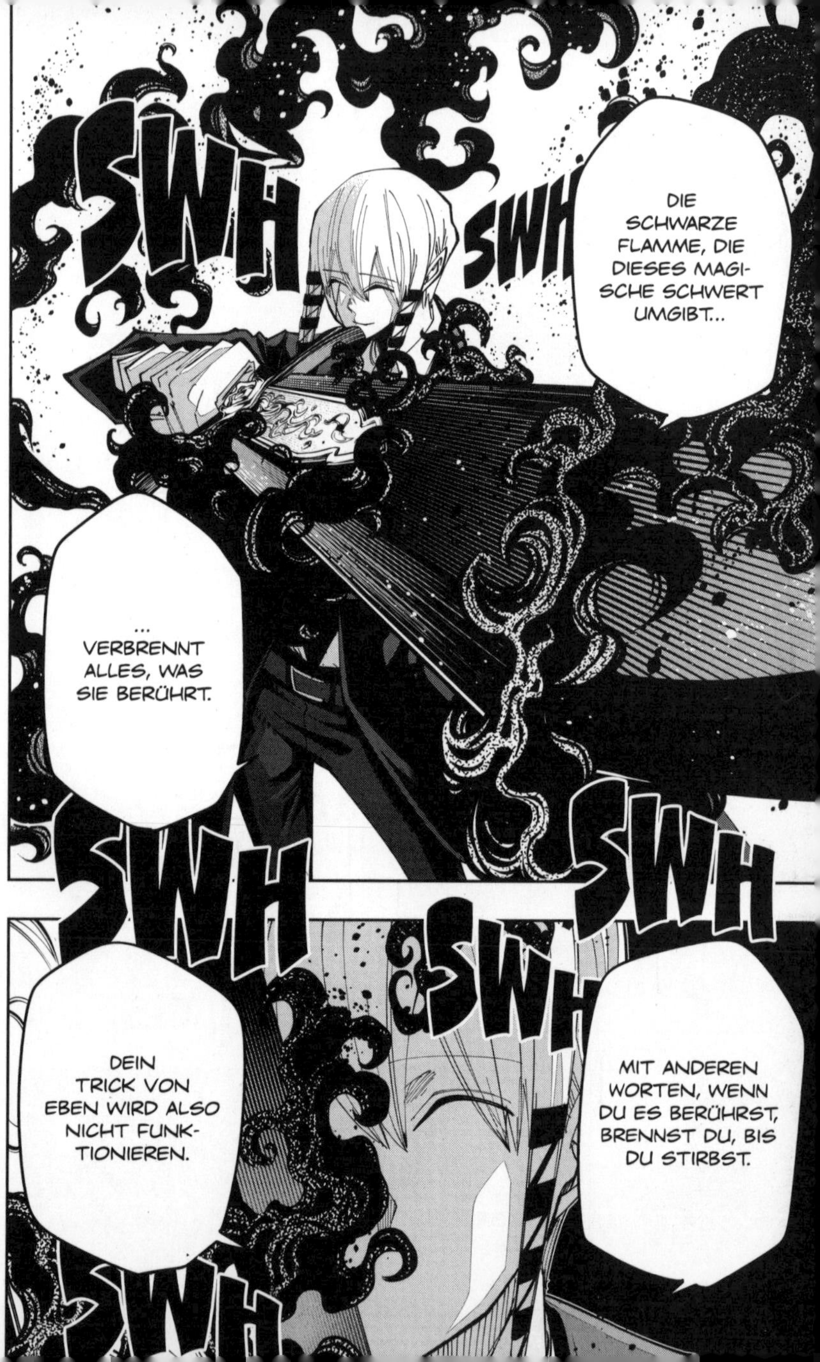
SWH
SWH
DIE SCHWARZE FLAMME, DIE DIESES MAGISCHE SCHWERT UMGIBT...
... VERBRENNT ALLES, WAS SIE BERÜHRT.
SWH
SWH
SWH
MIT ANDEREN WORTEN, WENN DU ES BERÜHRST, BRENNST DU, BIS DU STIRBST.
DEIN TRICK VON EBEN WIRD ALSO NICHT FUNKTIONIEREN.
SWH

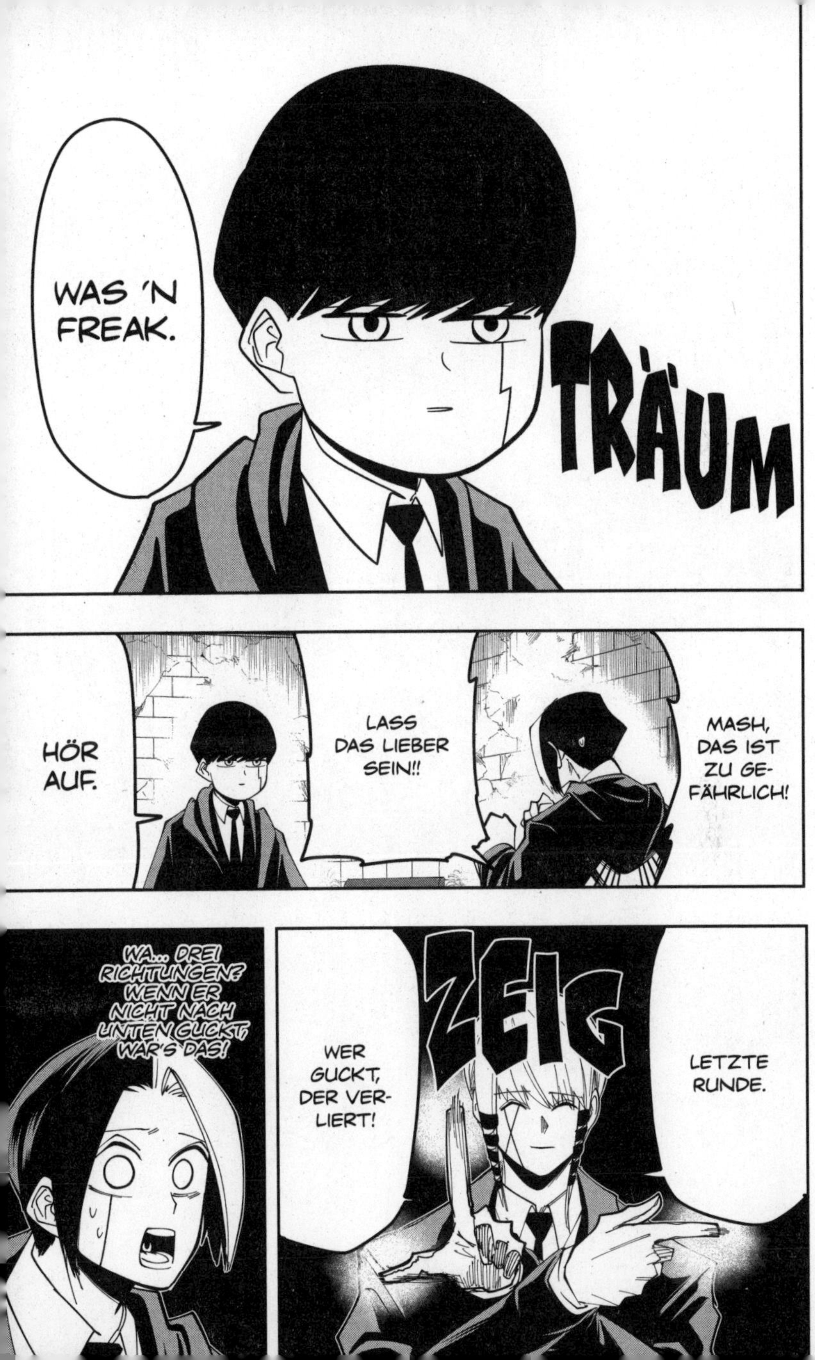
TRÄUM
WAS 'N FREAK.
MASH, DAS IST ZU GEFÄHRLICH!
LASS DAS LIEBER SEIN!!
HÖR AUF.
LETZTE RUNDE.
ZEIG
WER GUCKT, DER VERLIERT!
WA... DREI RICHTUNGEN? WENN ER NICHT NACH UNTEN GUCKT, WAR'S DAS!

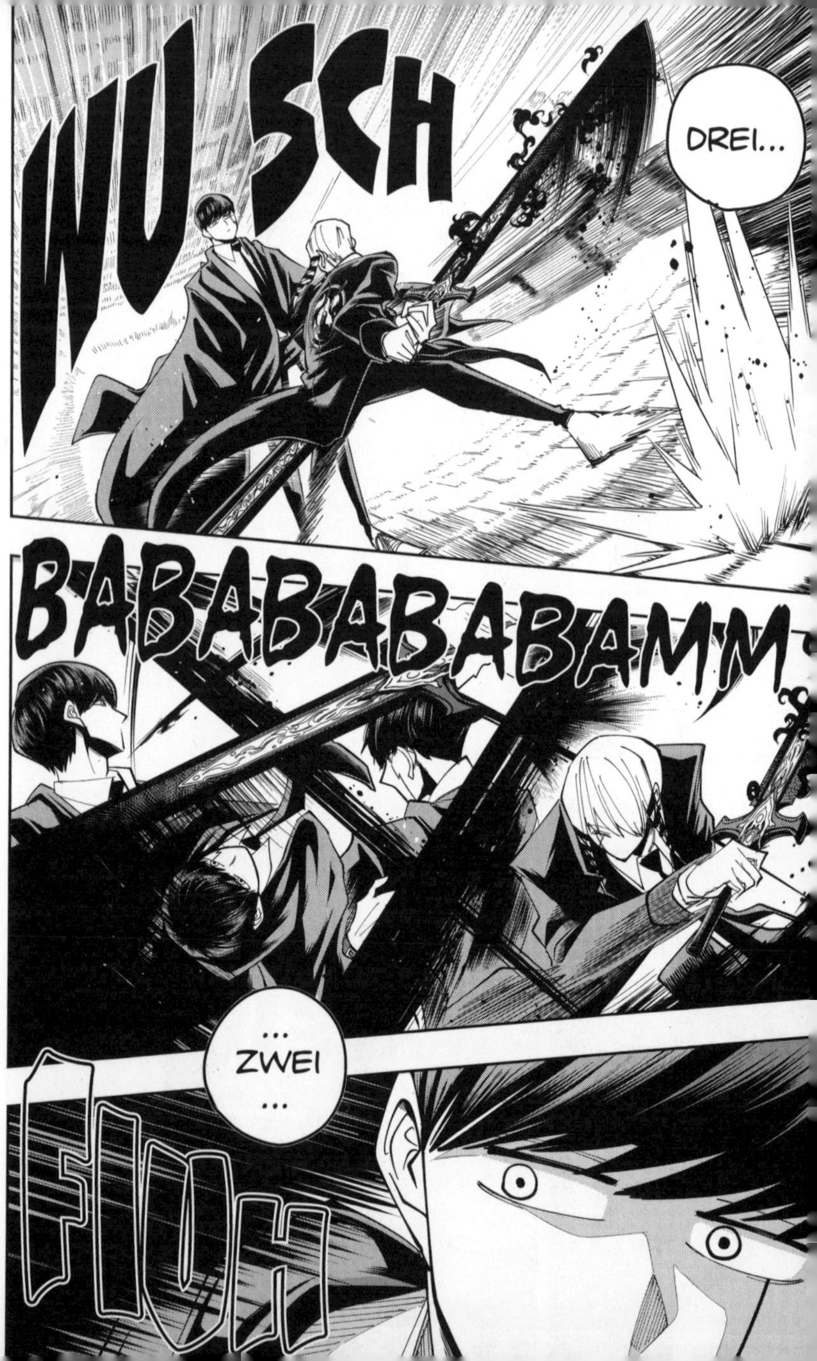
WUSCH
DREI...
BABABABABAMM
... ZWEI ...
FIUH

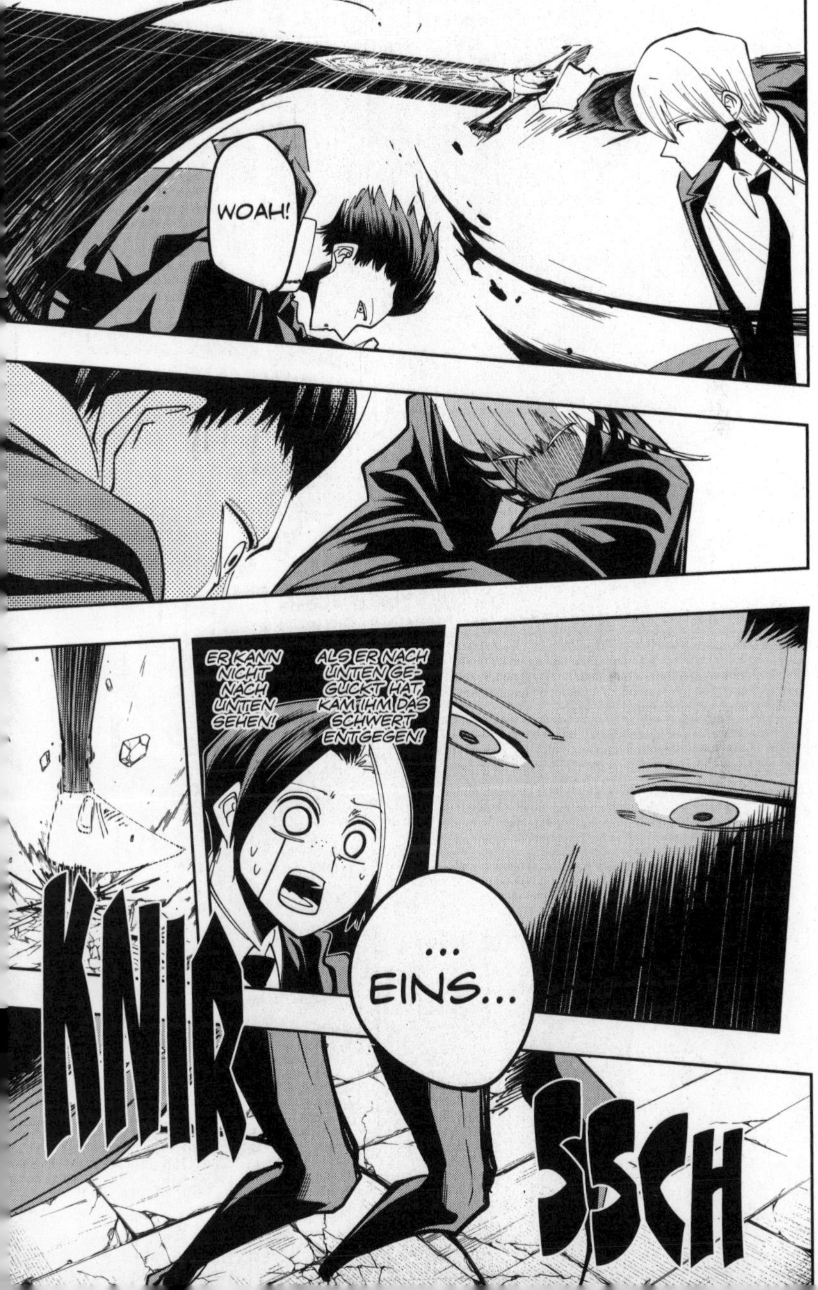
WOAH!
ALS ER NACH UNTEN GE- GUCKT HAT, KAM IHM DAS SCHWERT ENTGEGEN!
ER KANN NICHT NACH UNTEN SEHEN!
... EINS...
KNIR
SSCH

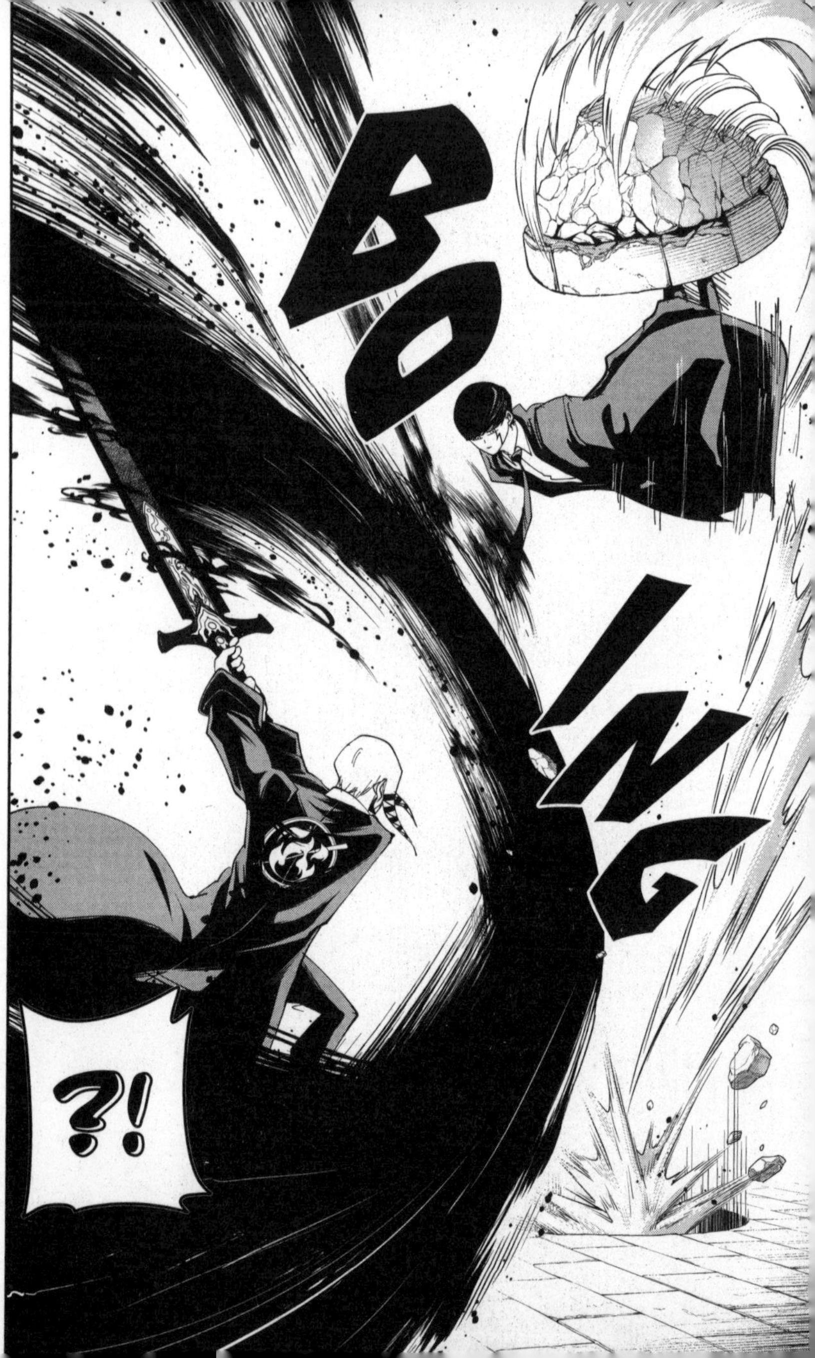
BOING
?!

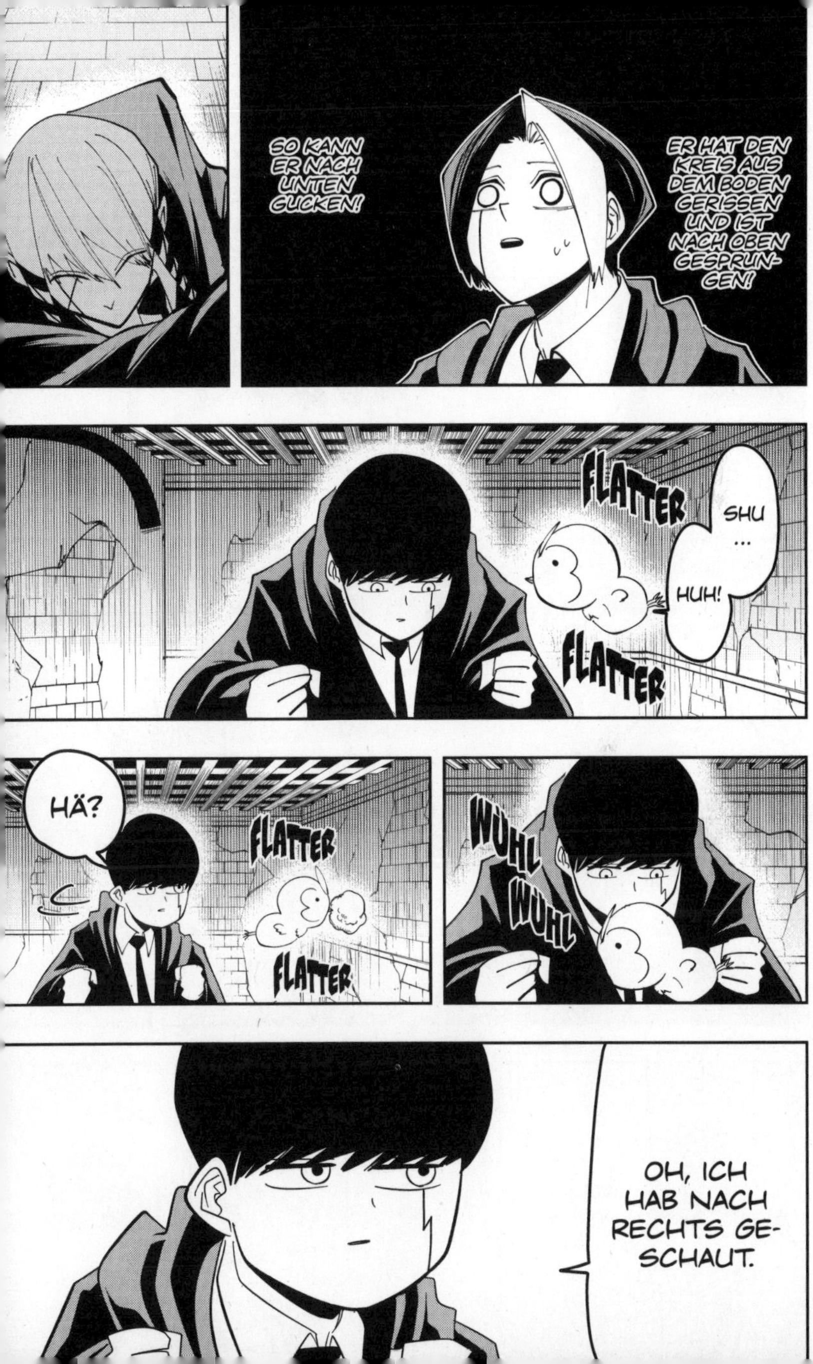
ER HAT DEN KREIS AUS DEM BODEN GERISSEN UND IST NACH OBEN GESPRUN-GEN!
SO KANN ER NACH UNTEN GUCKEN!
SHU ... HUH!
FLATTER
FLATTER
WÜHL WÜHL
FLATTER
FLATTER
HÄ?
OH, ICH HAB NACH RECHTS GE-SCHAUT.

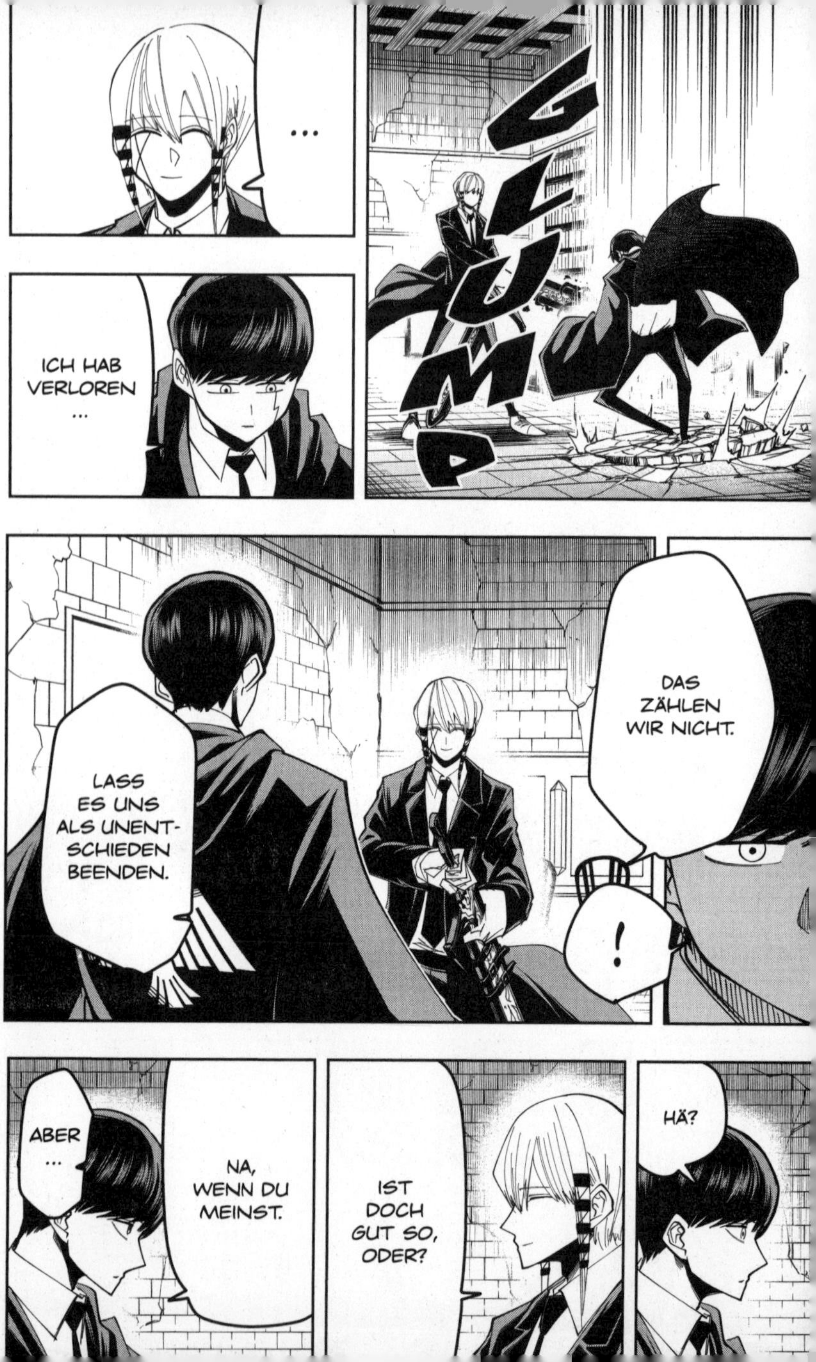
GUMMP
...
ICH HAB VERLOREN ...
DAS ZÄHLEN WIR NICHT.
!
LASS ES UNS ALS UNENT-SCHIEDEN BEENDEN.
HÄ?
IST DOCH GUT SO, ODER?
NA, WENN DU MEINST.
ABER ...

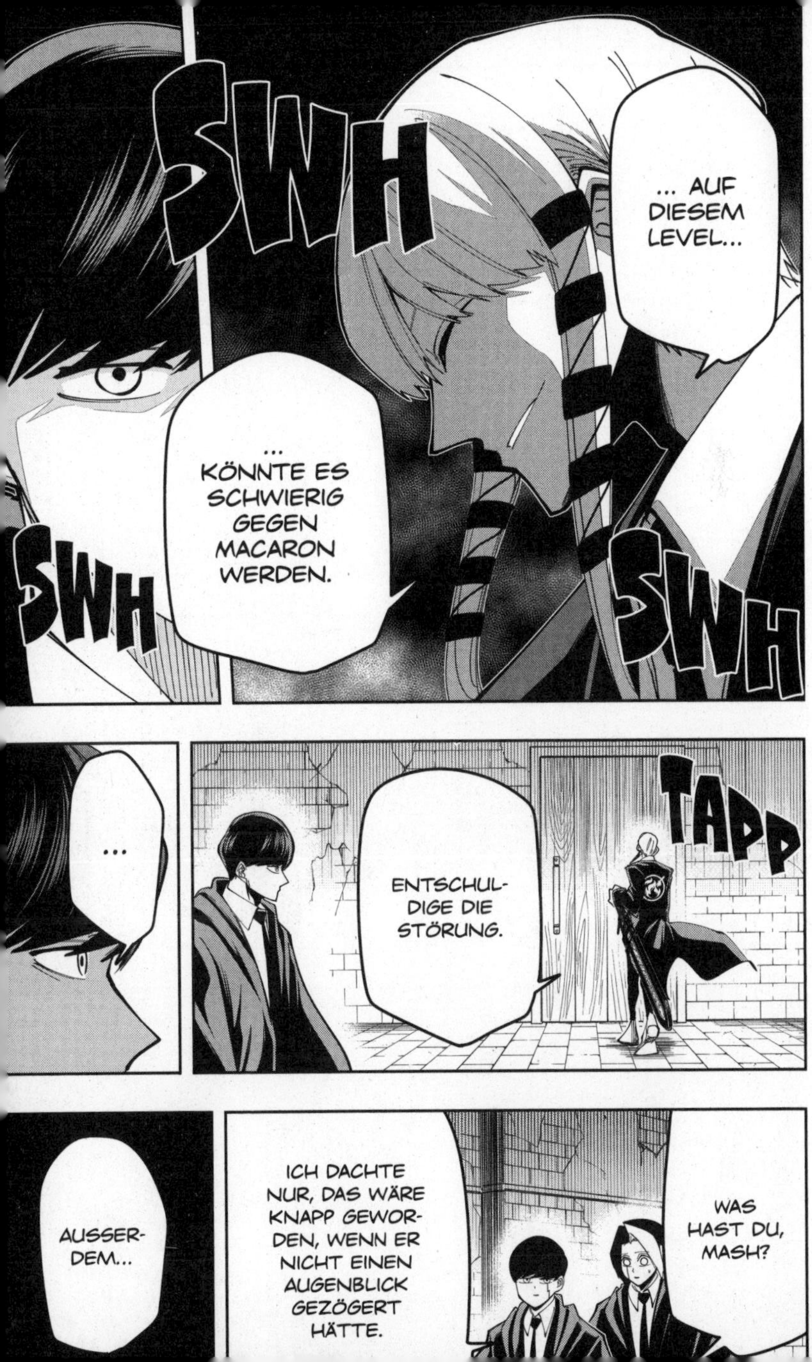
SWH
... AUF DIESEM LEVEL...
... KÖNNTE ES SCHWIERIG GEGEN MACARON WERDEN.
SWH
SWH
TAPP
ENTSCHULDIGE DIE STÖRUNG.
...
WAS HAST DU, MASH?
ICH DACHTE NUR, DAS WÄRE KNAPP GEWORDEN, WENN ER NICHT EINEN AUGENBLICK GEZÖGERT HÄTTE.
AUSSERDEM...

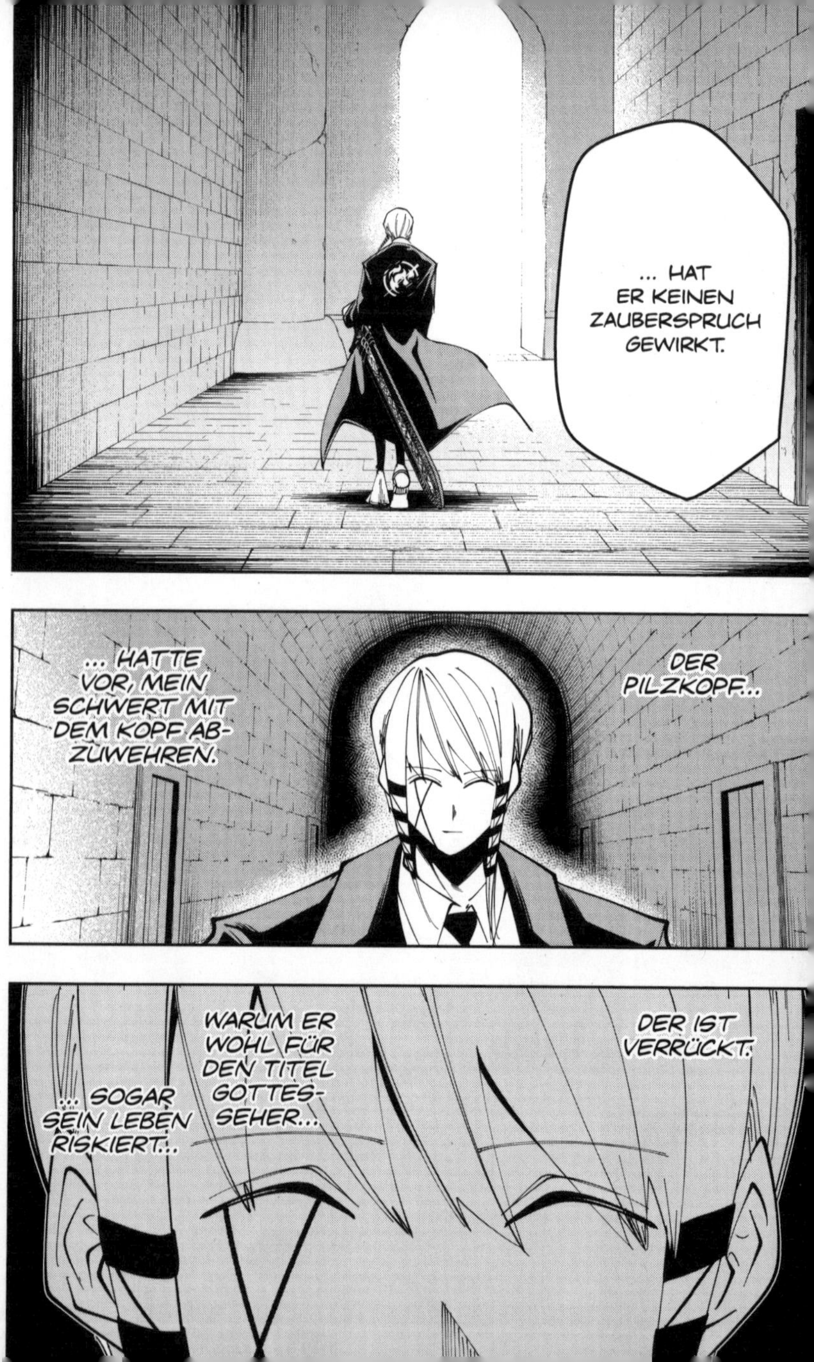
... HAT
ER KEINEN
ZAUBERSPRUCH
GEWIRKT.
DER PILZKOPF...
... HATTE VOR, MEIN SCHWERT MIT DEM KOPF ABZUWEHREN.
DER IST VERRÜCKT.
WARUM ER WOHL FÜR DEN TITEL GOTTESSEHER...
... SOGAR SEIN LEBEN RISKIERT...

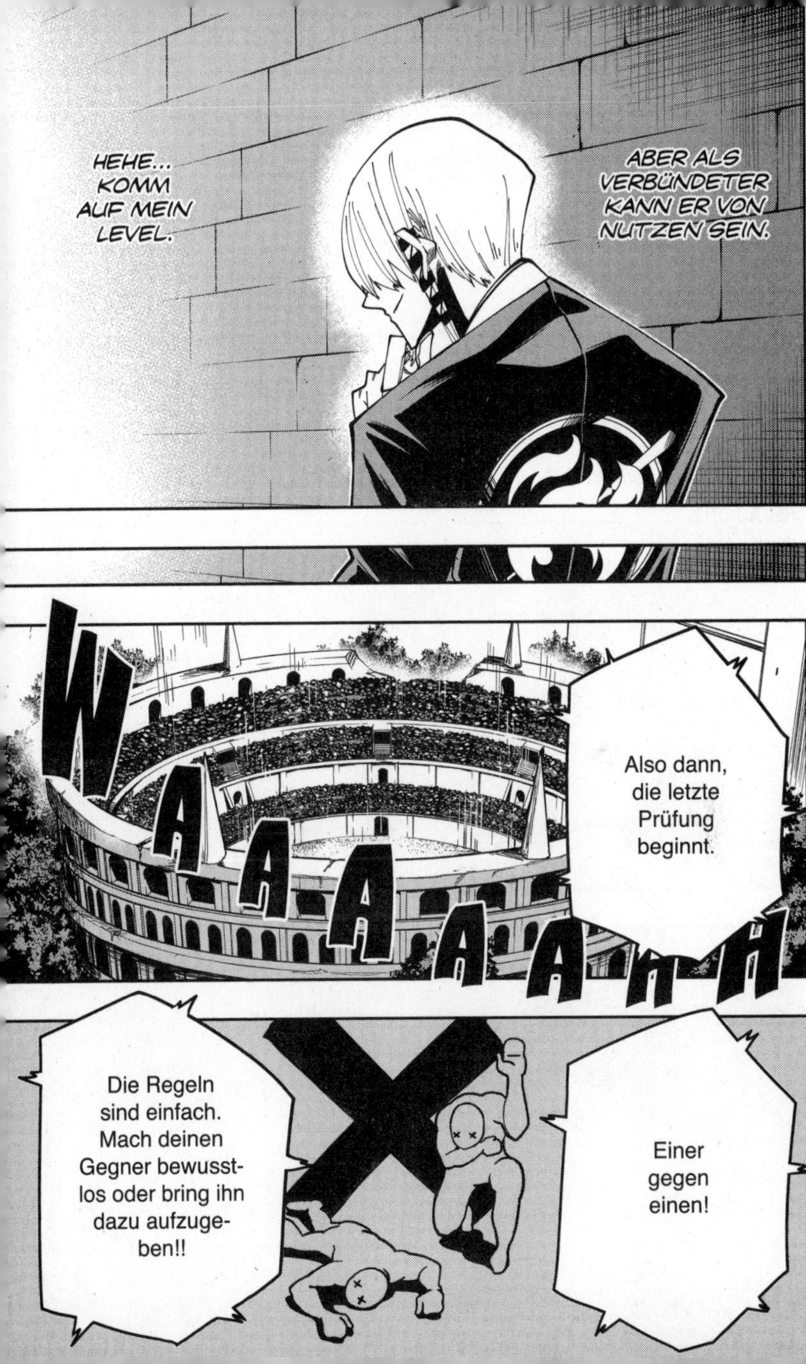
ABER ALS VERBÜNDETER KANN ER VON NUTZEN SEIN.
HEHE... KOMM AUF MEIN LEVEL.
Also dann, die letzte Prüfung beginnt.
WAAAAAAAAH
Einer gegen einen!
Die Regeln sind einfach. Mach deinen Gegner bewusst-los oder bring ihn dazu aufzuge-ben!!

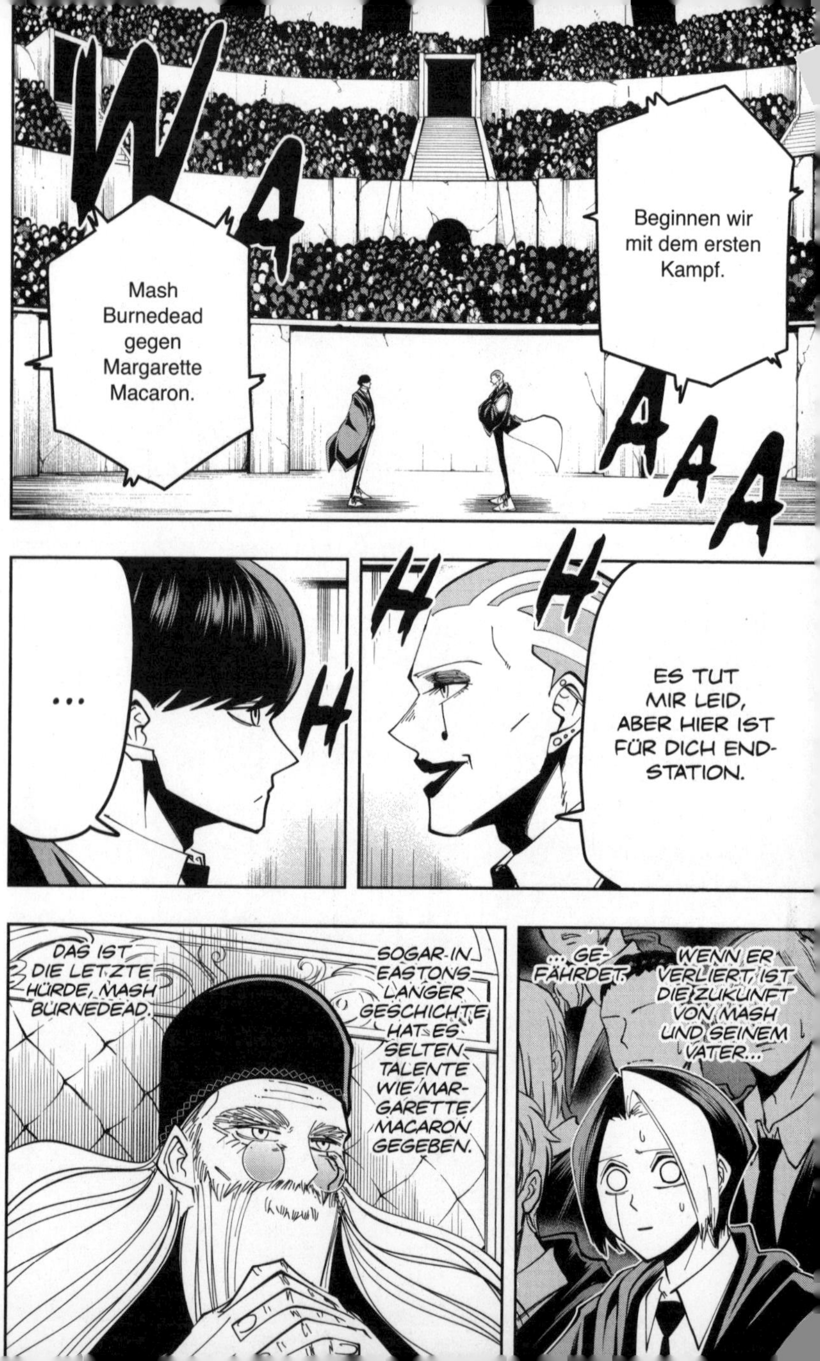
Beginnen wir mit dem ersten Kampf.
Mash Burnedead gegen Margarette Macaron.
WA
AAAA
HHH
ES TUT MIR LEID, ABER HIER IST FÜR DICH END-STATION.
...
WENN ER VERLIERT, IST DIE ZUKUNFT VON MASH UND SEINEM VATER...
... GE-FÄHRDET.
SOGAR IN EASTONS LANGER GESCHICHTE HAT ES SELTEN TALENTE WIE MAR-GARETTE MACARON GEGEBEN.
DAS IST DIE LETZTE HÜRDE, MASH BURNEDEAD.

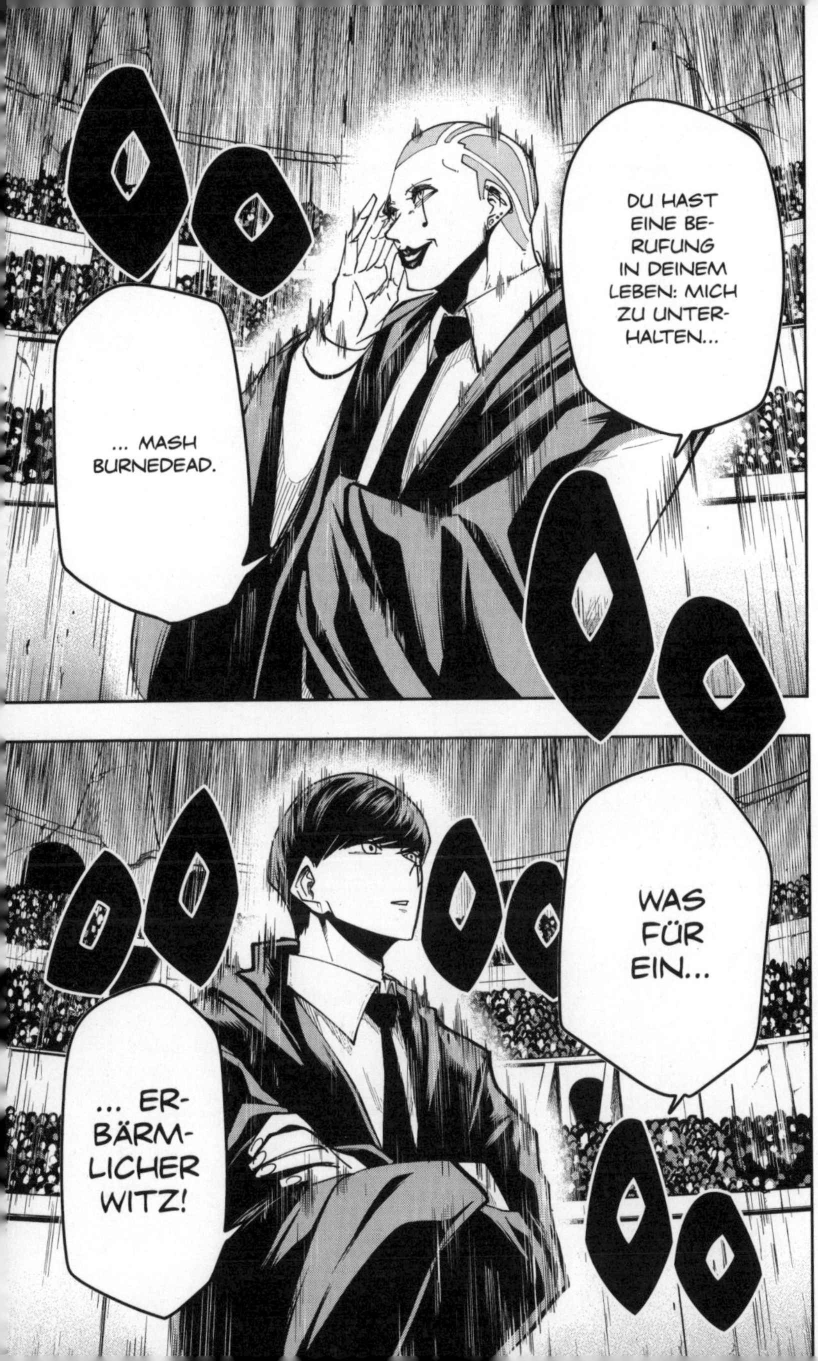
DU HAST EINE BE-RUFUNG IN DEINEM LEBEN: MICH ZU UNTER-HALTEN...
... MASH BURNEDEAD.
WAS FÜR EIN...
... ER-BÄRM-LICHER WITZ!

Extra ③

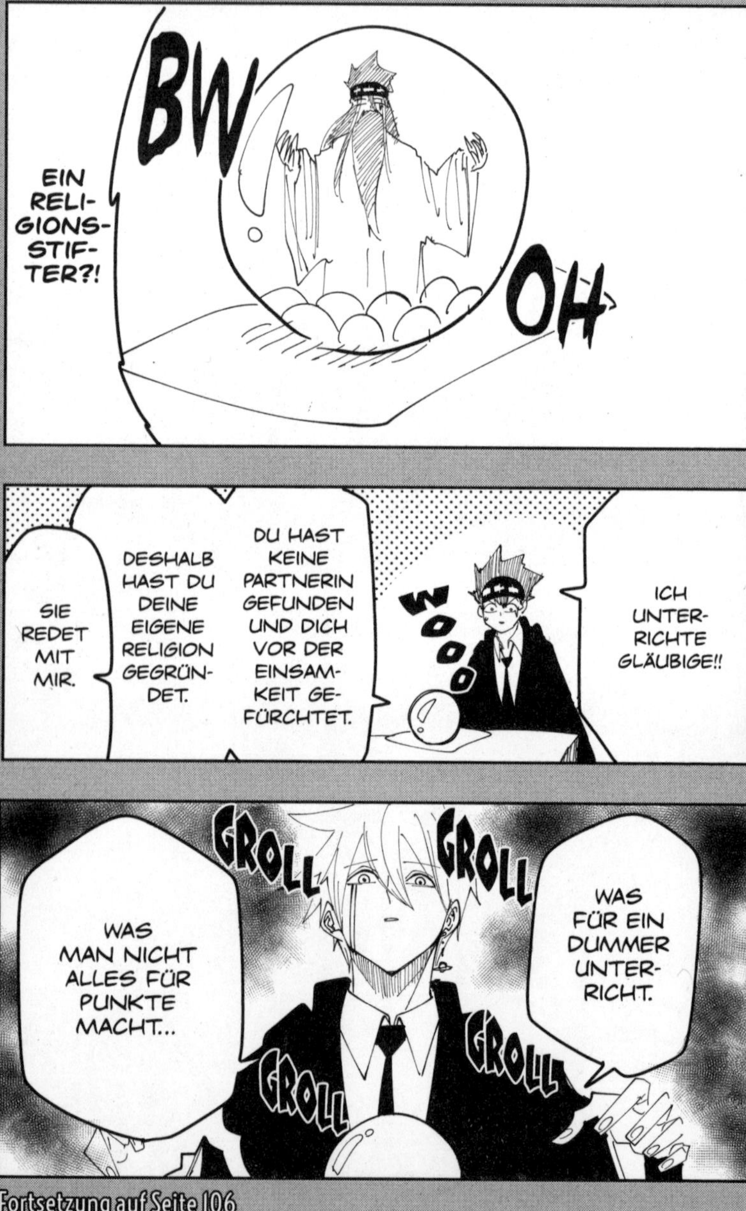

Fortsetzung auf Seite 106

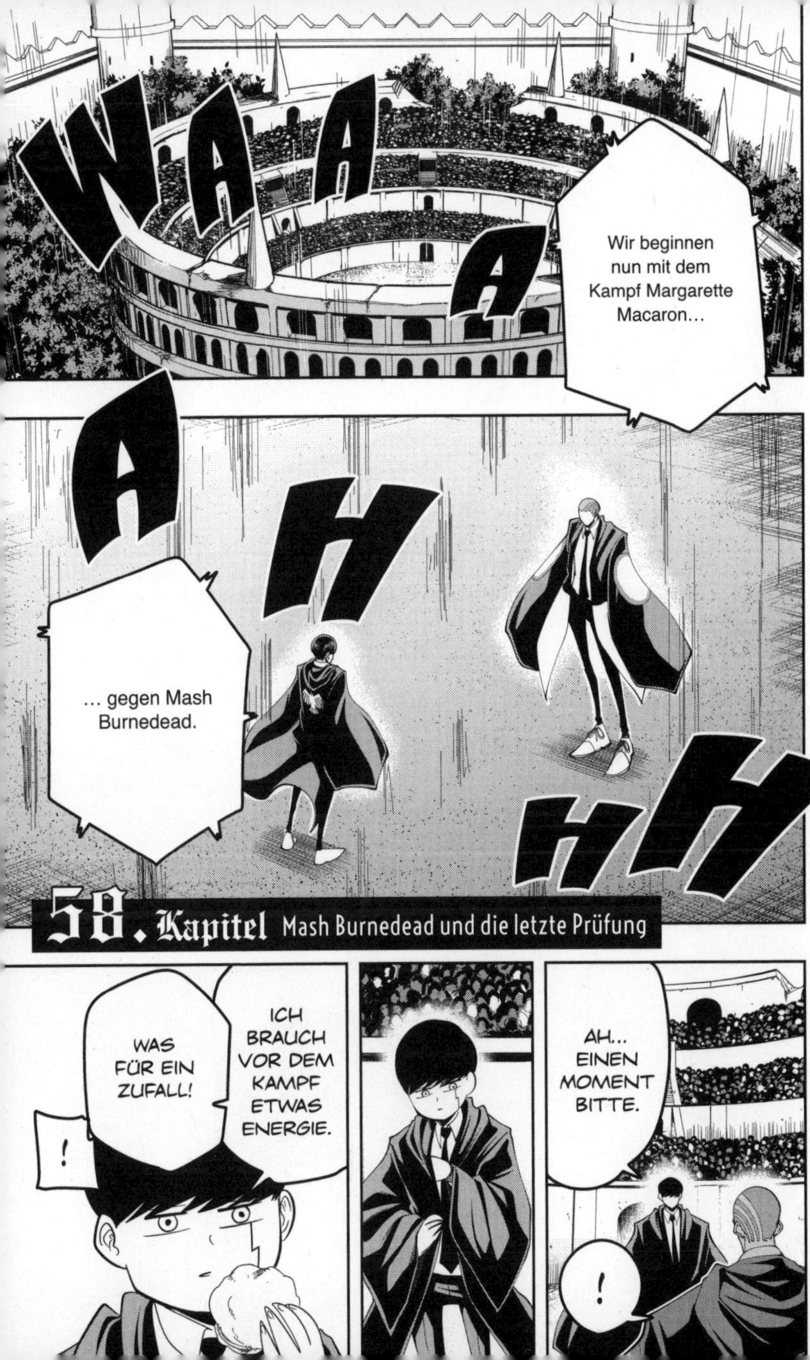
WAAAA
Wir beginnen nun mit dem Kampf Margarette Macaron…
… gegen Mash Burnedead.
AHHH
58. Kapitel Mash Burnedead und die letzte Prüfung
AH… EINEN MOMENT BITTE.
!
ICH BRAUCH VOR DEM KAMPF ETWAS ENERGIE.
WAS FÜR EIN ZUFALL!
!

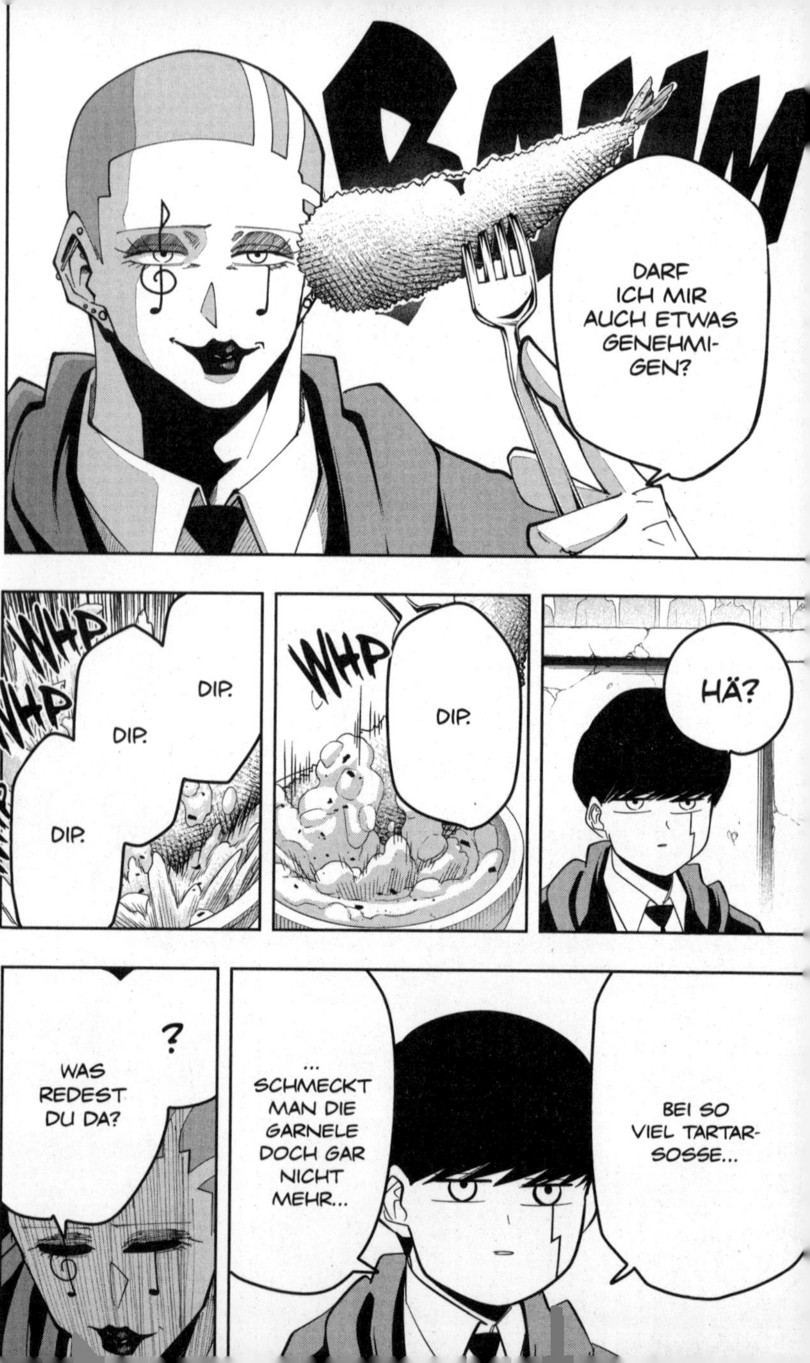

BAMM
DARF ICH MIR AUCH ETWAS GENEHMIGEN?
HÄ?
WHP
DIP.
WHP
WHP
WHP
DIP.
DIP.
DIP.
BEI SO VIEL TARTARSOSSE...
... SCHMECKT MAN DIE GARNELE DOCH GAR NICHT MEHR...
?
WAS REDEST DU DA?

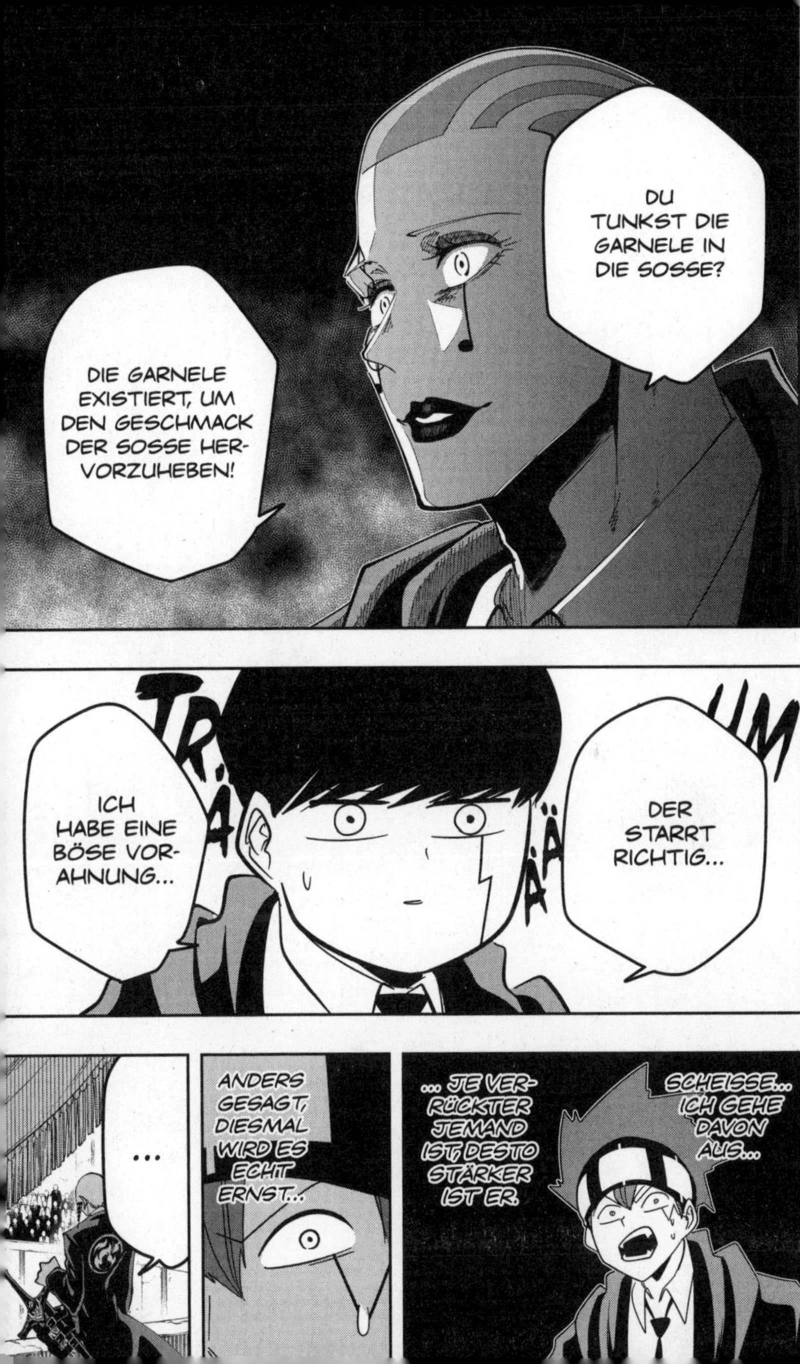
DU TUNKST DIE GARNELE IN DIE SOSSE?
DIE GARNELE EXISTIERT, UM DEN GESCHMACK DER SOSSE HERVORZUHEBEN!
DER STARRT RICHTIG...
ICH HABE EINE BÖSE VORAHNUNG...
SCHEISSE... ICH GEHE DAVON AUS...
... JE VERRÜCKTER JEMAND IST, DESTO STÄRKER IST ER.
ANDERS GESAGT, DIESMAL WIRD ES ECHT ERNST...
...

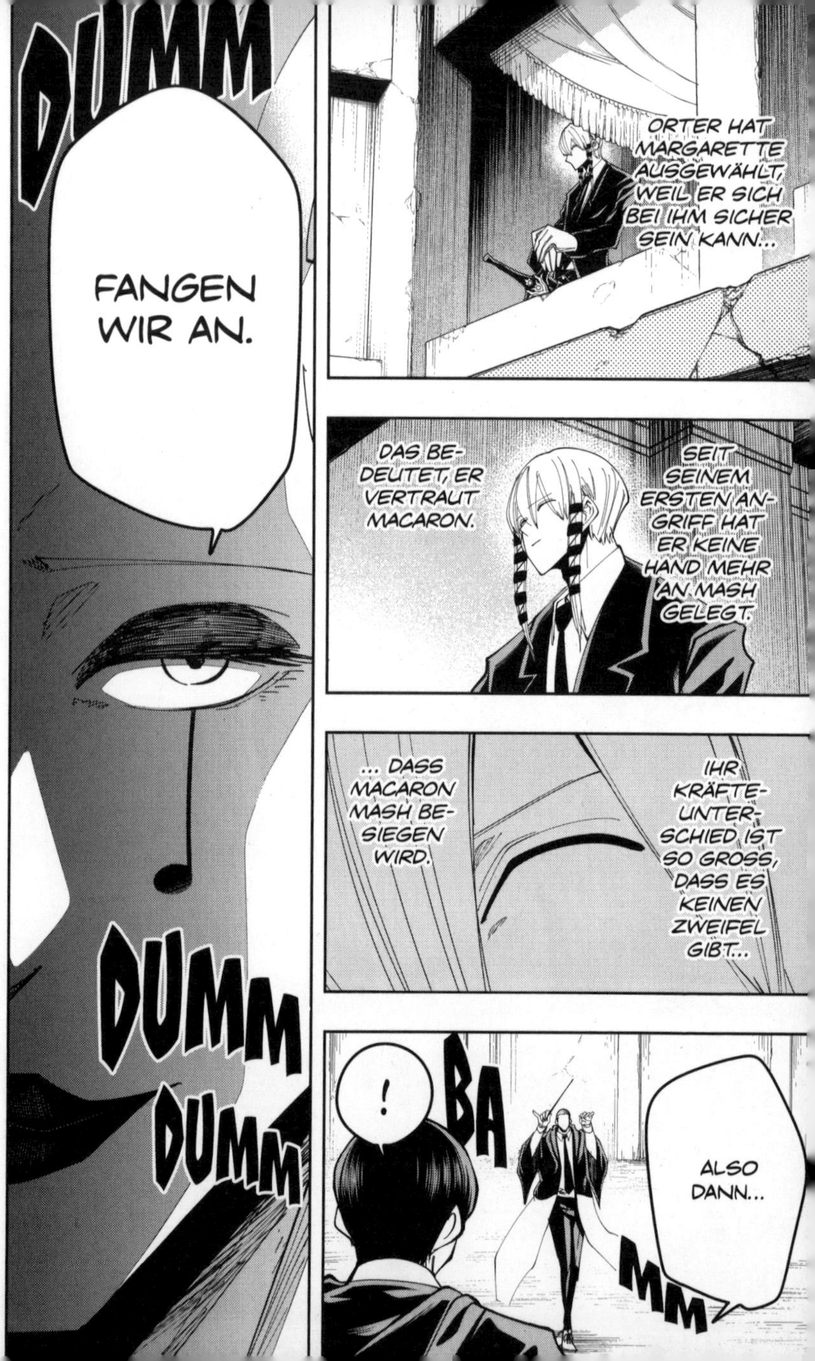
ORTER HAT MARGARETTE AUSGEWÄHLT, WEIL ER SICH BEI IHM SICHER SEIN KANN...
SEIT SEINEM ERSTEN AN-GRIFF HAT ER KEINE HAND MEHR AN MASH GELEGT.
DAS BE-DEUTET, ER VERTRAUT MACARON.
IHR KRÄFTE-UNTER-SCHIED IST SO GROSS, DASS ES KEINEN ZWEIFEL GIBT...
... DASS MACARON MASH BE-SIEGEN WIRD.
ALSO DANN...
BA
MM
!
DUMM
FANGEN WIR AN.
DUMM
DUMM

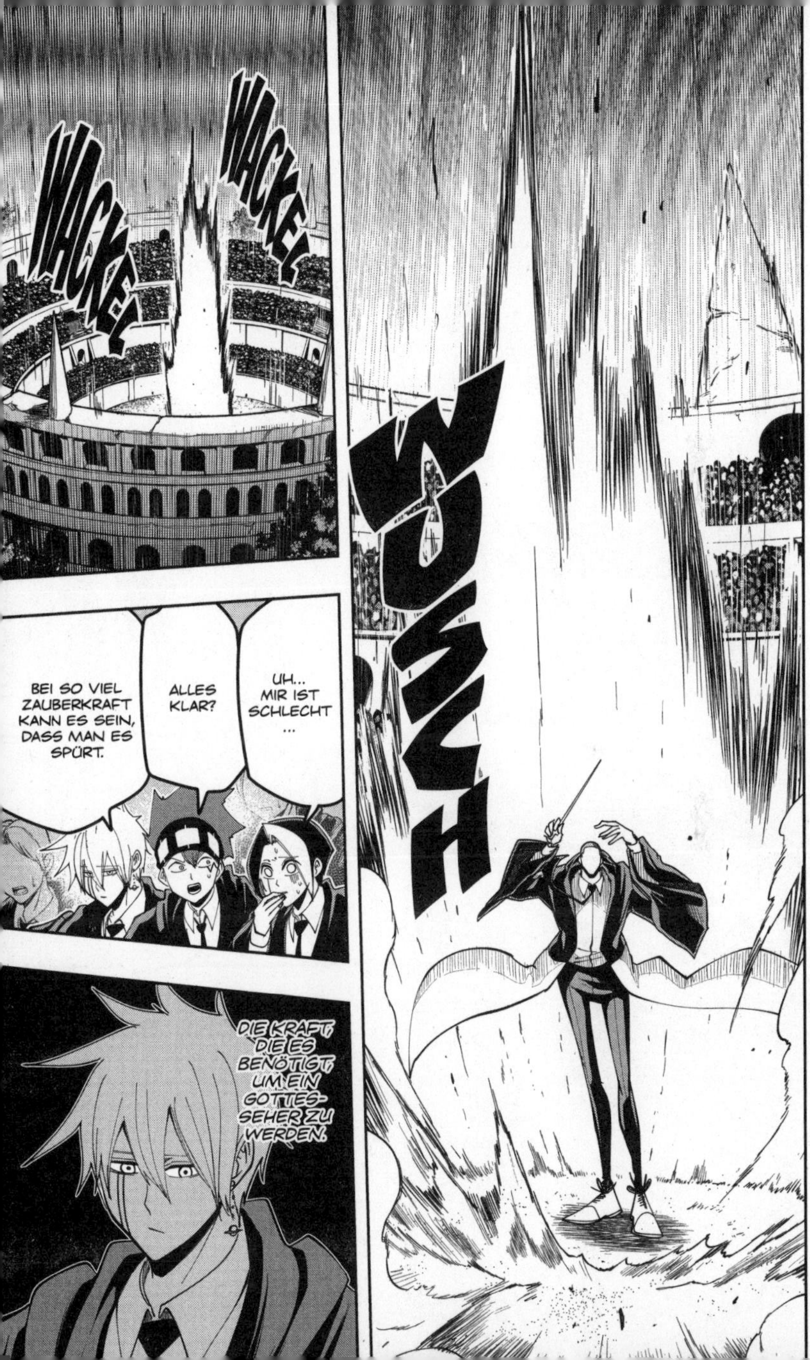
WACKEL WACKEL
WUMMM
UH... MIR IST SCHLECHT ...
ALLES KLAR?
BEI SO VIEL ZAUBERKRAFT KANN ES SEIN, DASS MAN ES SPÜRT.
DIE KRAFT, DIE ES BENÖTIGT, UM EIN GOTTES-SEHER ZU WERDEN.

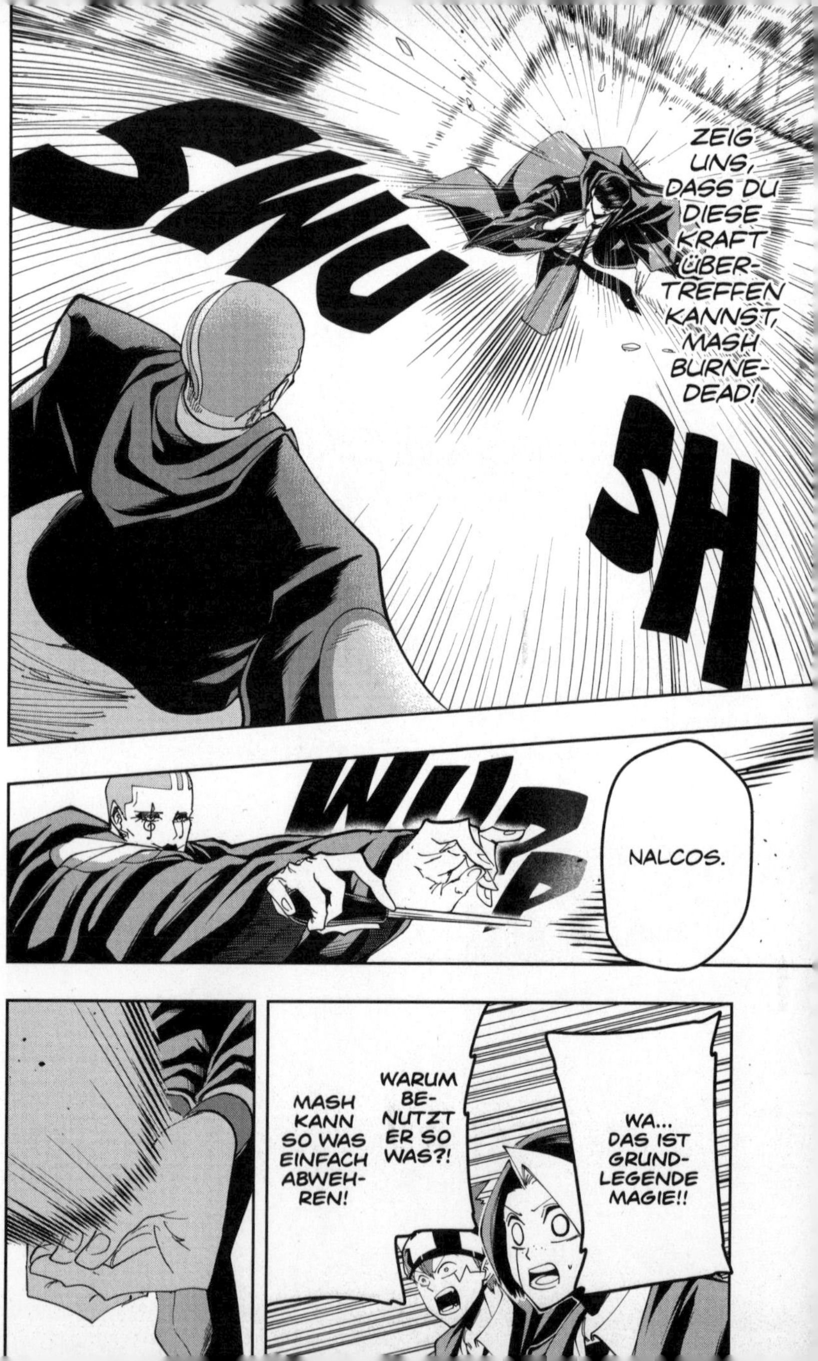
ZEIG UNS, DASS DU DIESE KRAFT ÜBERTREFFEN KANNST, MASH BURNEDEAD!
NALCOS.
WA... DAS IST GRUNDLEGENDE MAGIE!!
WARUM BENUTZT ER SO WAS?!
MASH KANN SO WAS EINFACH ABWEHREN!

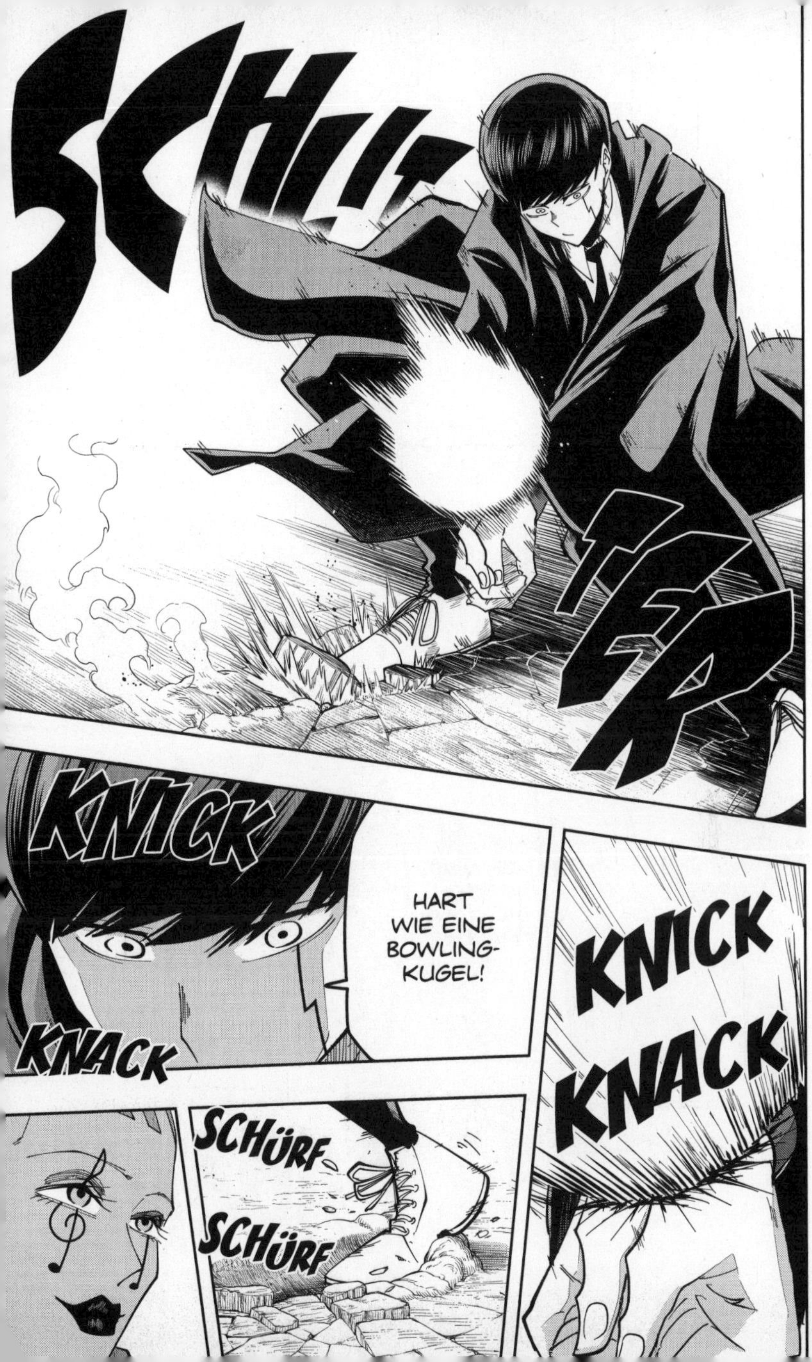
SCHLIT
KNICK
KNACK
HART WIE EINE BOWLING-KUGEL!
KNICK
KNACK
SCHÜRF
SCHÜRF

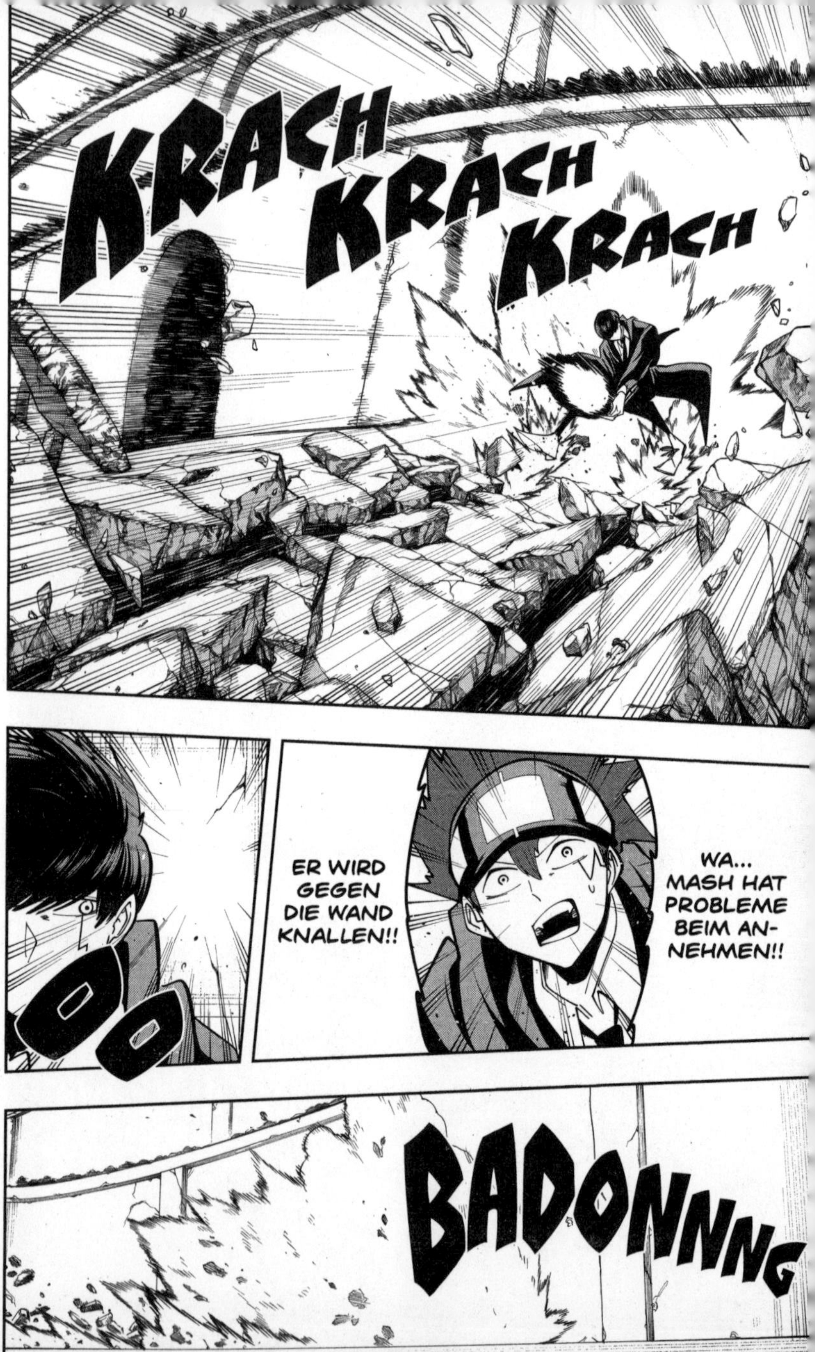
KRACH KRACH KRACH
WA... MASH HAT PROBLEME BEIM AN-NEHMEN!!
ER WIRD GEGEN DIE WAND KNALLEN!!
BADONNNG

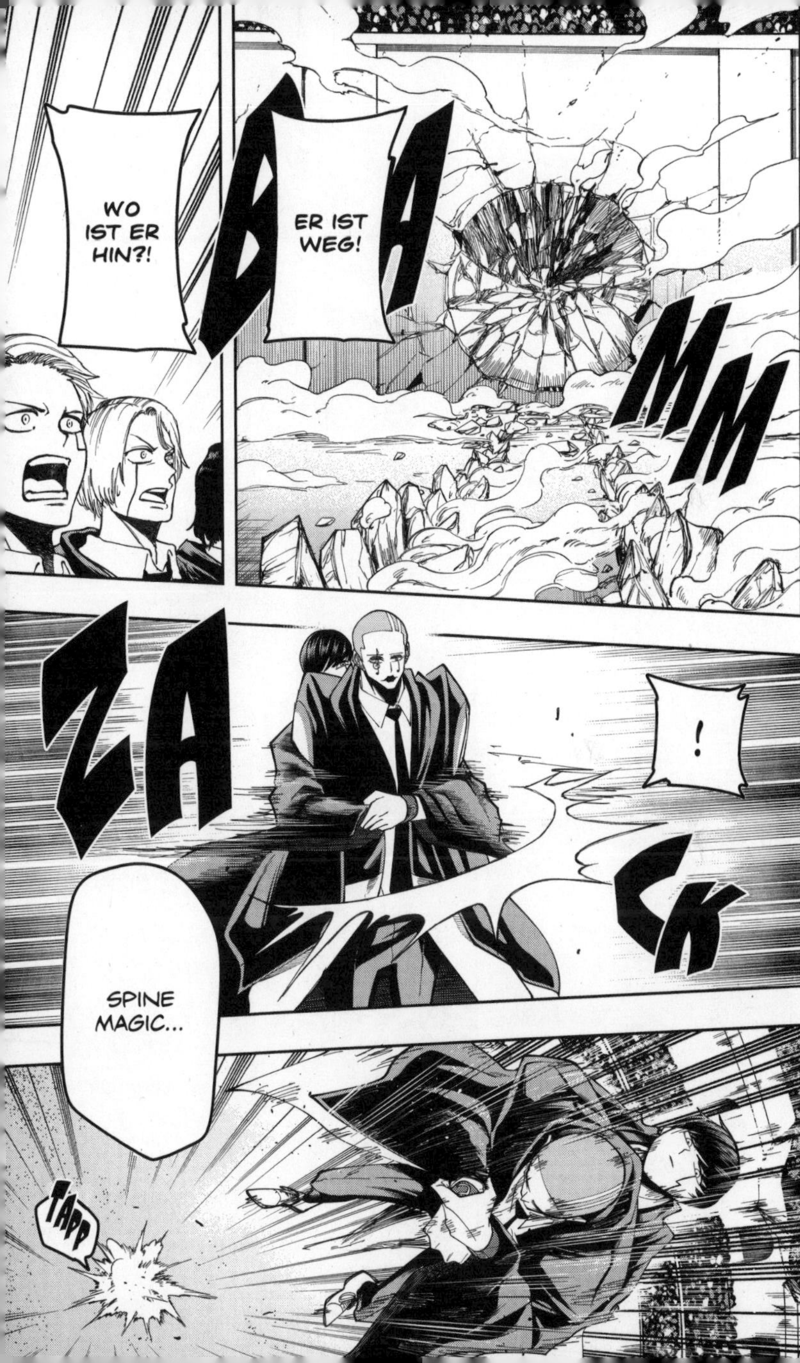
ER IST WEG!
WO IST ER HIN?!
BAMM
!
ZACK
SPINE MAGIC…
TAPP

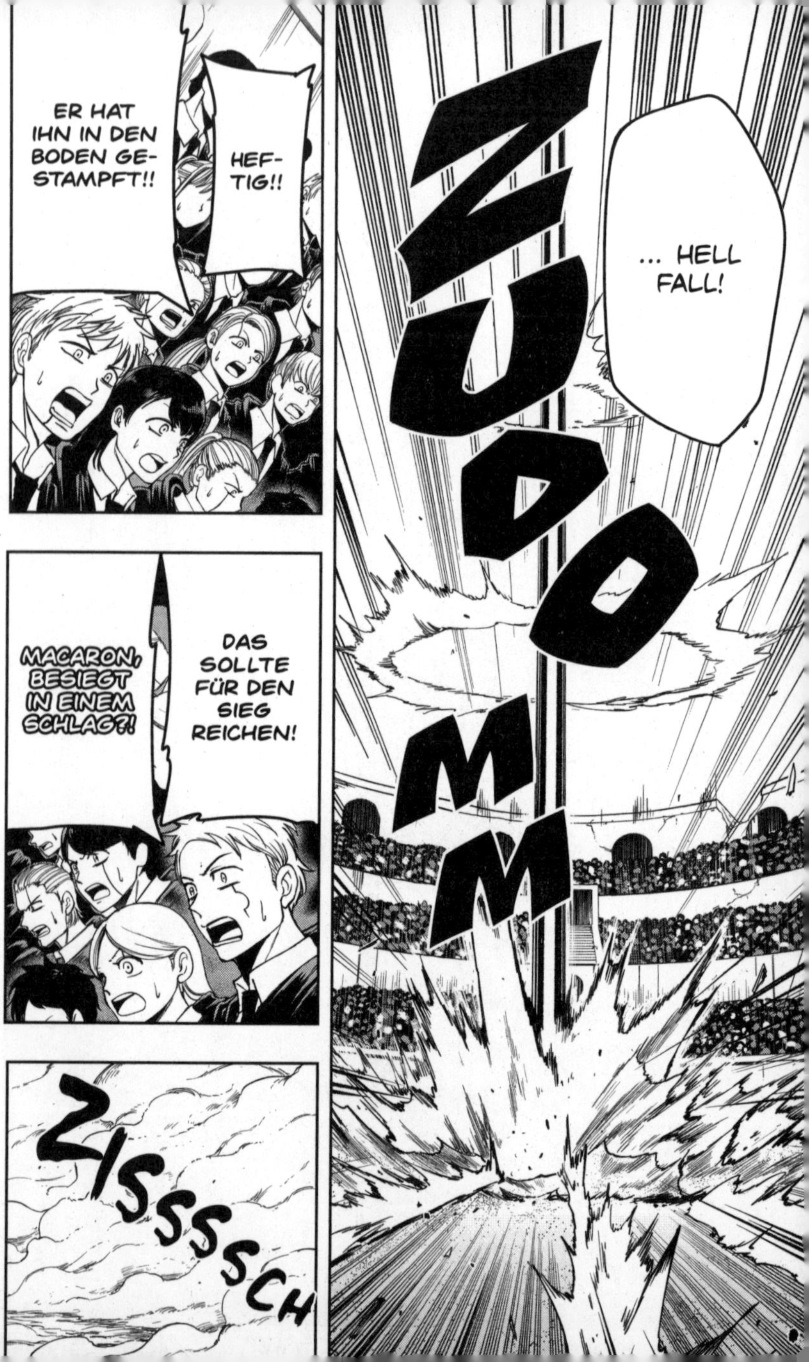
... HELL FALL!
ZUDOOMM
HEF-TIG!!
ER HAT IHN IN DEN BODEN GE-STAMPFT!!
DAS SOLLTE FÜR DEN SIEG REICHEN!
MACARON, BESIEGT IN EINEM SCHLAG?!
ZISSSSCH

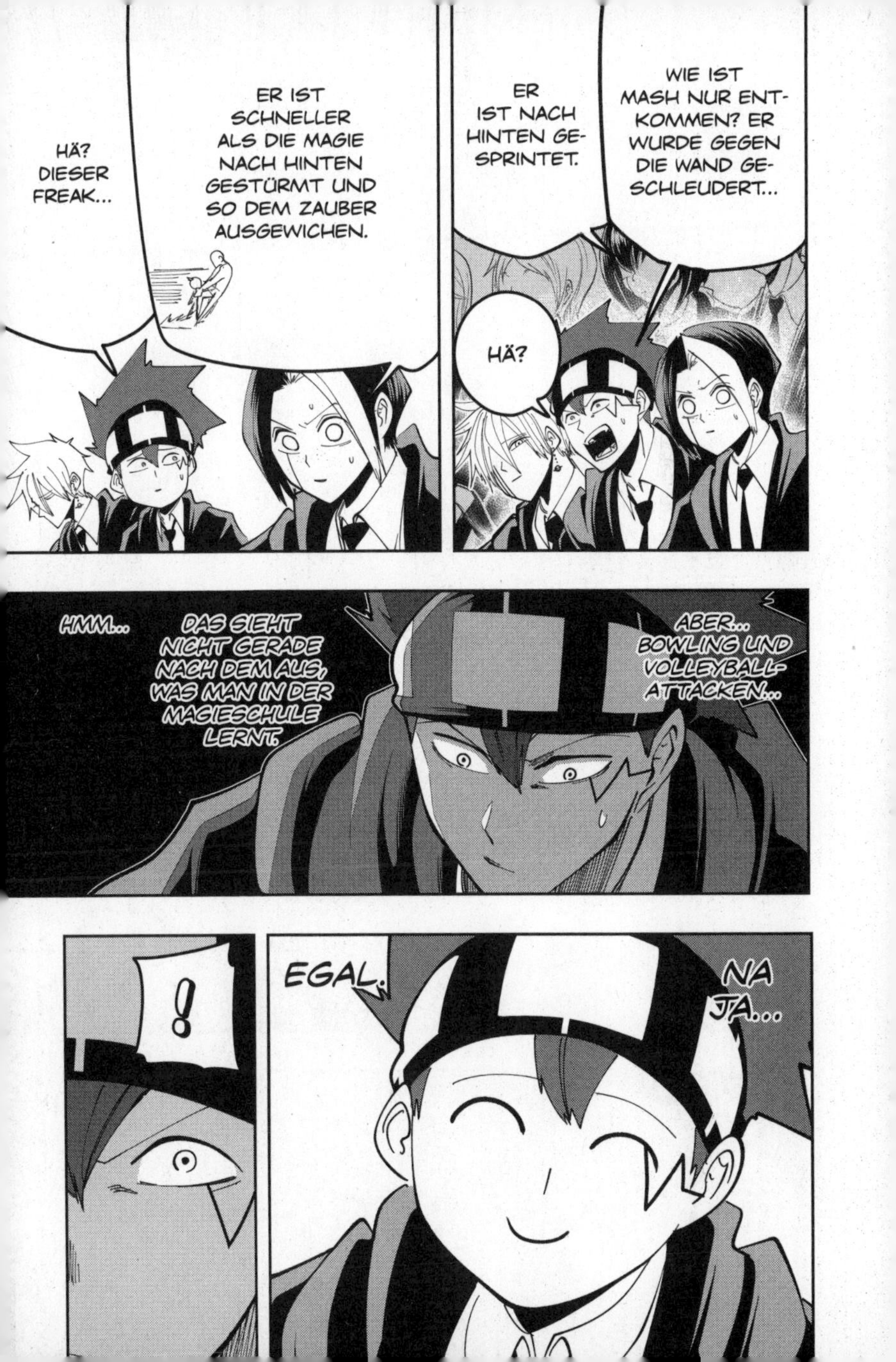
WIE IST MASH NUR ENTKOMMEN? ER WURDE GEGEN DIE WAND GESCHLEUDERT...
ER IST NACH HINTEN GESPRINTET.
HÄ?
ER IST SCHNELLER ALS DIE MAGIE NACH HINTEN GESTÜRMT UND SO DEM ZAUBER AUSGEWICHEN.
HÄ? DIESER FREAK...
ABER... BOWLING UND VOLLEYBALL-ATTACKEN...
DAS SIEHT NICHT GERADE NACH DEM AUS, WAS MAN IN DER MAGIESCHULE LERNT.
HMM...
NA JA...
EGAL.
!

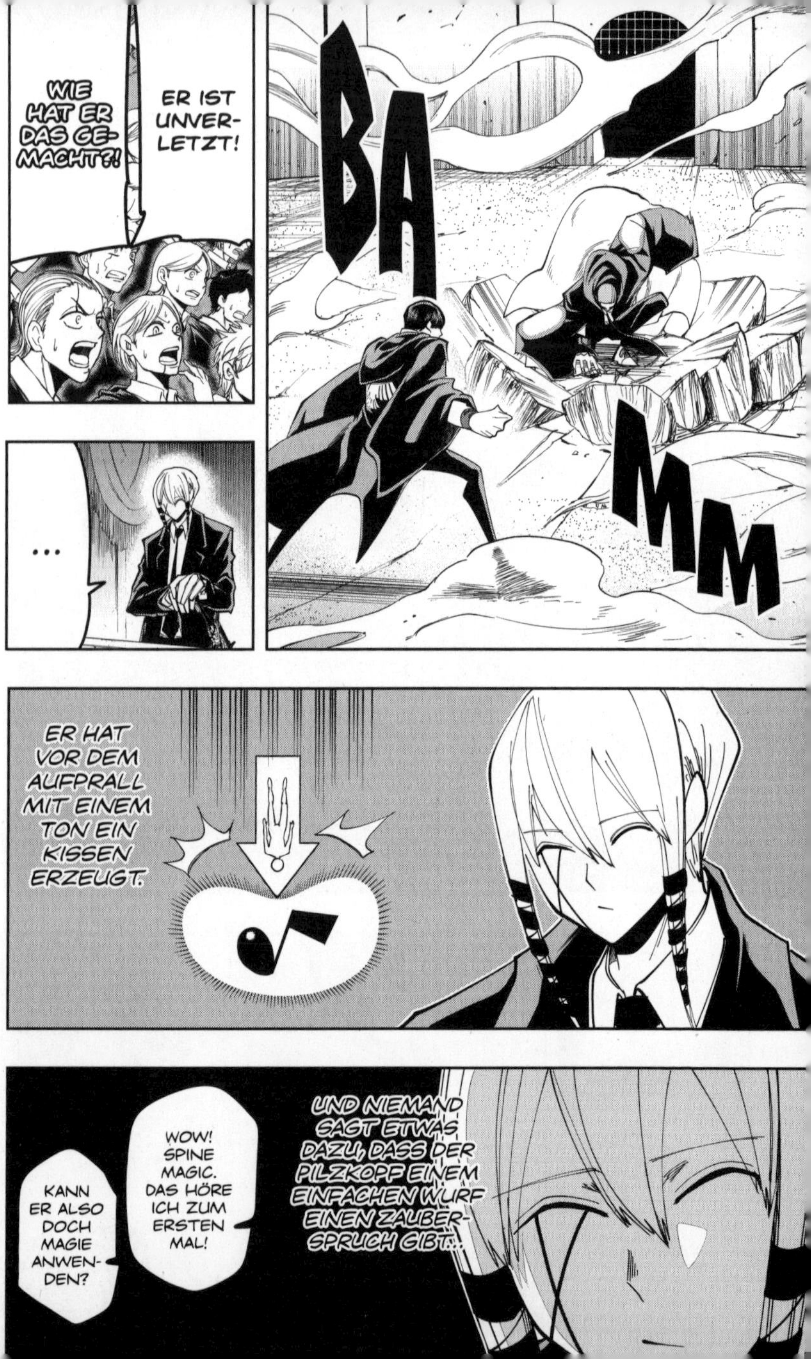
BA
MM
ER IST UNVER-LETZT!
WIE HAT ER DAS GE-MACHT?!
...
ER HAT VOR DEM AUFPRALL MIT EINEM TON EIN KISSEN ERZEUGT.
UND NIEMAND SAGT ETWAS DAZU, DASS DER PILZKOPF EINEM EINFACHEN WURF EINEN ZAUBER-SPRUCH GIBT...
WOW! SPINE MAGIC. DAS HÖRE ICH ZUM ERSTEN MAL!
KANN ER ALSO DOCH MAGIE ANWEN-DEN?

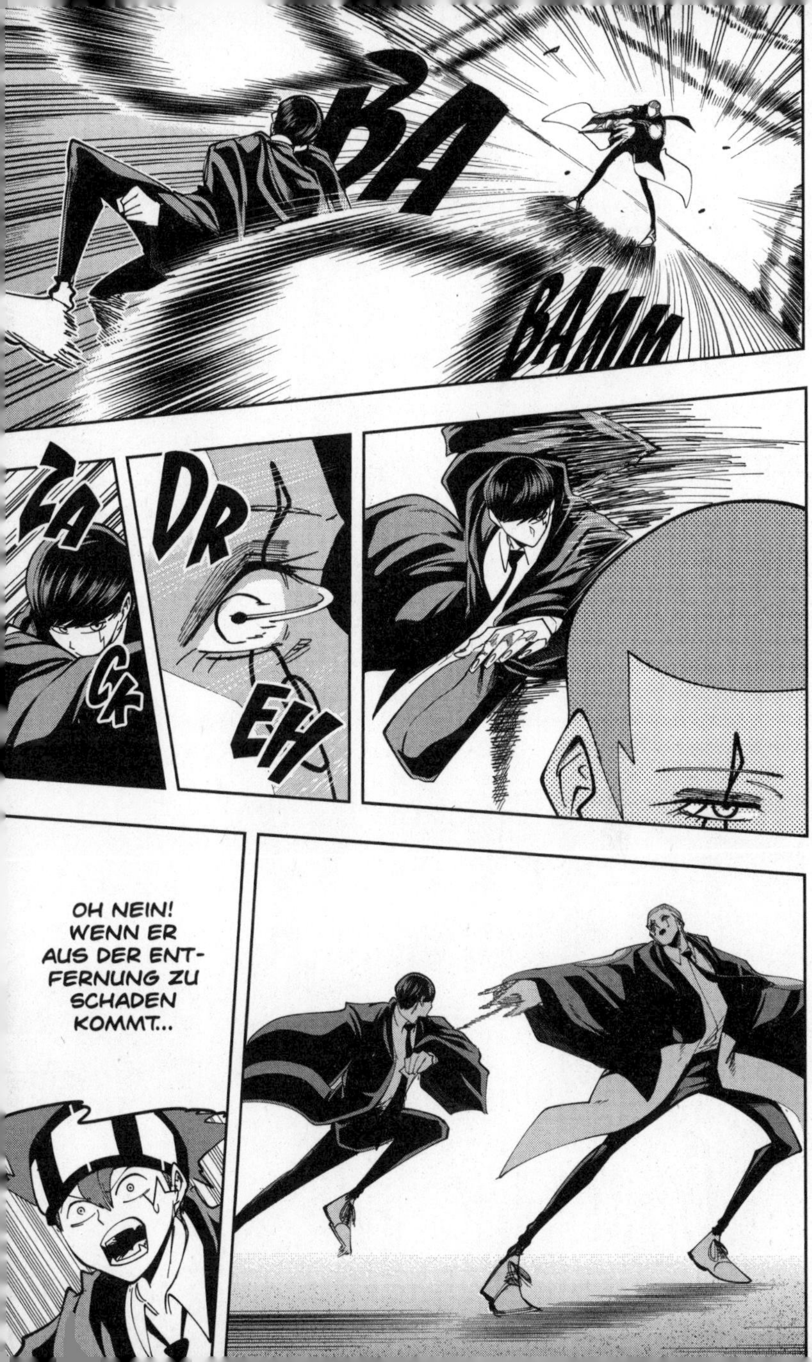
BA
BAMM
DR
EH
ZA
CK
OH NEIN! WENN ER AUS DER ENT-FERNUNG ZU SCHADEN KOMMT...

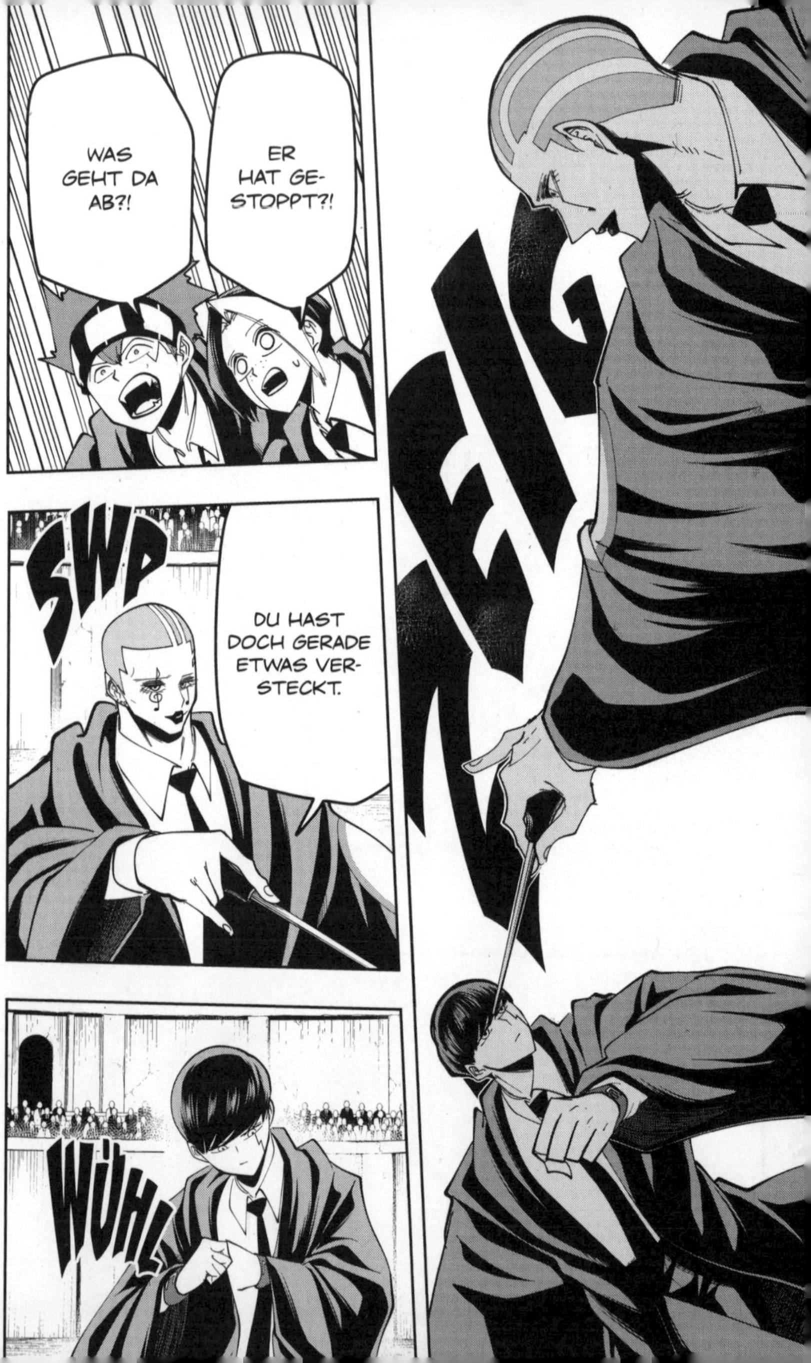
ER HAT GE-STOPPT?!
WAS GEHT DA AB?!
SWP
DU HAST DOCH GERADE ETWAS VER-STECKT.
WÜHL
ZEIG

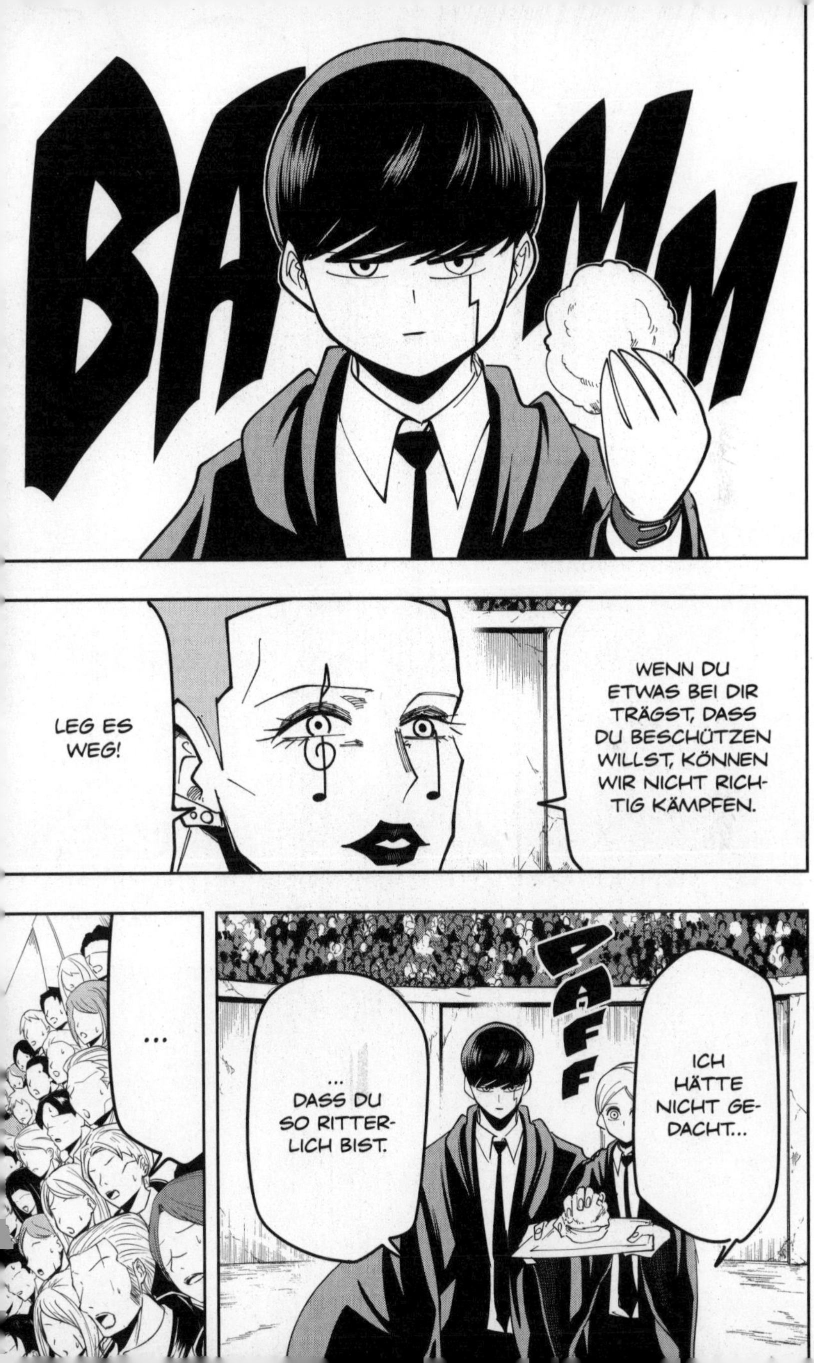
BAMM
WENN DU ETWAS BEI DIR TRÄGST, DASS DU BESCHÜTZEN WILLST, KÖNNEN WIR NICHT RICHTIG KÄMPFEN.
LEG ES WEG!
PAFF
ICH HÄTTE NICHT GEDACHT...
... DASS DU SO RITTERLICH BIST.
...

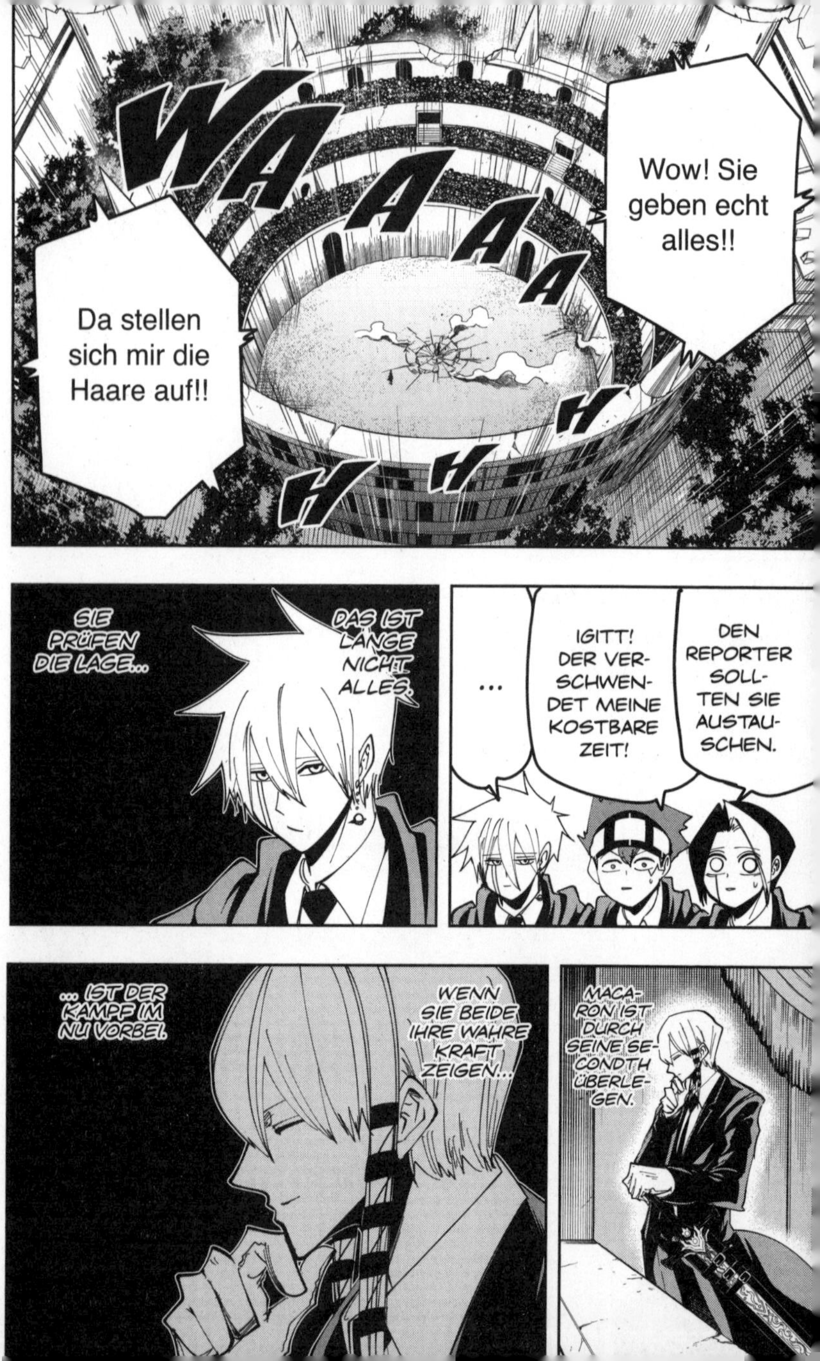
Wow! Sie geben echt alles!!
WAAAAAHHH
Da stellen sich mir die Haare auf!!
DEN REPORTER SOLLTEN SIE AUSTAUSCHEN.
IGITT! DER VERSCHWENDET MEINE KOSTBARE ZEIT!
...
DAS IST LANGE NICHT ALLES.
SIE PRÜFEN DIE LAGE...
MACARON IST DURCH SEINE SECONDTH ÜBERLEGEN.
WENN SIE BEIDE IHRE WAHRE KRAFT ZEIGEN...
... IST DER KAMPF IM NU VORBEI.

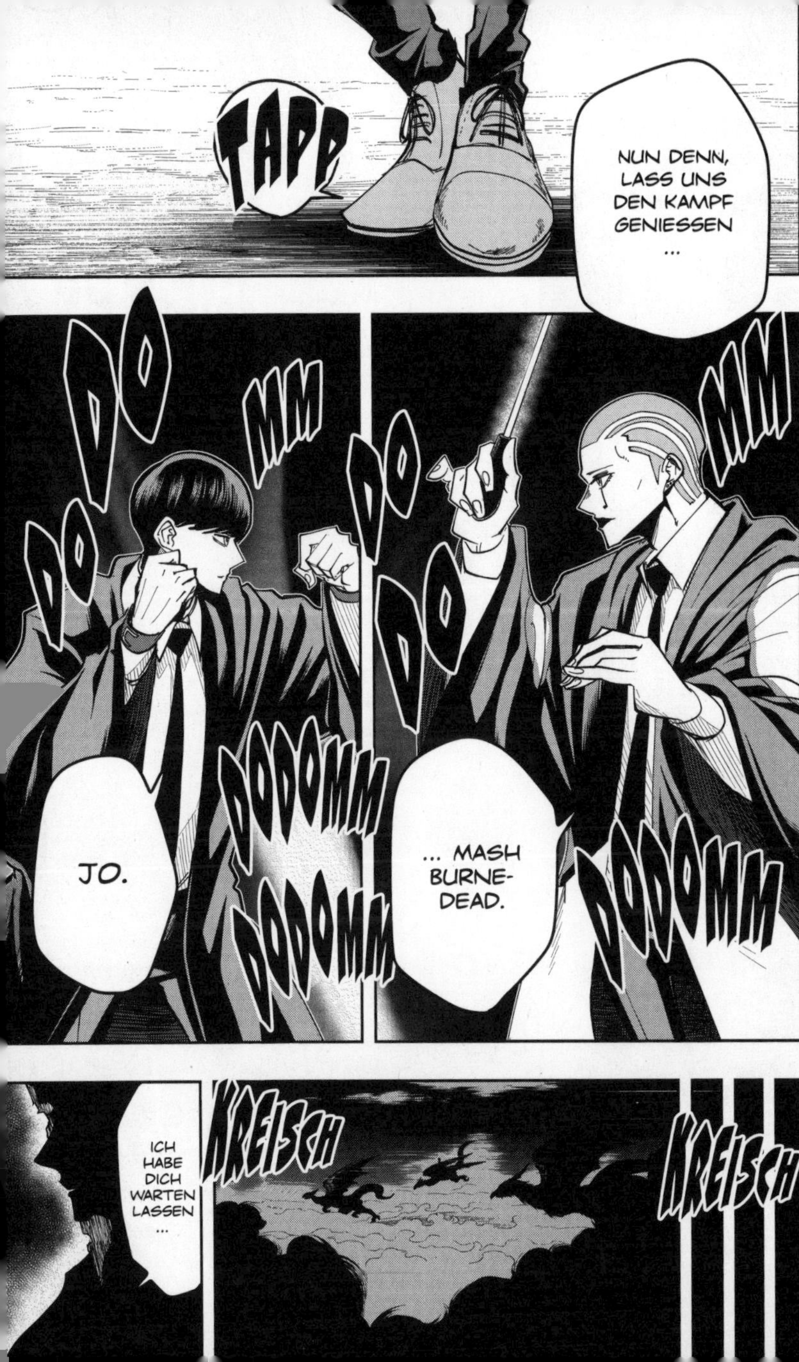
TAPP
NUN DENN, LASS UNS DEN KAMPF GENIESSEN ...
DODOMM
DODOMM
... MASH BURNE-DEAD.
DODOMM
DODOMM
DODOMM
JO.
KREISCH
KREISCH
ICH HABE DICH WARTEN LASSEN ...

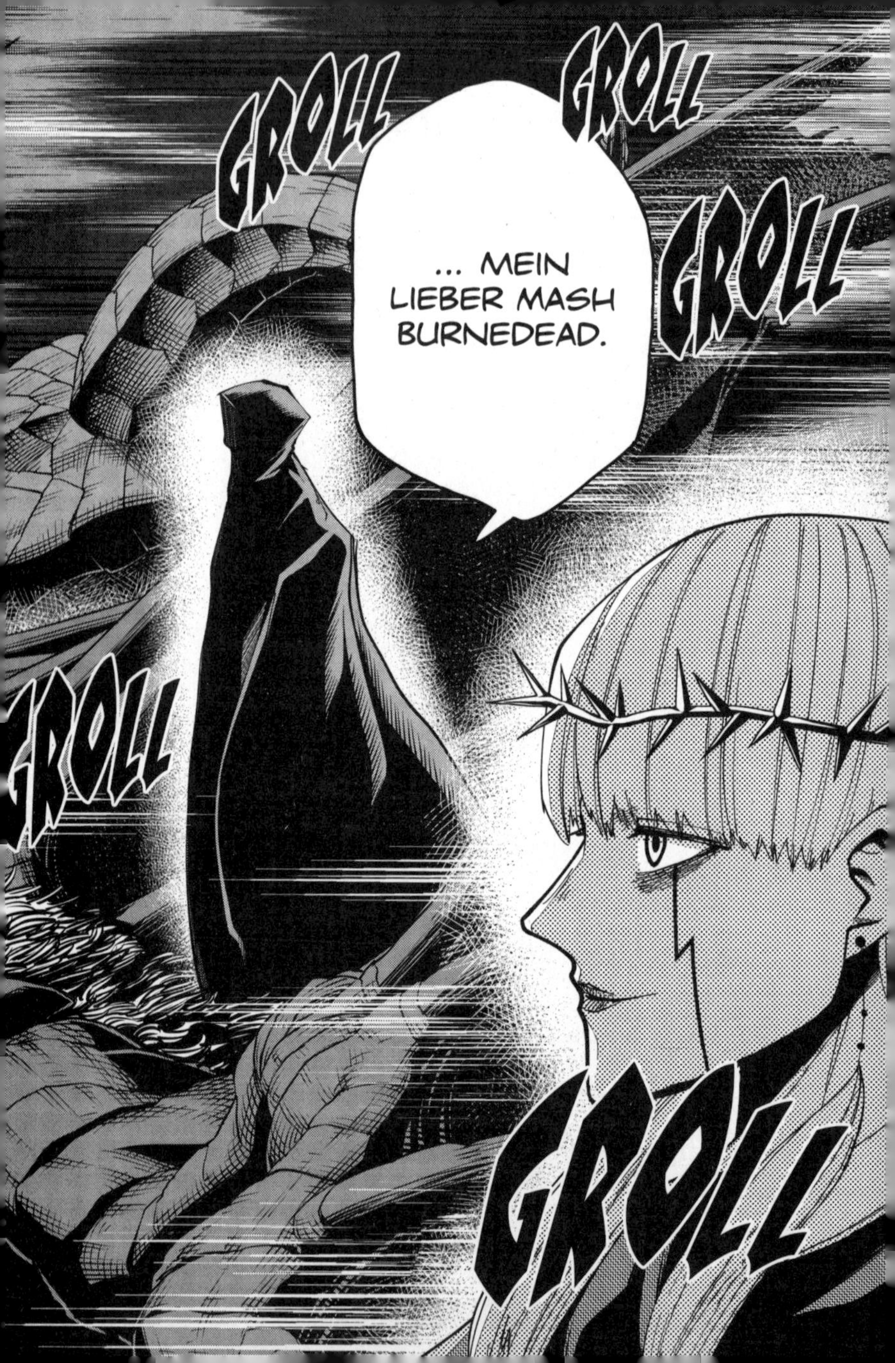
GROLL
GROLL
... MEIN LIEBER MASH BURNEDEAD.
GROLL
GROLL
GROLL

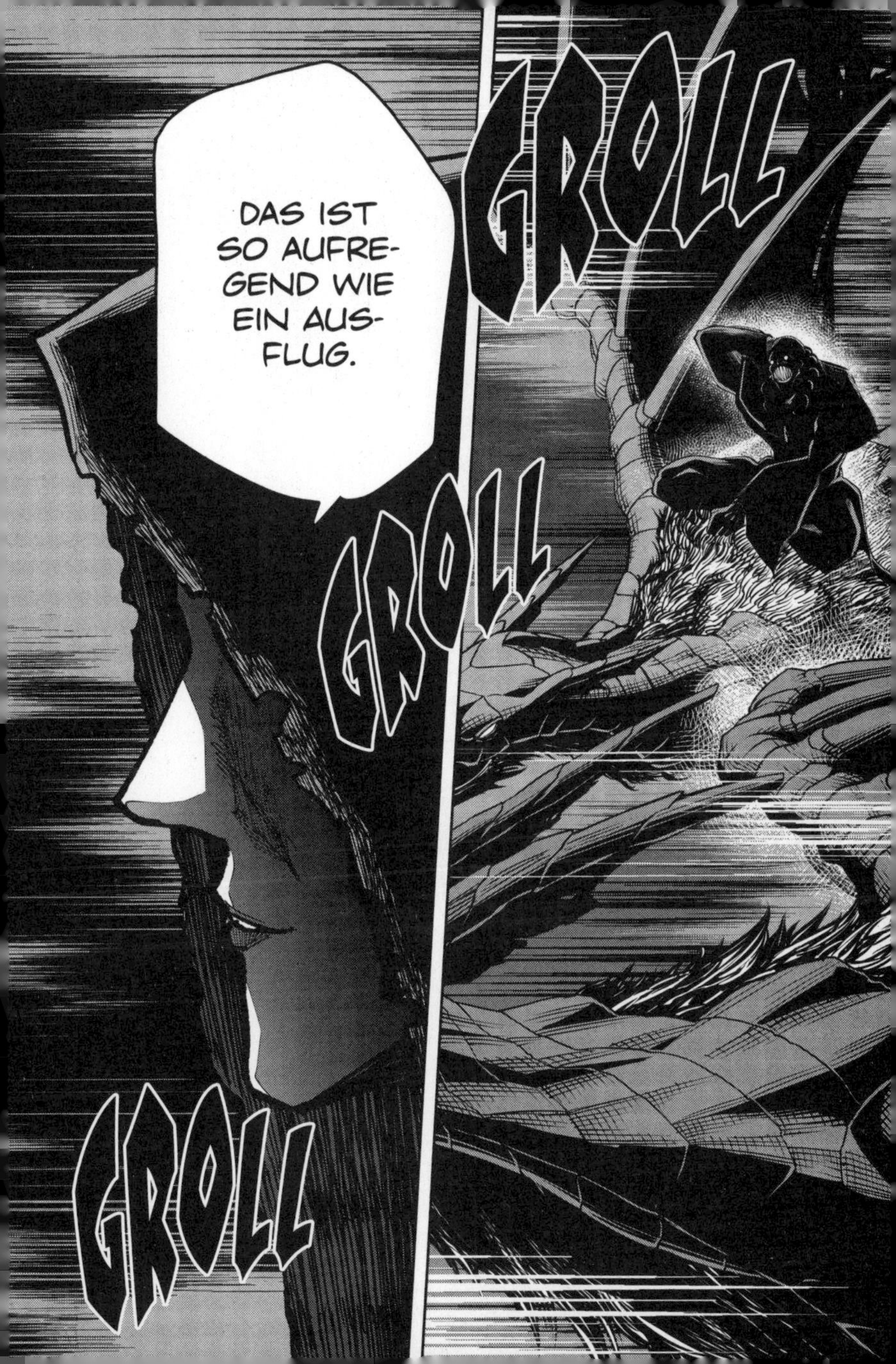
GROLL
DAS IST SO AUFREGEND WIE EIN AUSFLUG.
GROLL
GROLL

Extra ④

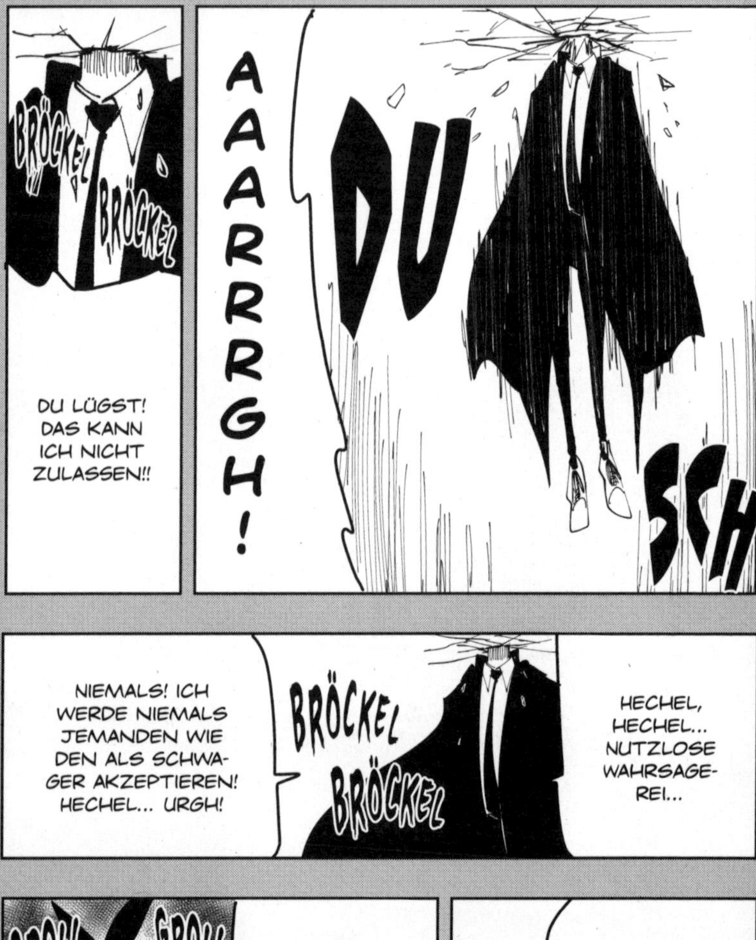

Fortsetzung auf Seite 128

59. Kapitel Mash Burnedead und der Magier der Töne

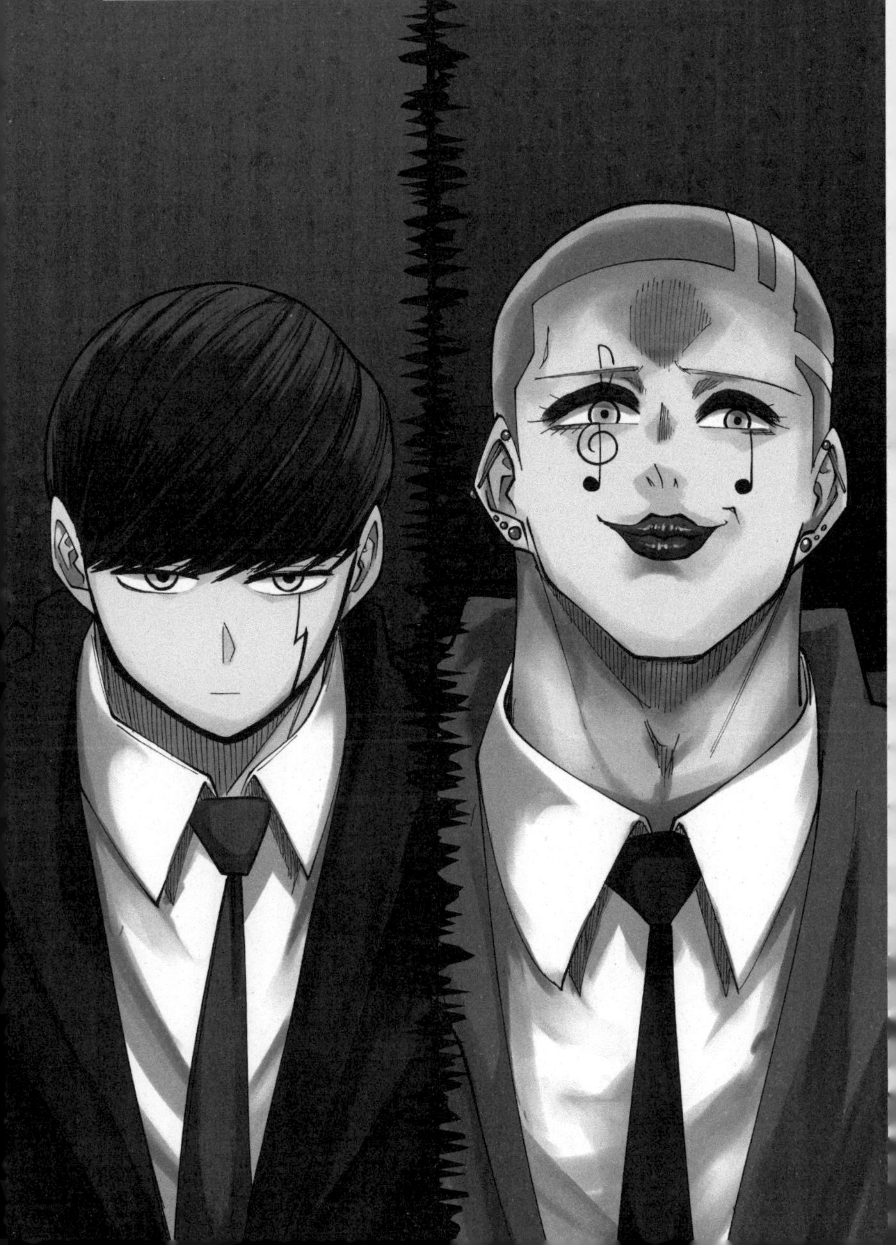

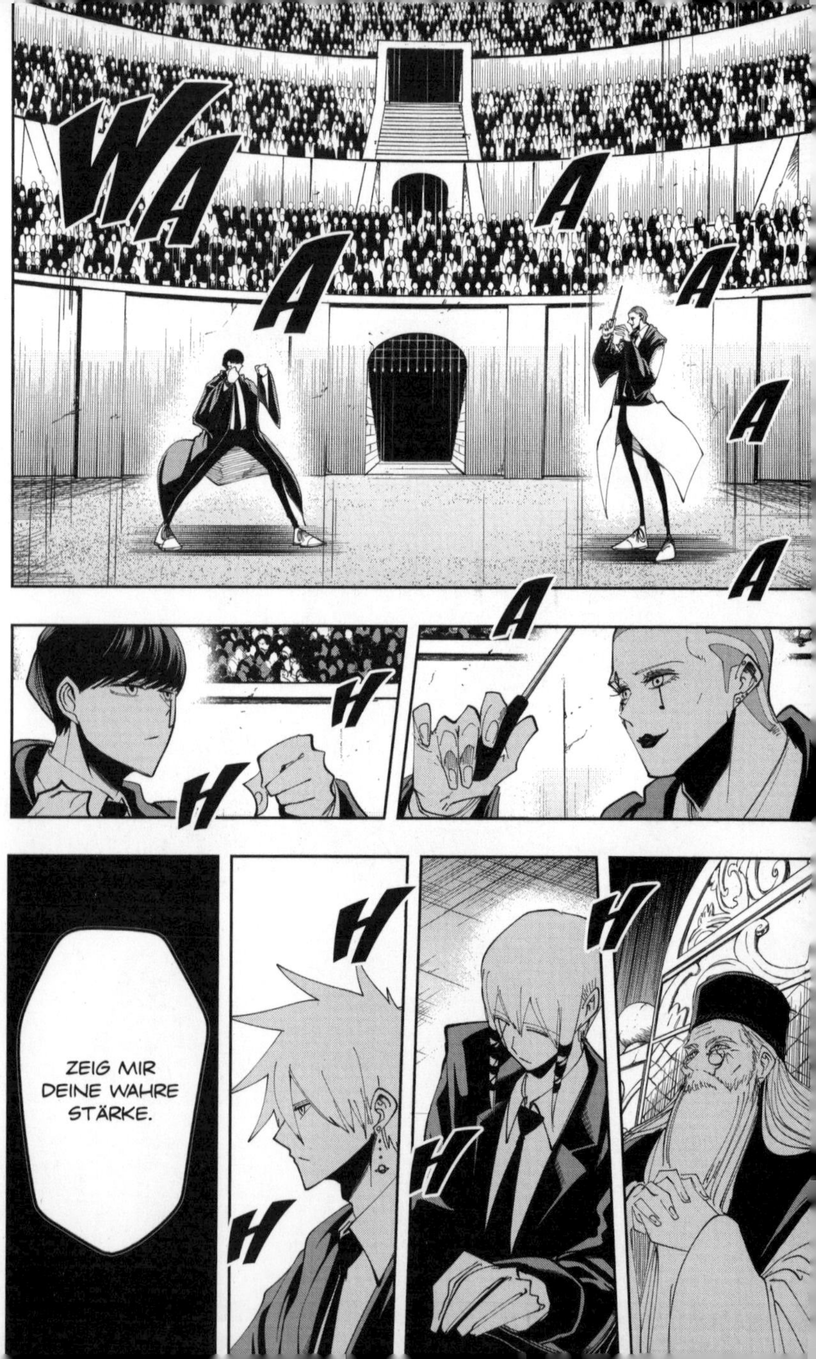
WAAAAAAAA
HHHHHH
ZEIG MIR DEINE WAHRE STÄRKE.

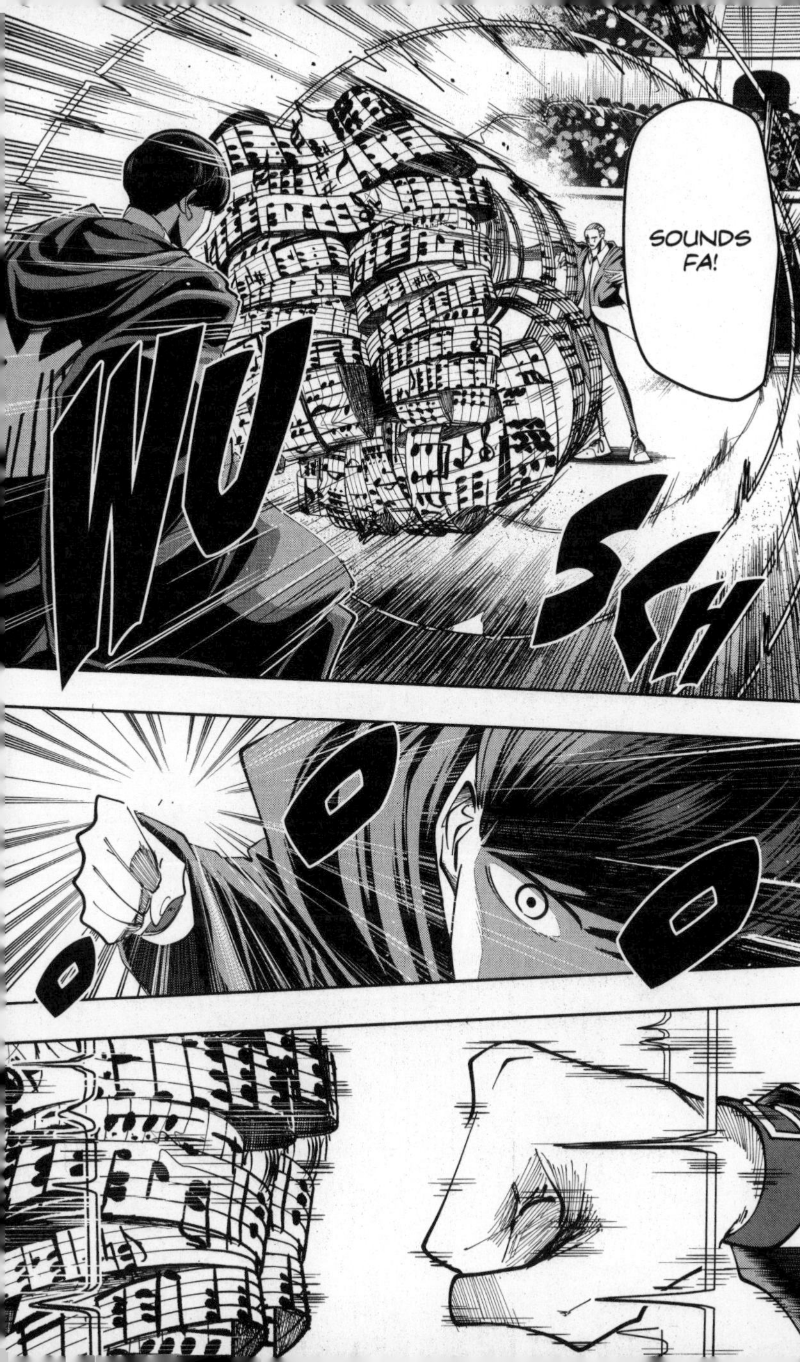
SOUNDS FA!
WUSCH
OOOO

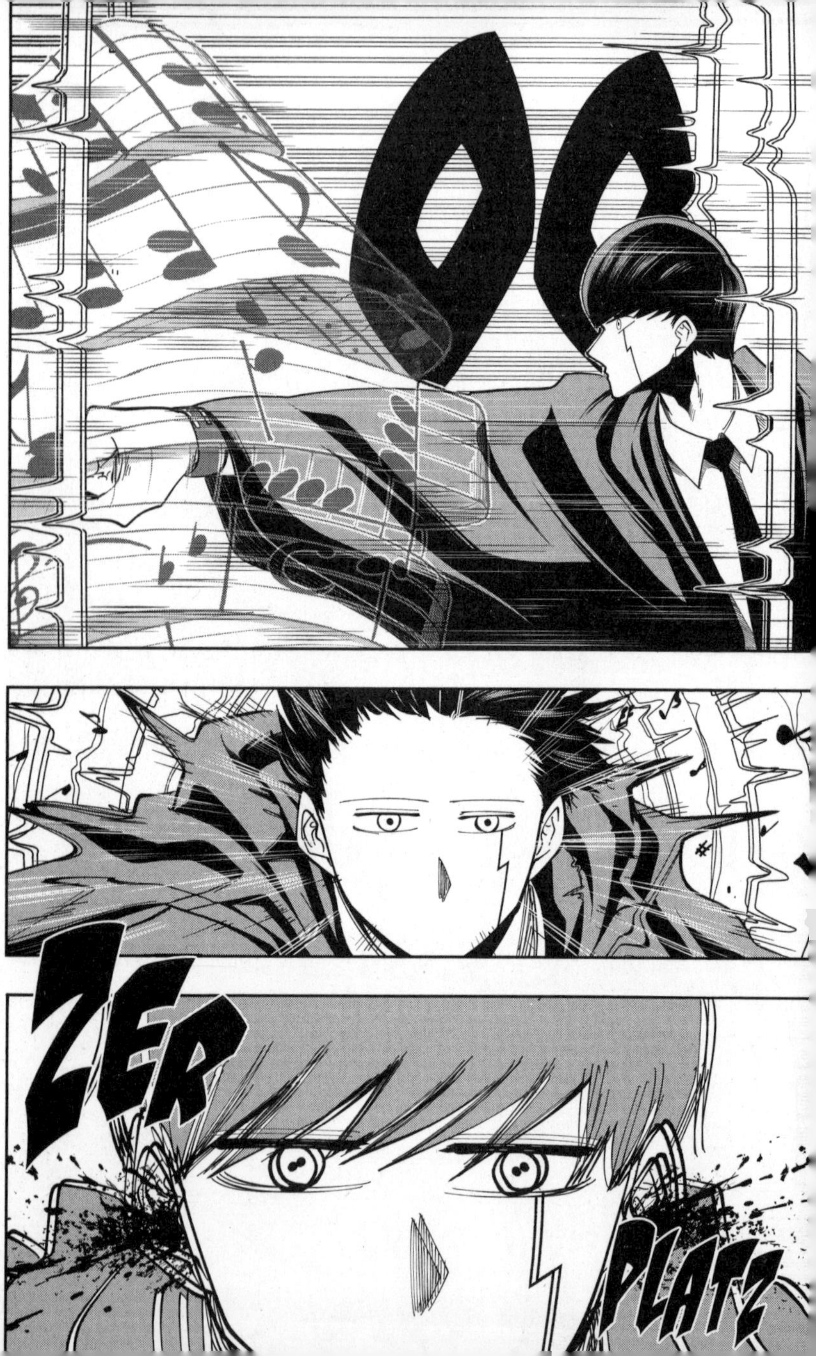
ZER
PLATZ

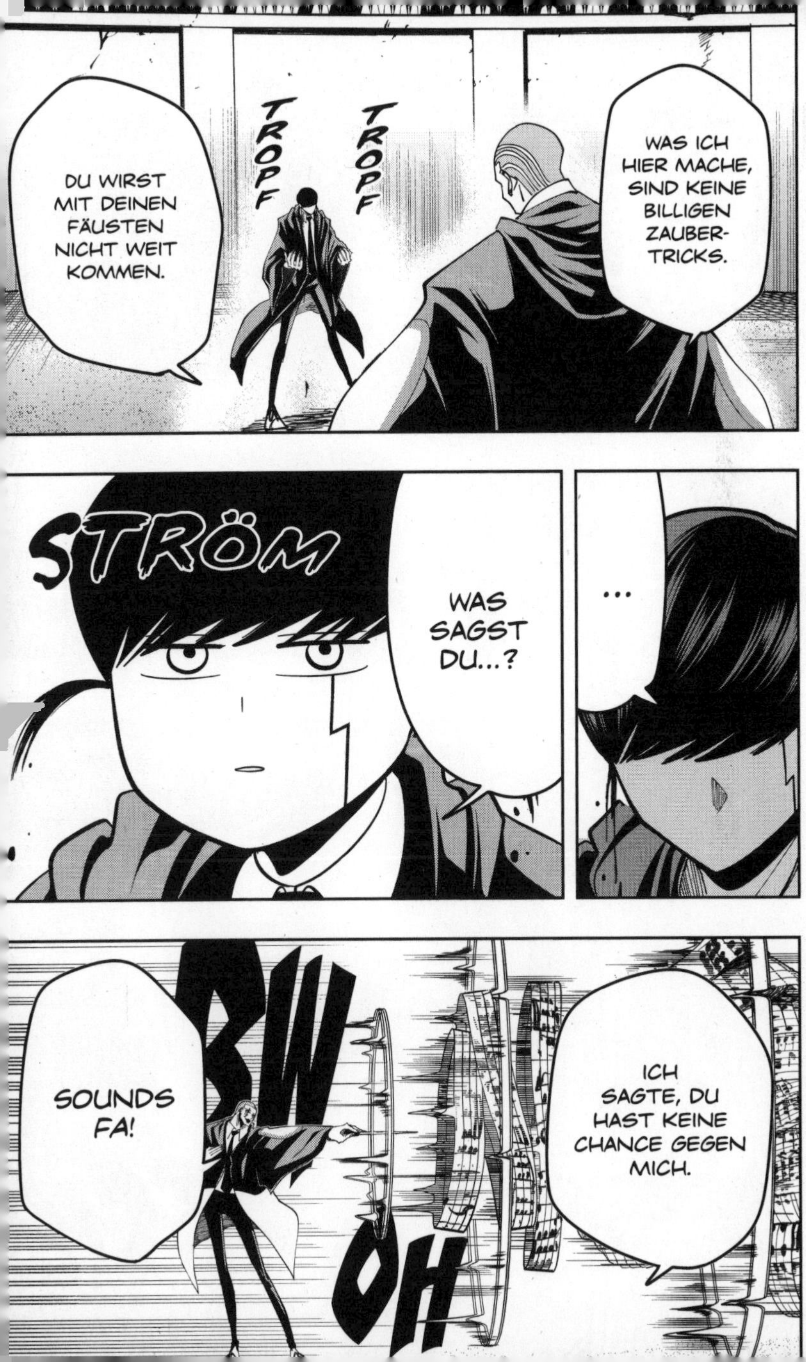
WAS ICH HIER MACHE, SIND KEINE BILLIGEN ZAUBER-TRICKS.
TROPF
TROPF
DU WIRST MIT DEINEN FÄUSTEN NICHT WEIT KOMMEN.
...
WAS SAGST DU...?
STRÖM
ICH SAGTE, DU HAST KEINE CHANCE GEGEN MICH.
BWOH
SOUNDS FA!

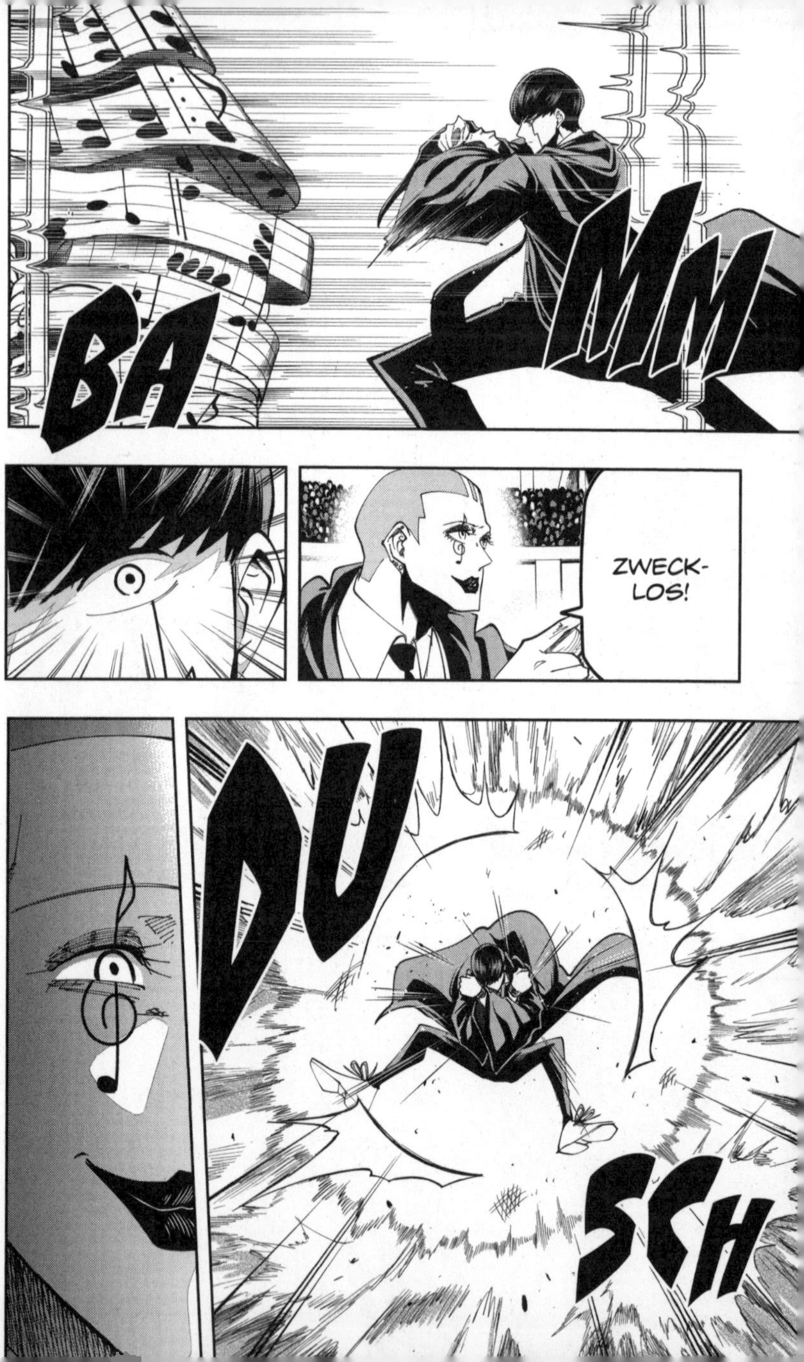
BAMM
ZWECK-
LOS!
DUSCH

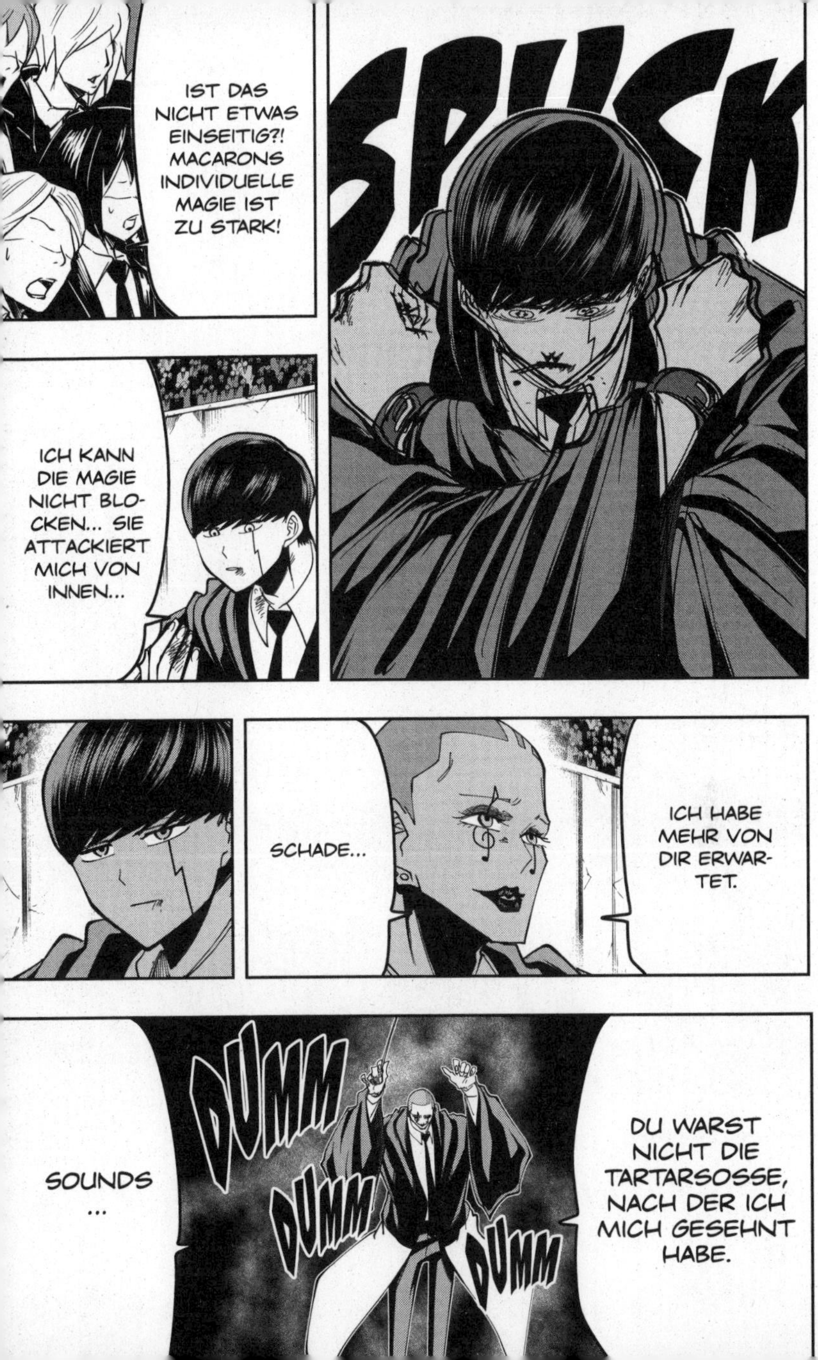
IST DAS NICHT ETWAS EINSEITIG?! MACARONS INDIVIDUELLE MAGIE IST ZU STARK!
ICH KANN DIE MAGIE NICHT BLO-CKEN... SIE ATTACKIERT MICH VON INNEN...
SCHADE...
ICH HABE MEHR VON DIR ERWAR-TET.
DU WARST NICHT DIE TARTARSOSSE, NACH DER ICH MICH GESEHNT HABE.
DUMM
DUMM
DUMM
SOUNDS ...

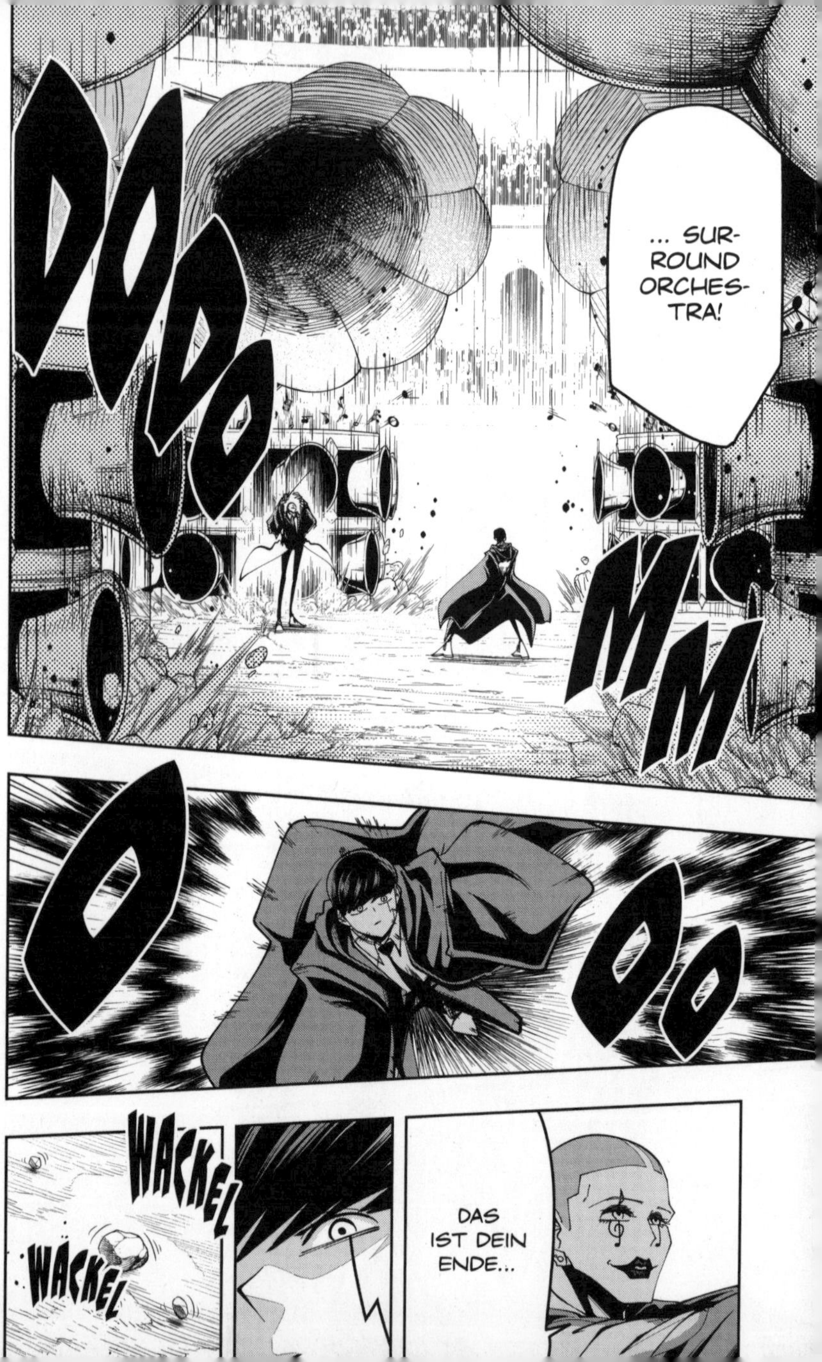
... SURROUND ORCHESTRA!
DAS IST DEIN ENDE...
WACKEL
WACKEL

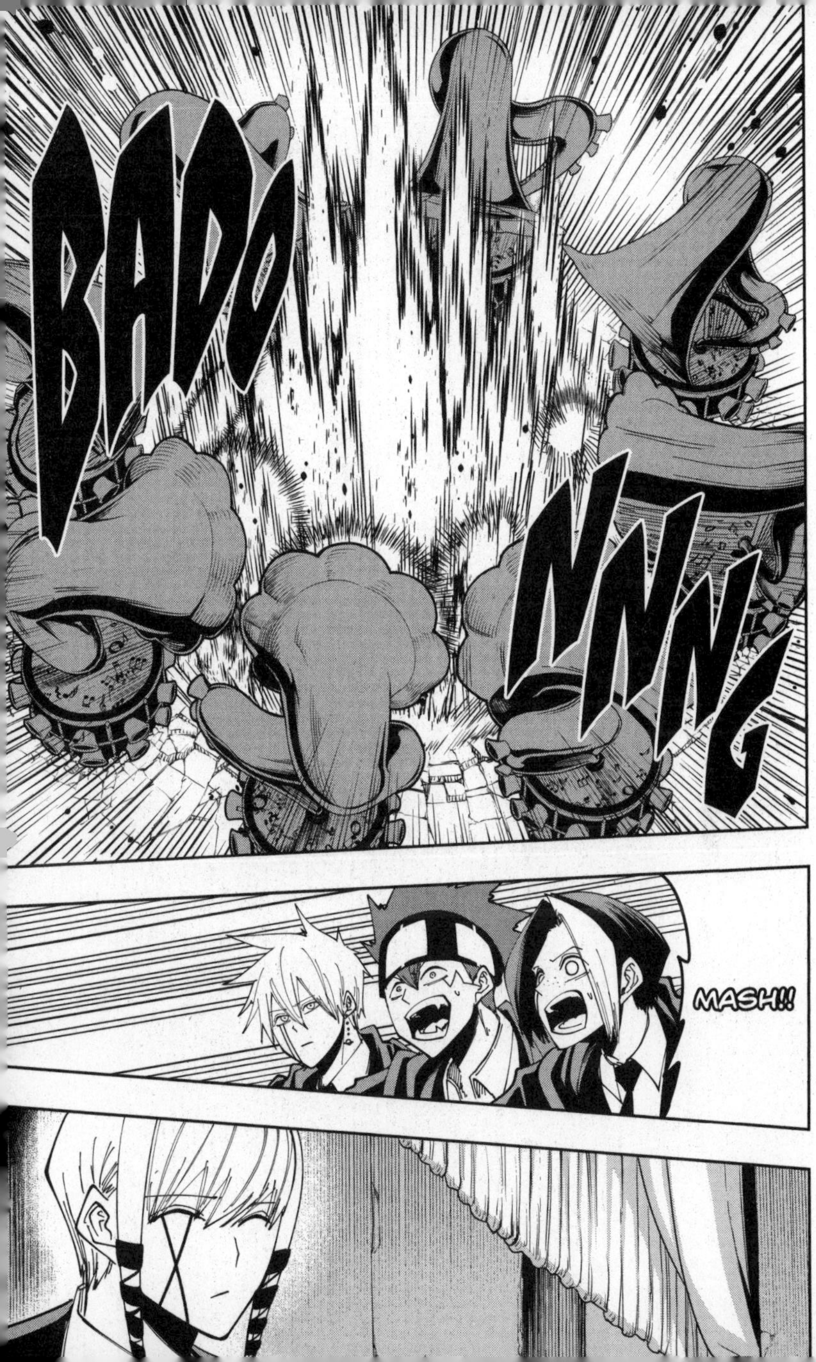
BADOINNNG
MASH!!

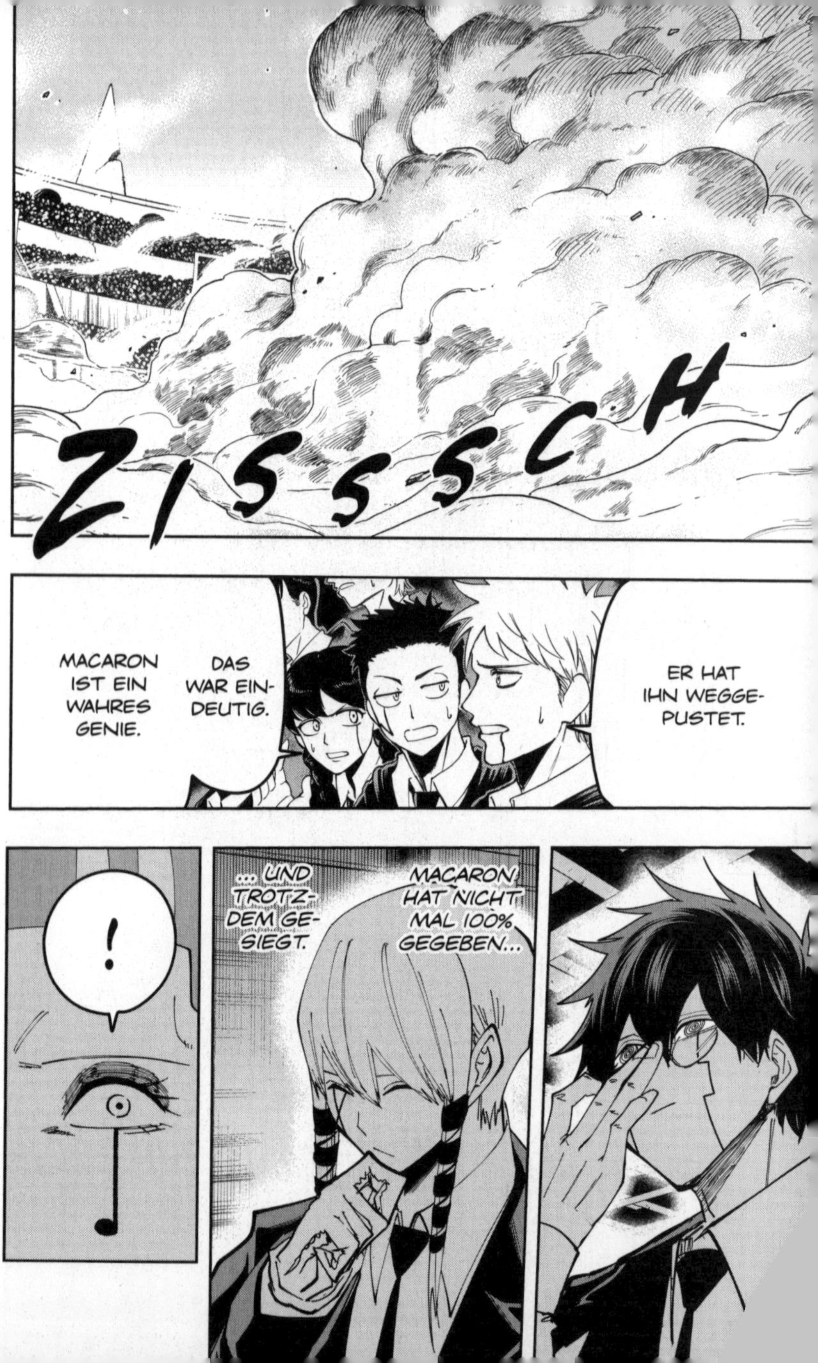

ZISSSCH
ER HAT IHN WEGGE-PUSTET.
DAS WAR EIN-DEUTIG.
MACARON IST EIN WAHRES GENIE.
MACARON HAT NICHT MAL 100% GEGEBEN...
... UND TROTZ-DEM GE-SIEGT.
!

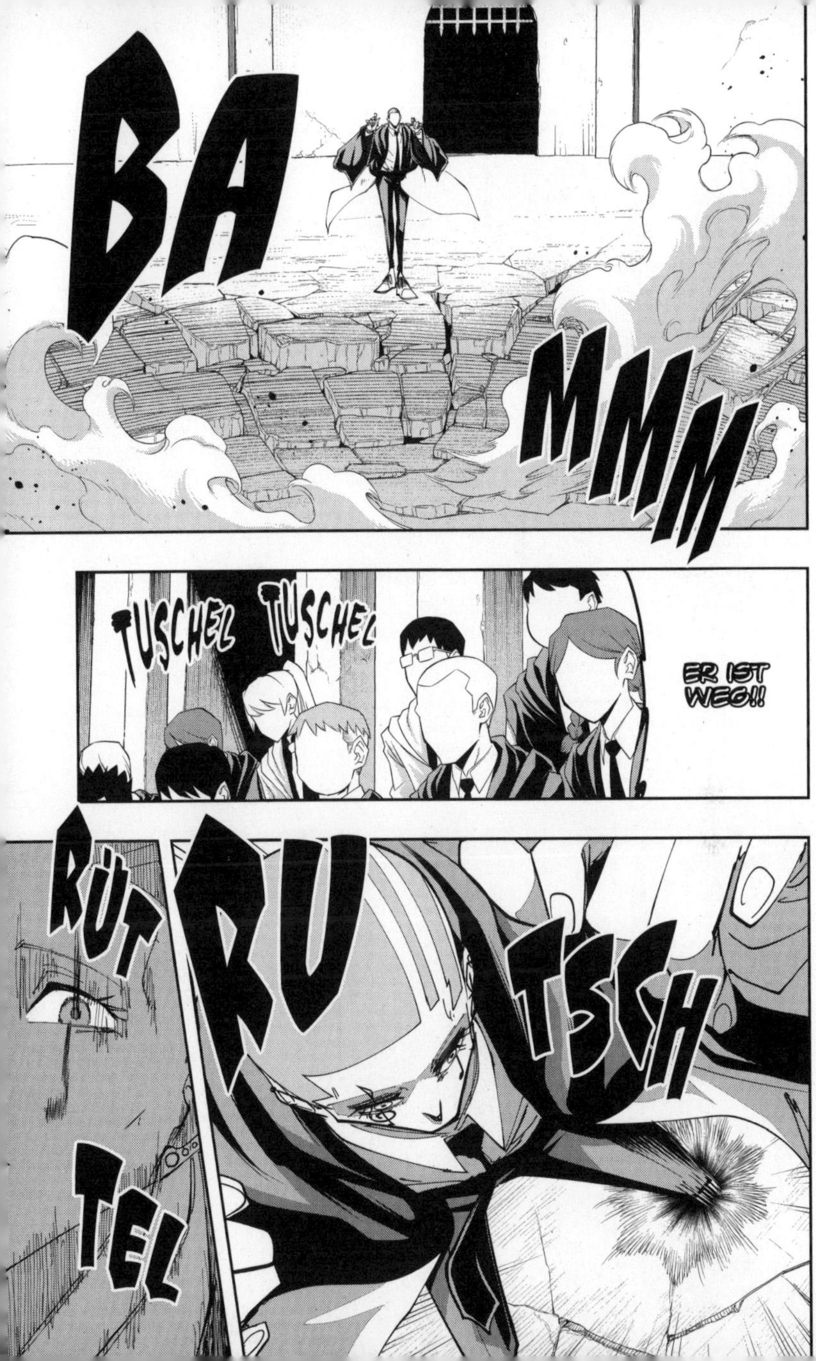
BAMMMM
TUSCHEL TUSCHEL
ER IST WEG!!
RÜTTEL
RUTSCH

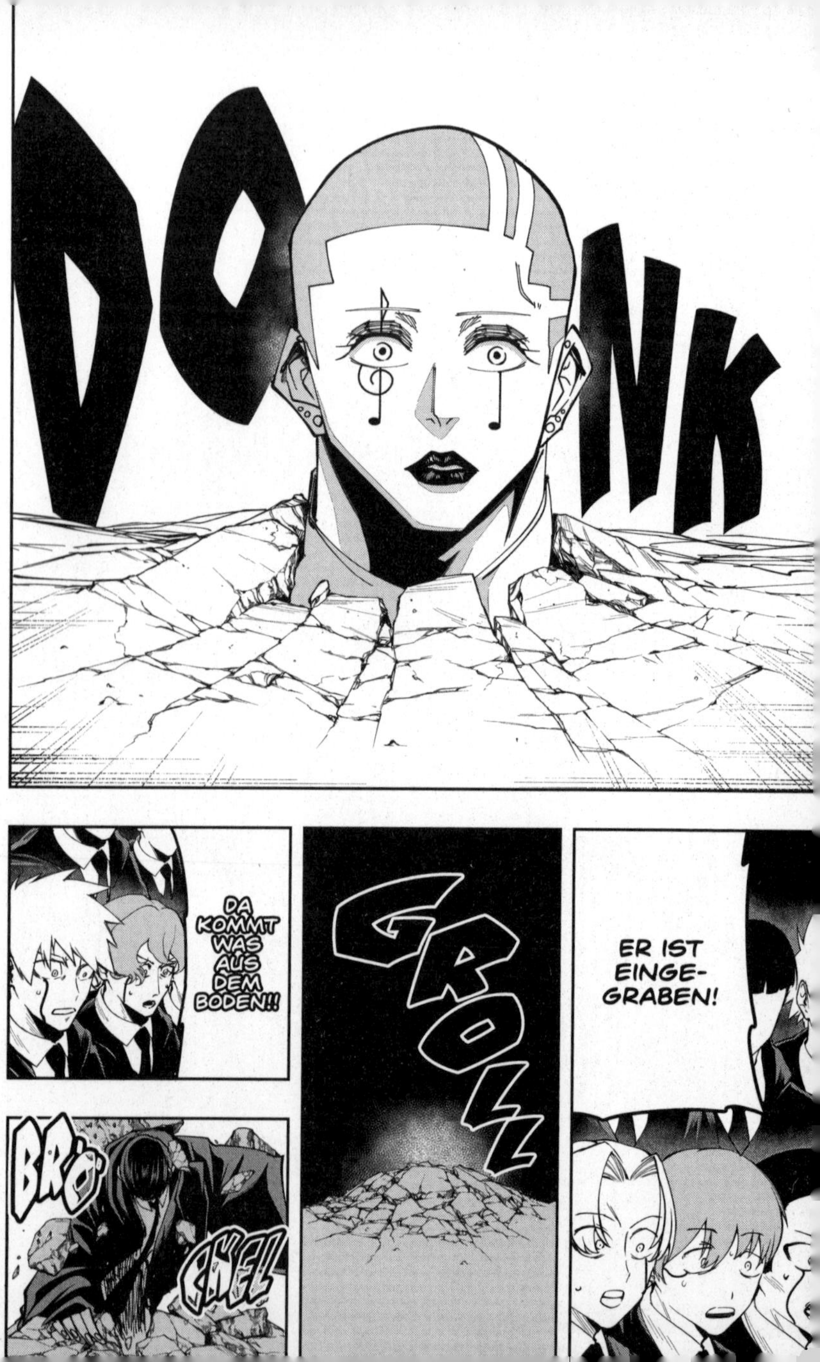
DONK
ER IST EINGE-GRABEN!
GROLL
DA KOMMT WAS AUS DEM BODEN!!
BRÖ
GEL

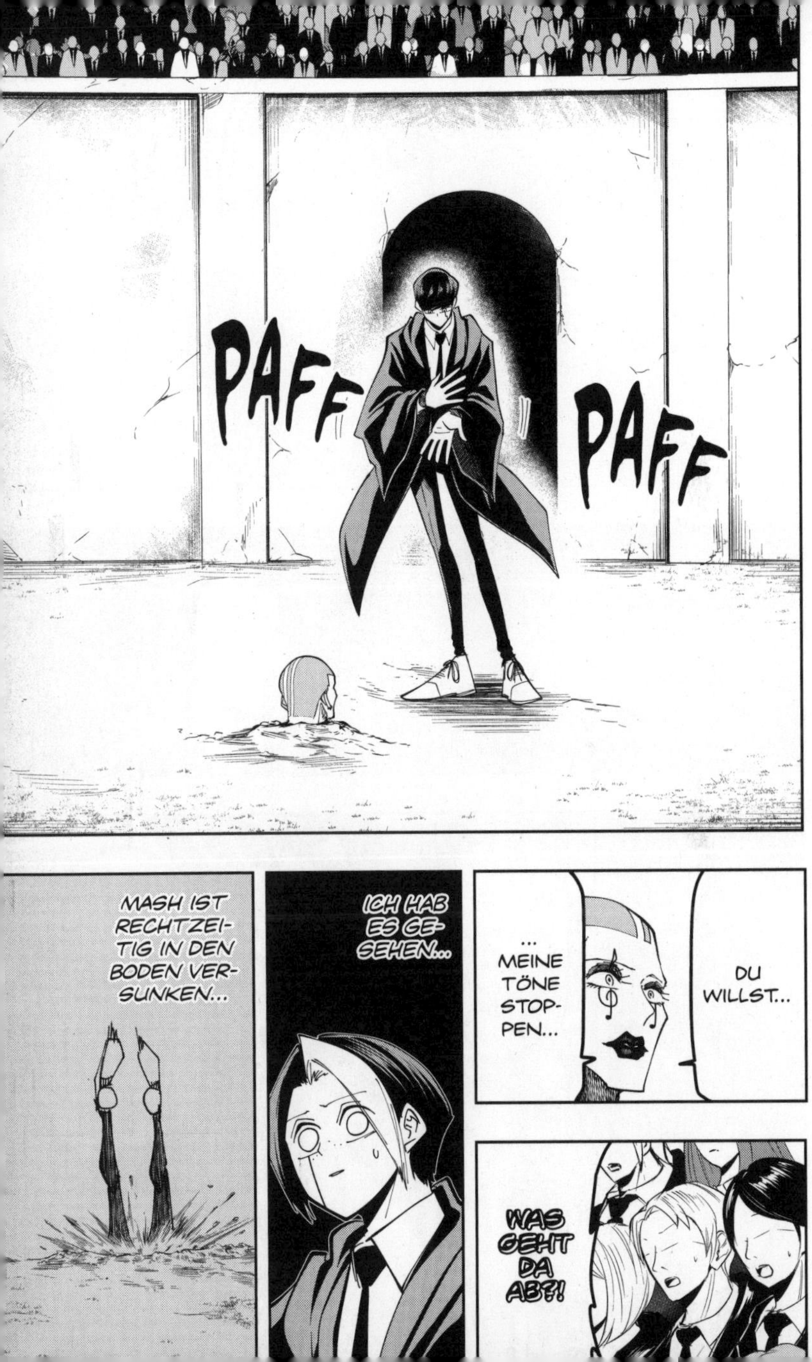
PAFF
PAFF
DU WILLST...
... MEINE TÖNE STOP-PEN...
WAS GEHT DA AB?!
ICH HAB ES GE-SEHEN...
MASH IST RECHTZEI-TIG IN DEN BODEN VER-SUNKEN...

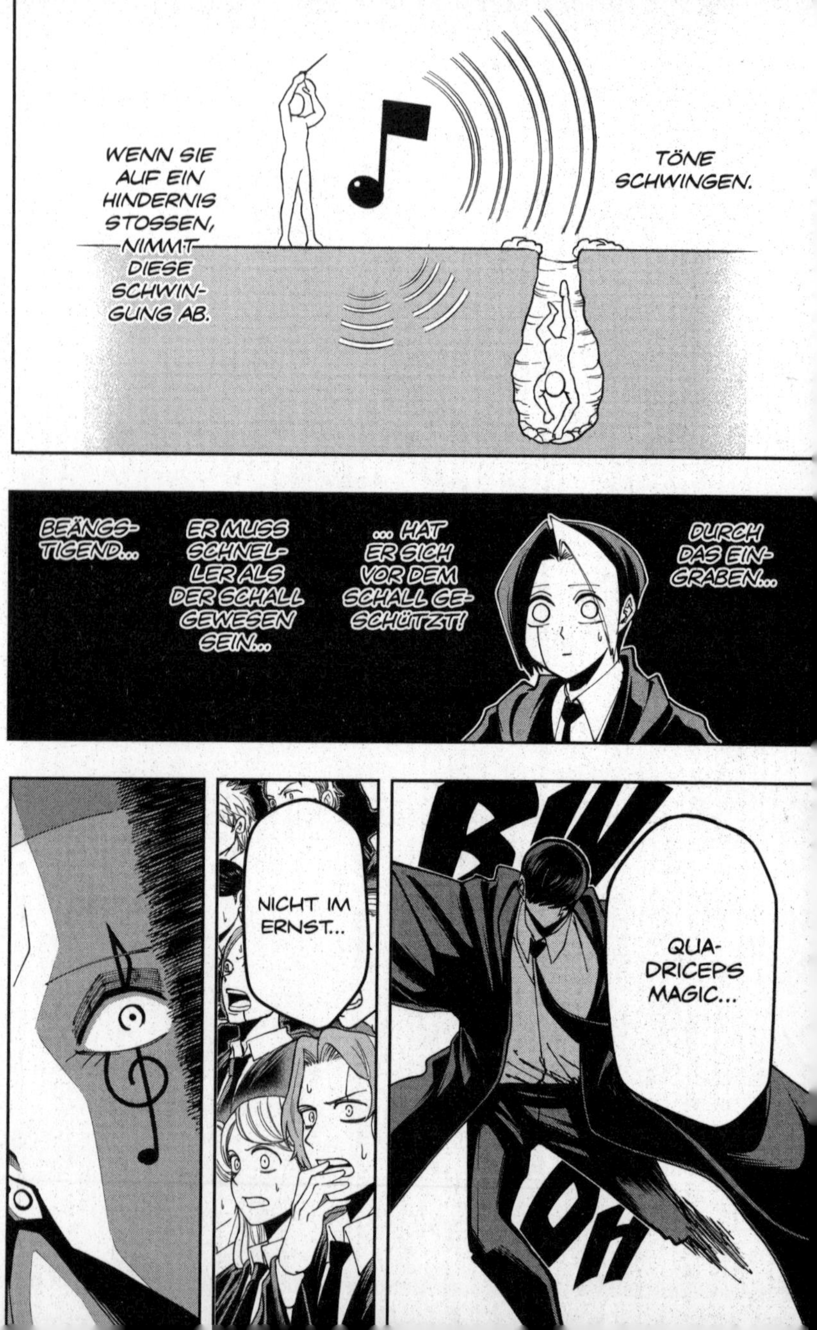
TÖNE SCHWINGEN.
WENN SIE AUF EIN HINDERNIS STOSSEN, NIMMT DIESE SCHWINGUNG AB.
DURCH DAS EINGRABEN...
... HAT ER SICH VOR DEM SCHALL GESCHÜTZT!
ER MUSS SCHNELLER ALS DER SCHALL GEWESEN SEIN...
BEÄNGSTIGEND...
QUADRICEPS MAGIC...
NICHT IM ERNST...

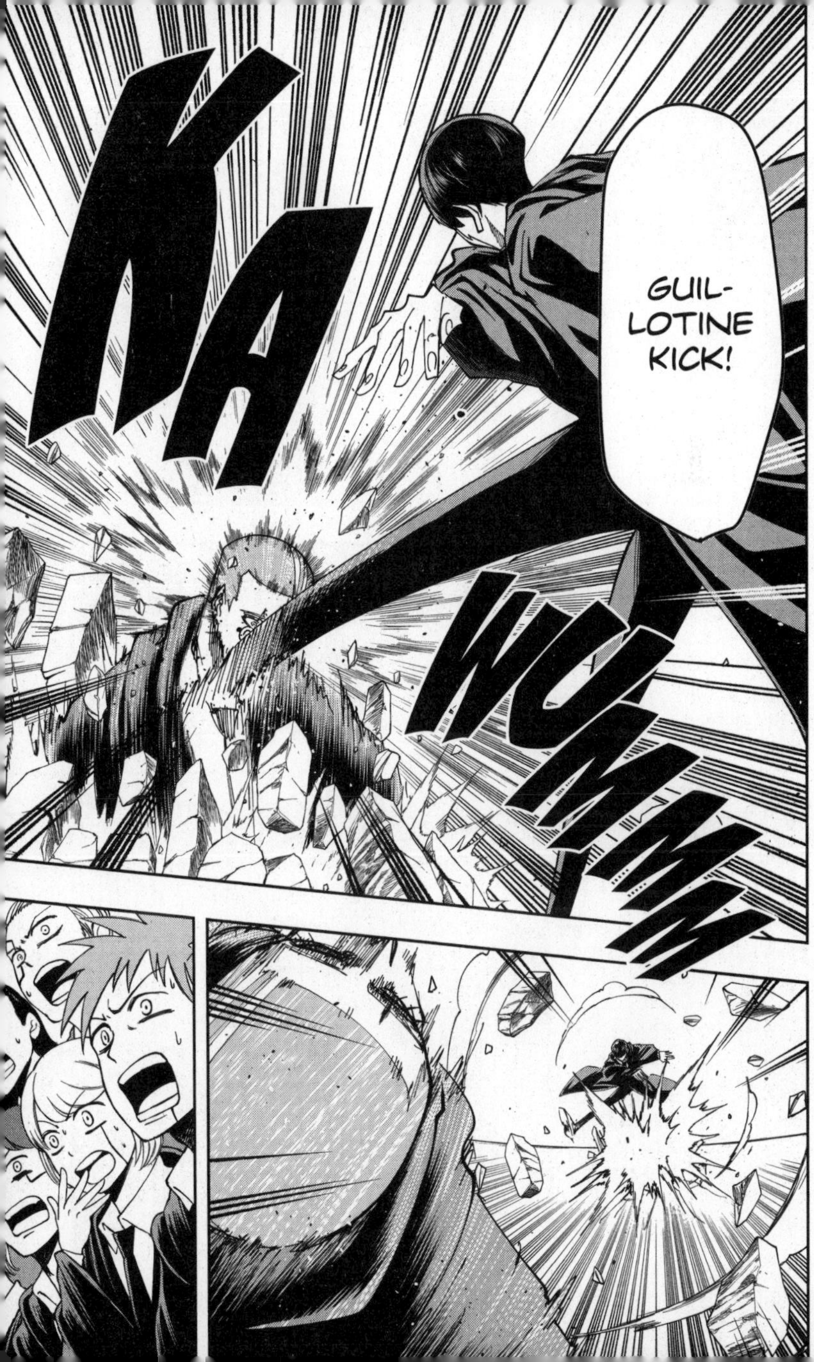
GUIL-
LOTINE
KICK!
KA
WUMMM

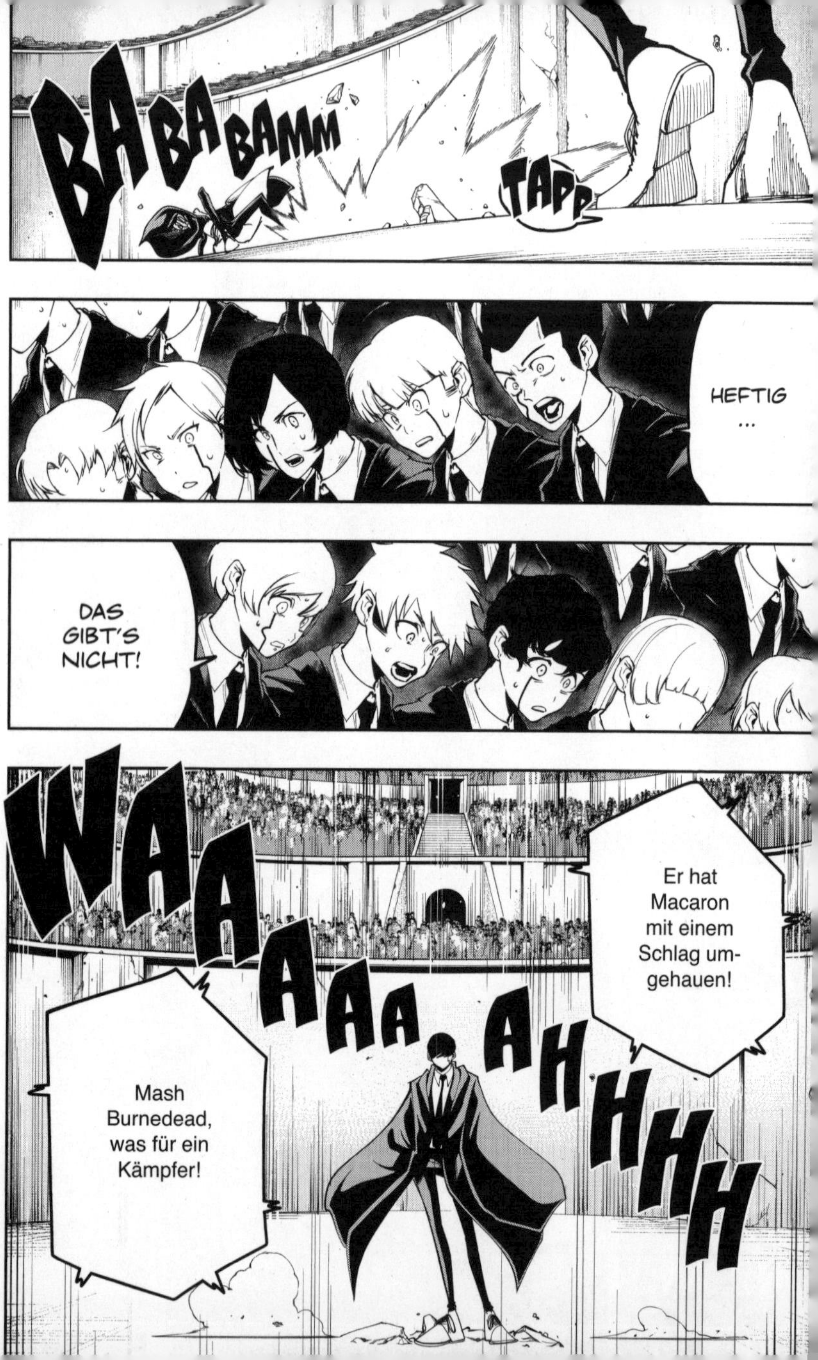
BABABAMM
TAPP
HEFTIG ...
DAS GIBT'S NICHT!
WAAAAAAAHHHHH
Er hat Macaron mit einem Schlag umgehauen!
Mash Burnedead, was für ein Kämpfer!

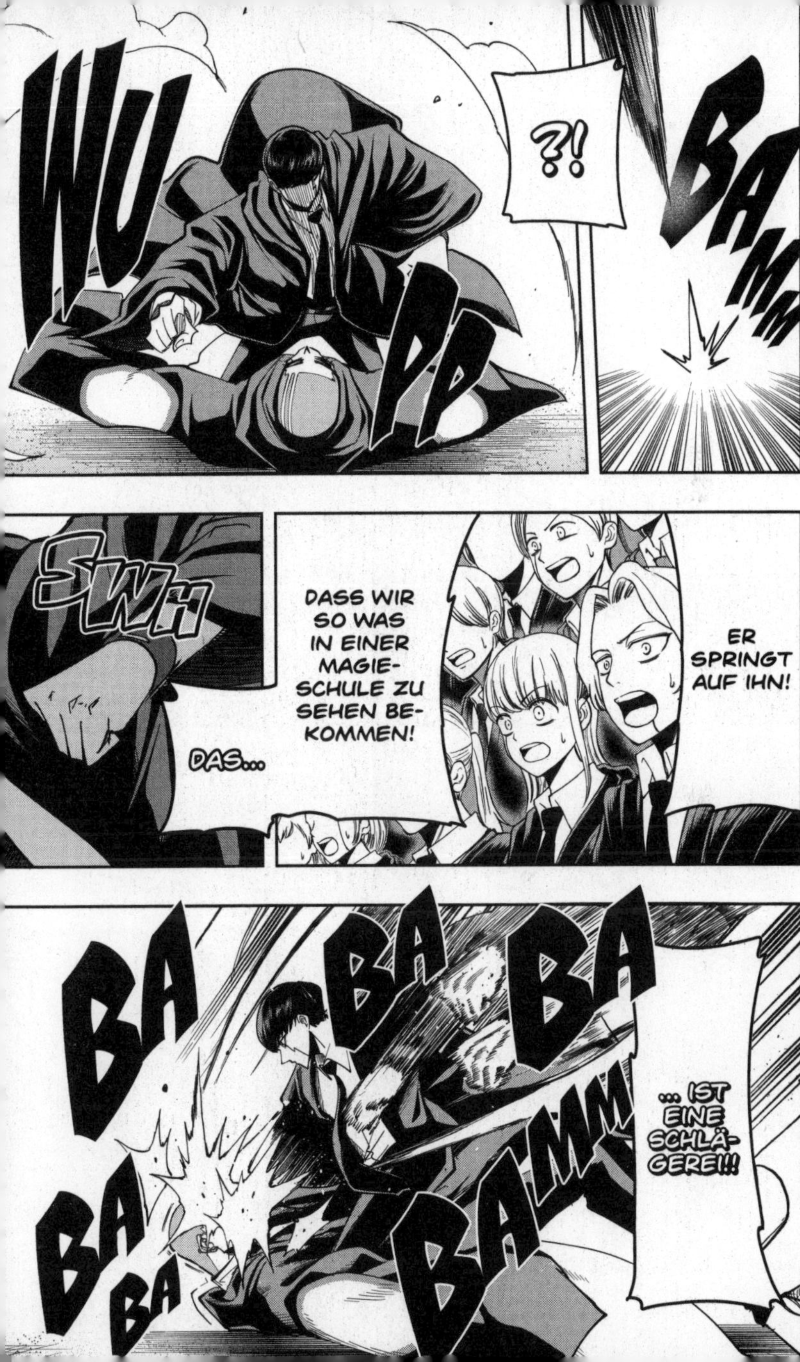

BAMM
?!
WUPP
ER SPRINGT AUF IHN!
DASS WIR SO WAS IN EINER MAGIE-SCHULE ZU SEHEN BE-KOMMEN!
DAS...
SWH
... IST EINE SCHLÄ-GEREI!!!
BA BA BA BAMM
BA BA BA BAMM

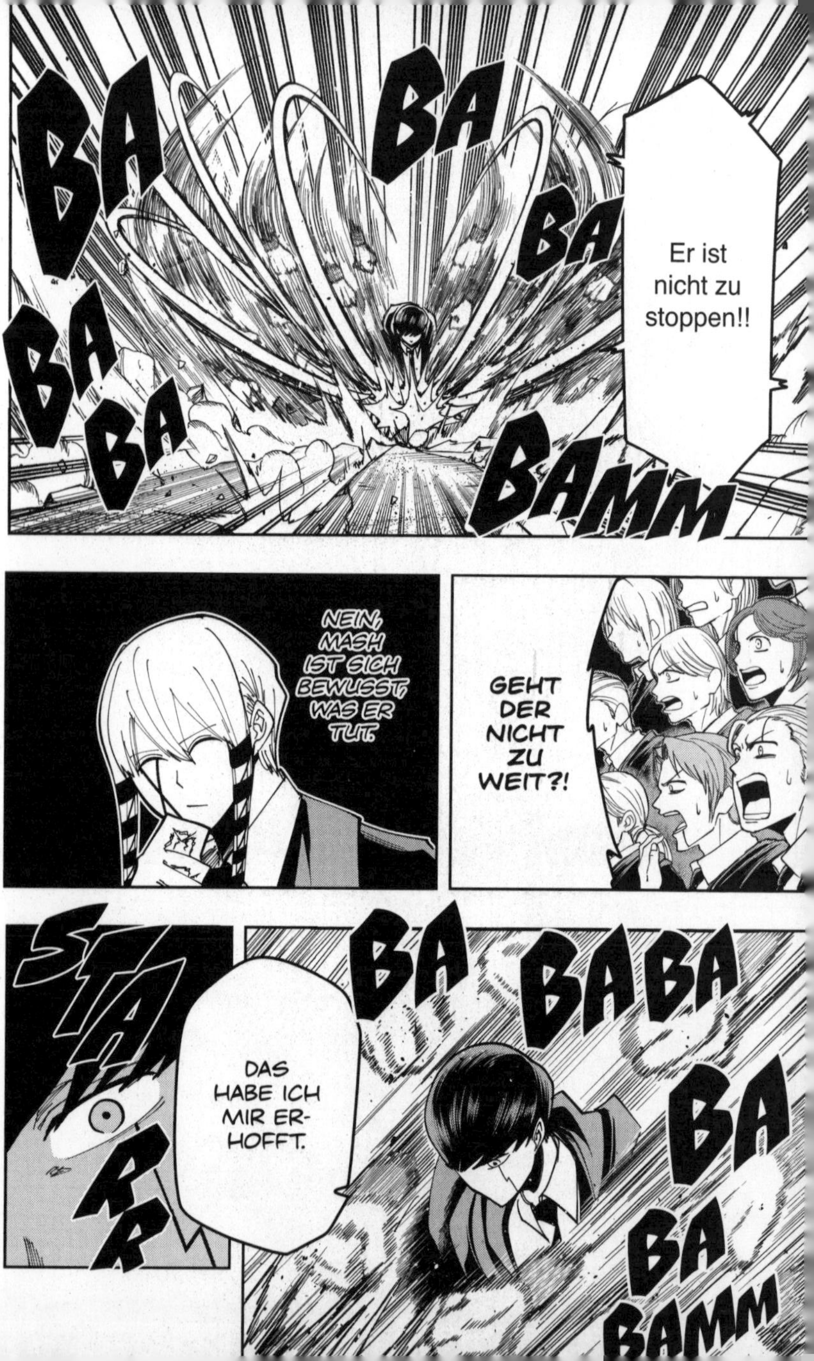
BA
BA
BA
BA
BA
BAMM
Er ist nicht zu stoppen!!
GEHT DER NICHT ZU WEIT?!
NEIN, MASH IST SICH BEWUSST, WAS ER TUT.
BA
BABA
BA
BA
BAMM
STARR
DAS HABE ICH MIR ER-HOFFT.

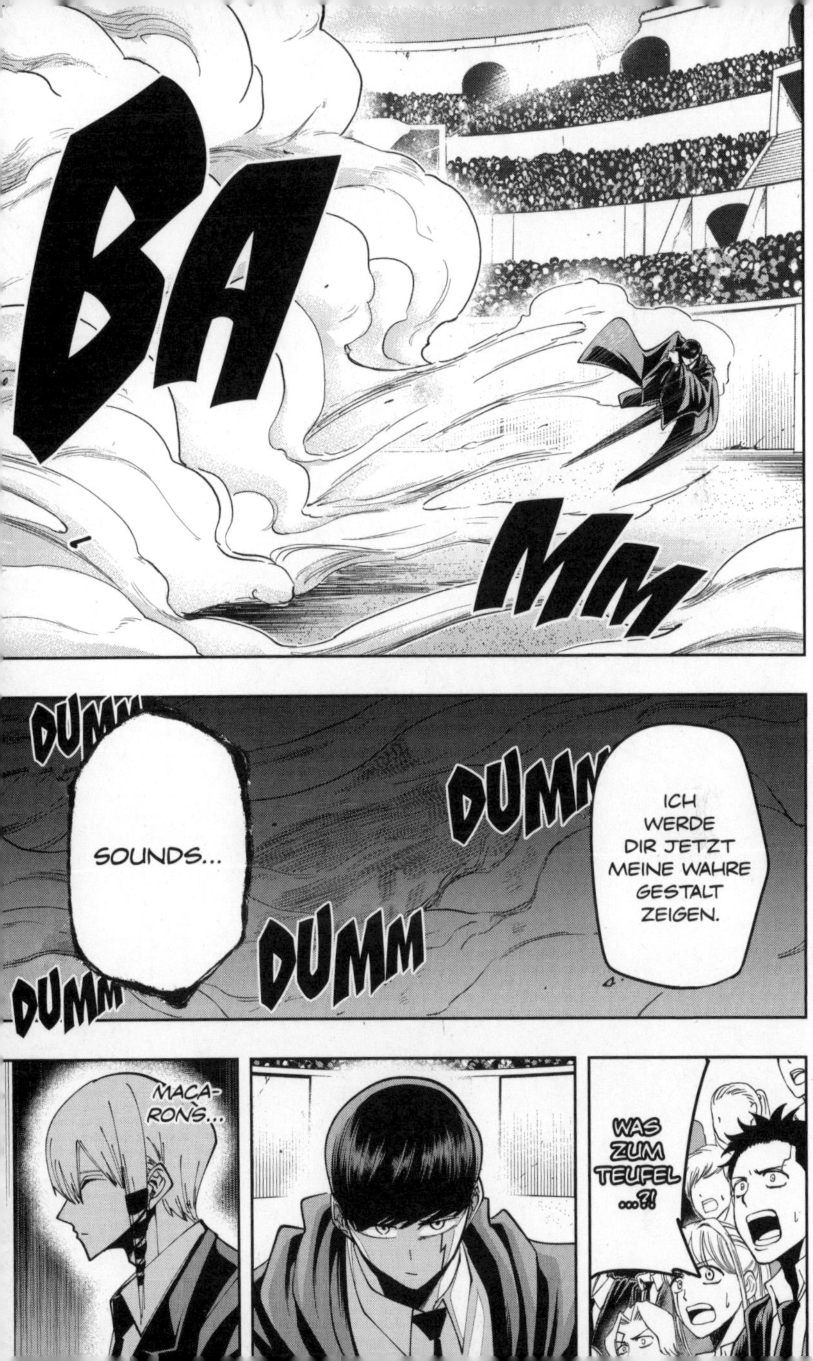
BA
MM
ICH WERDE DIR JETZT MEINE WAHRE GESTALT ZEIGEN.
DUMM
DUMM
SOUNDS...
DUMM
DUMM
WAS ZUM TEUFEL ...?!
MACA-RONS...

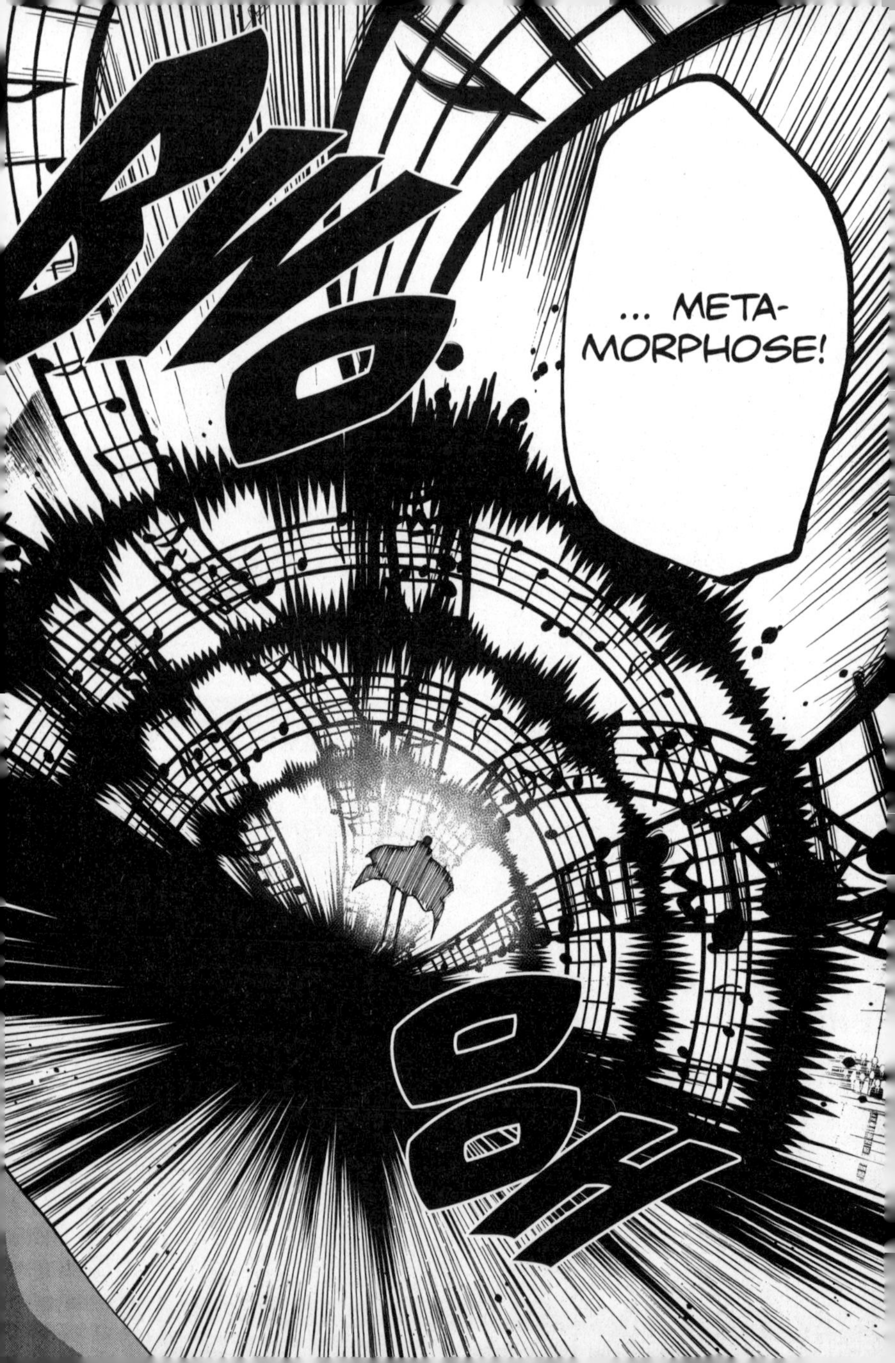
... META-
MORPHOSE!

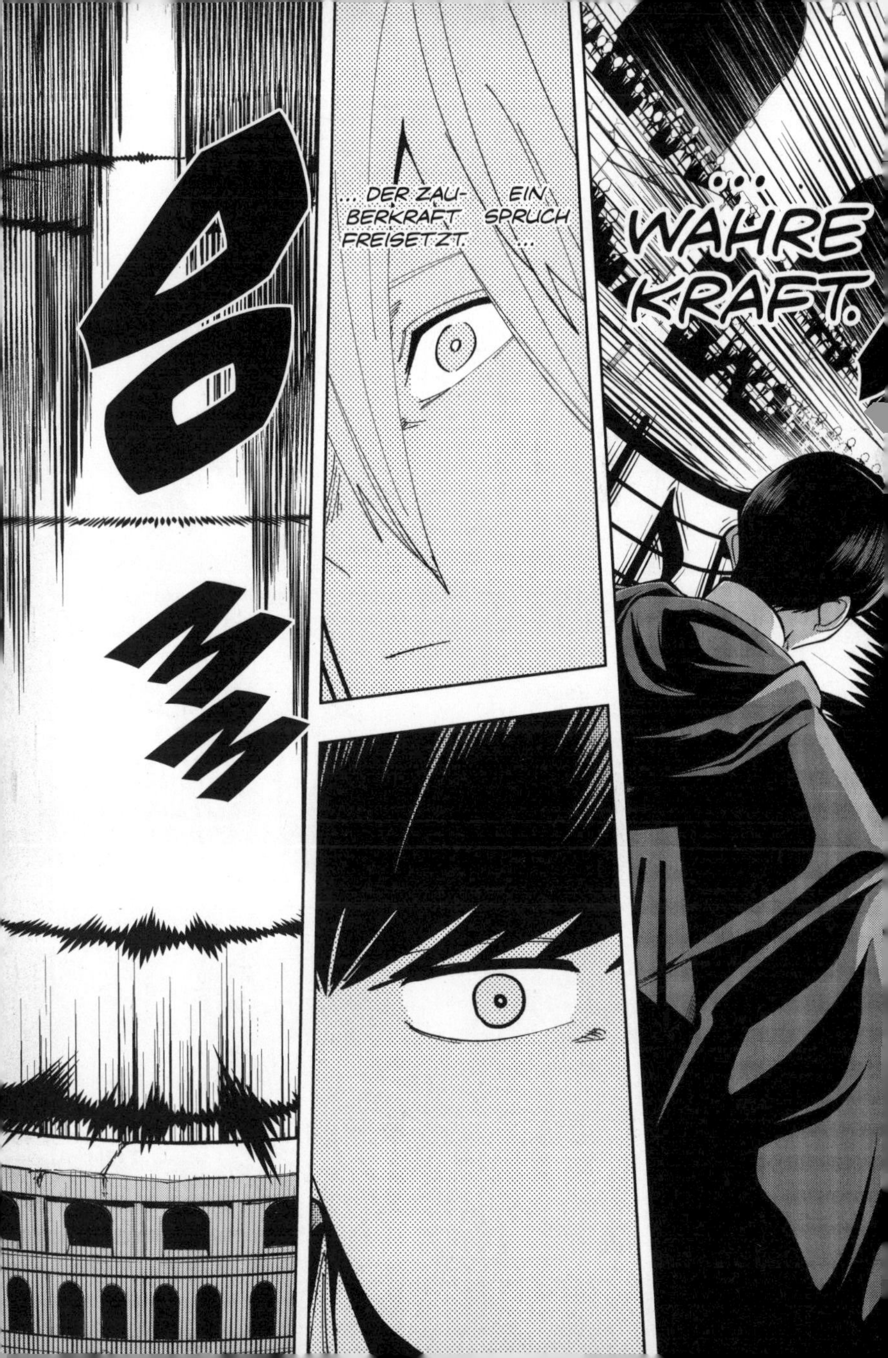
... WAHRE KRAFT.
EIN SPRUCH ...
... DER ZAUBERKRAFT FREISETZT.

Extra 6

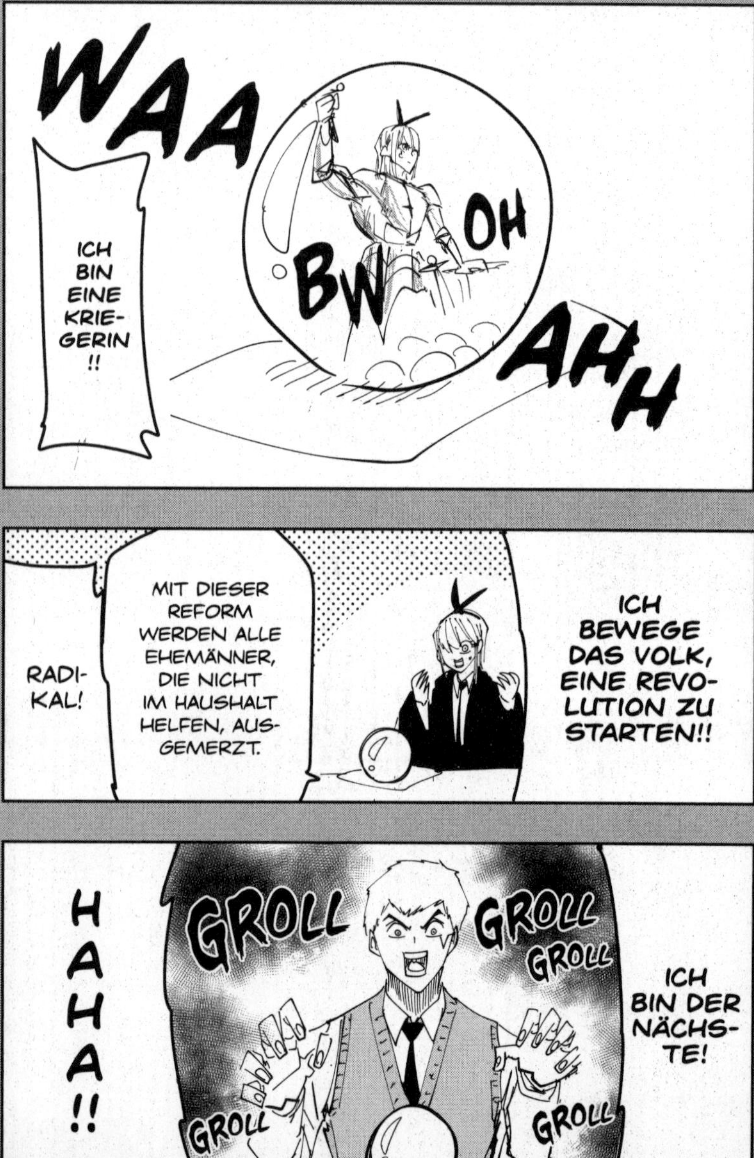

Fortsetzung auf Seite 148

60. Kapitel Mash Burnedead und die schreckliche Verwandlung

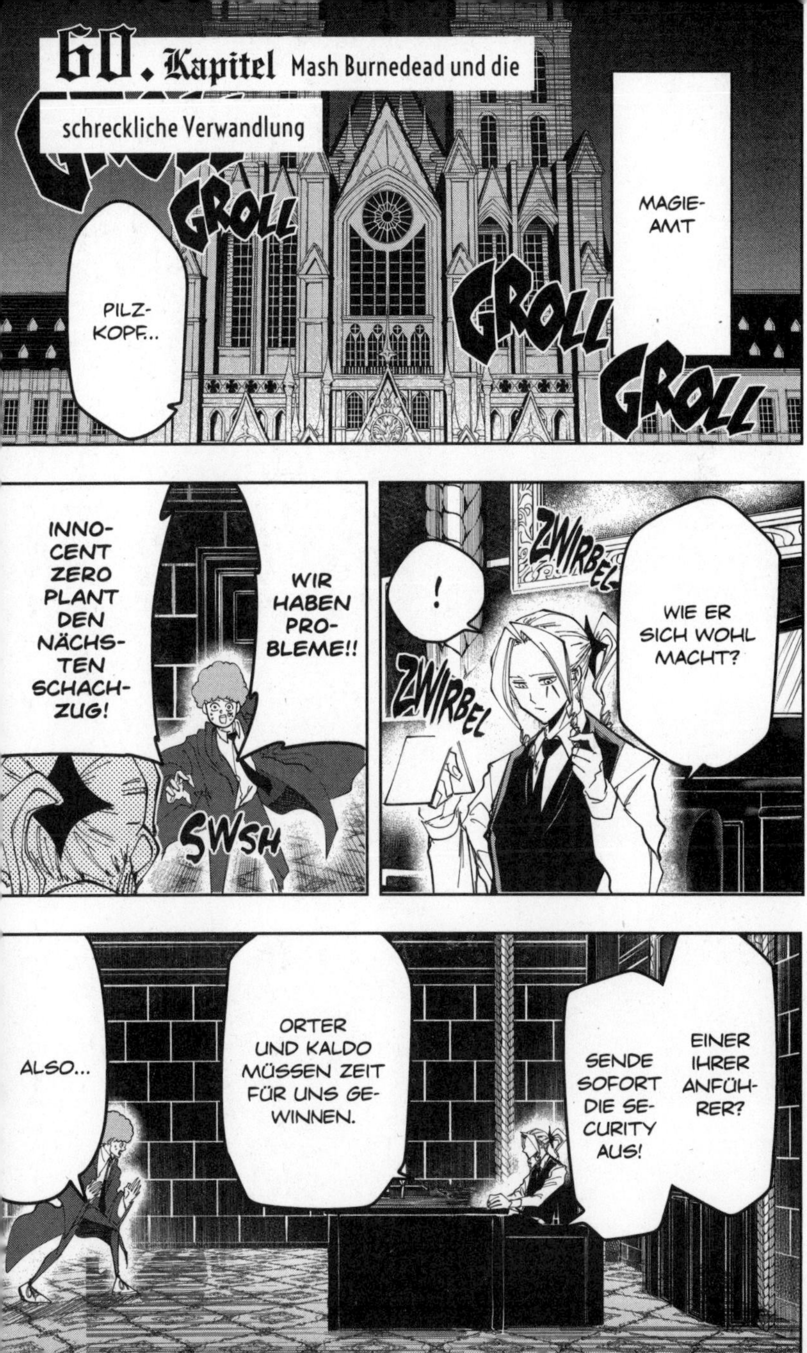

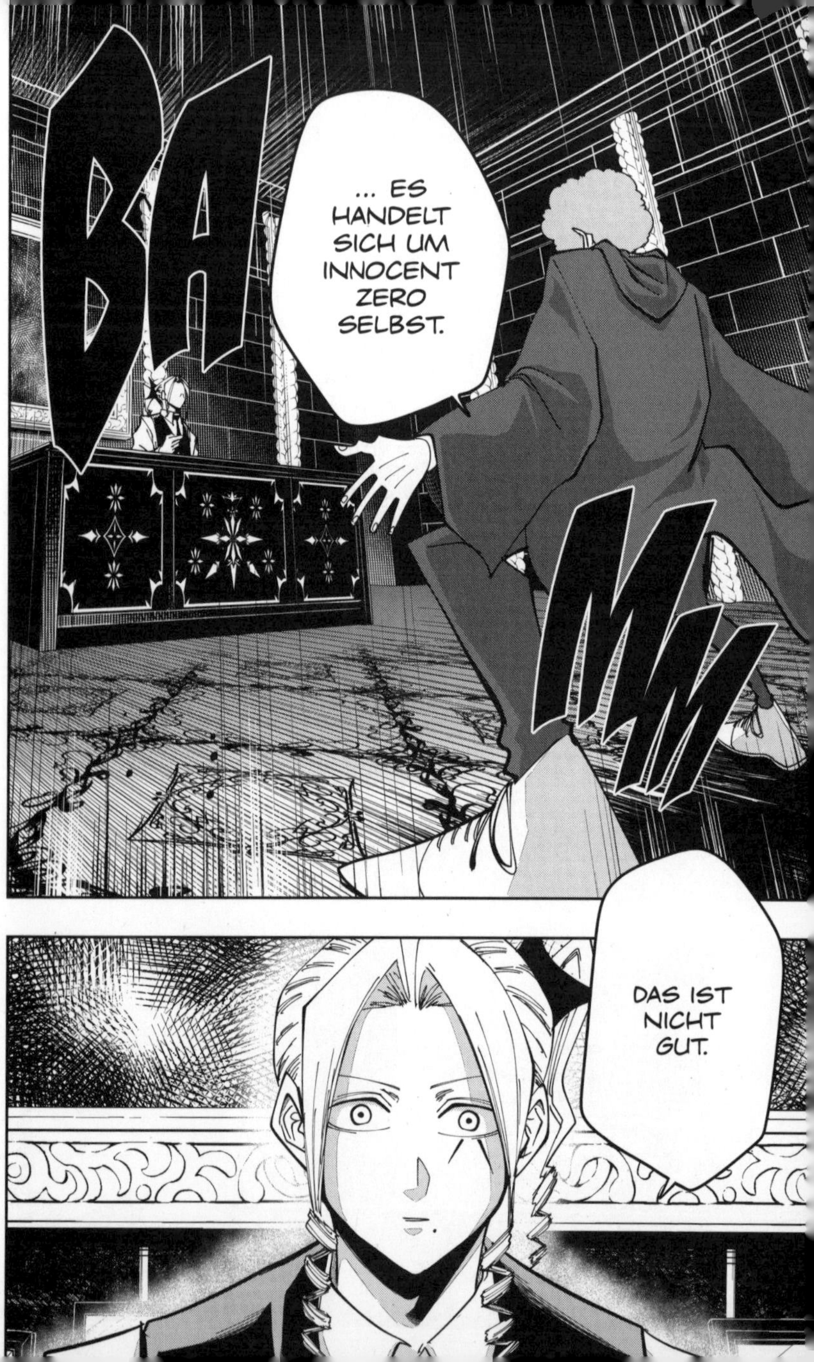
BA
... ES HANDELT SICH UM INNOCENT ZERO SELBST.
MM
DAS IST NICHT GUT.

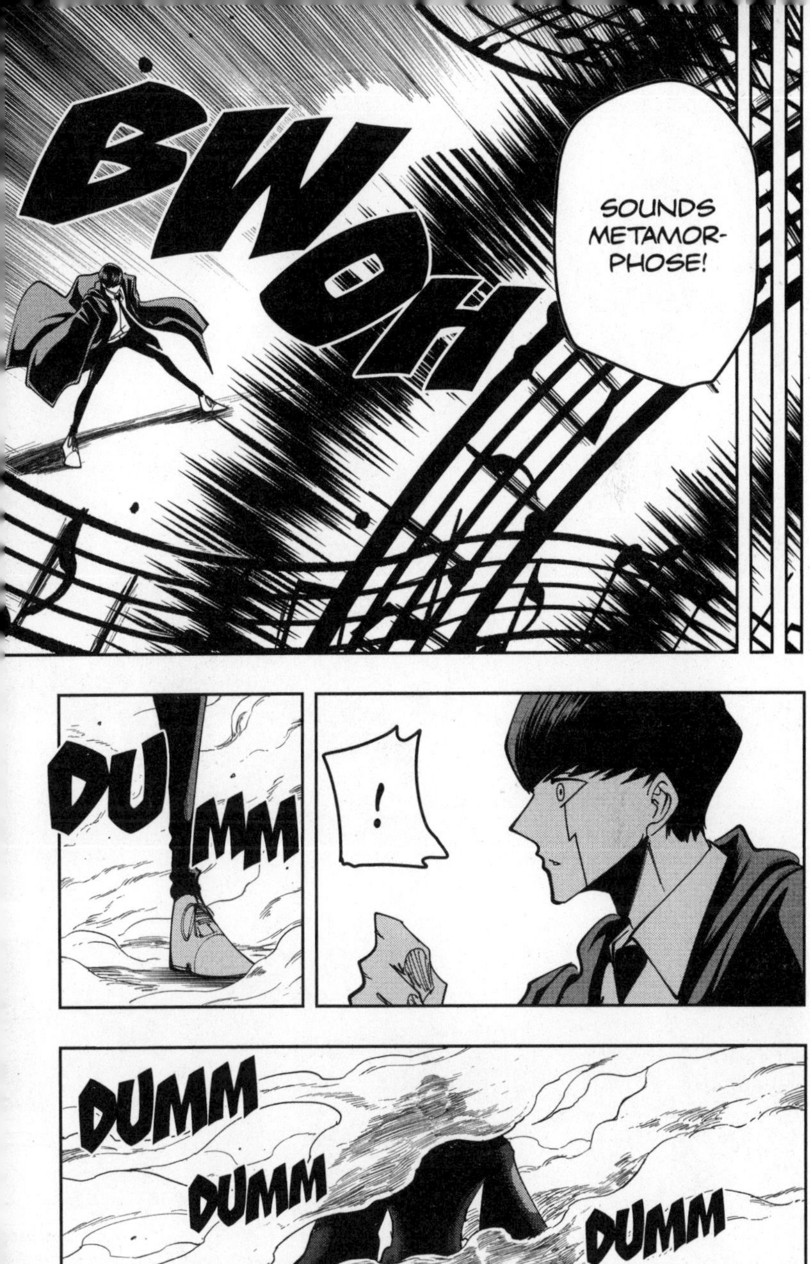

BWOH
SOUNDS METAMOR-PHOSE!
!
DU MM
DUMM
DUMM
DUMM

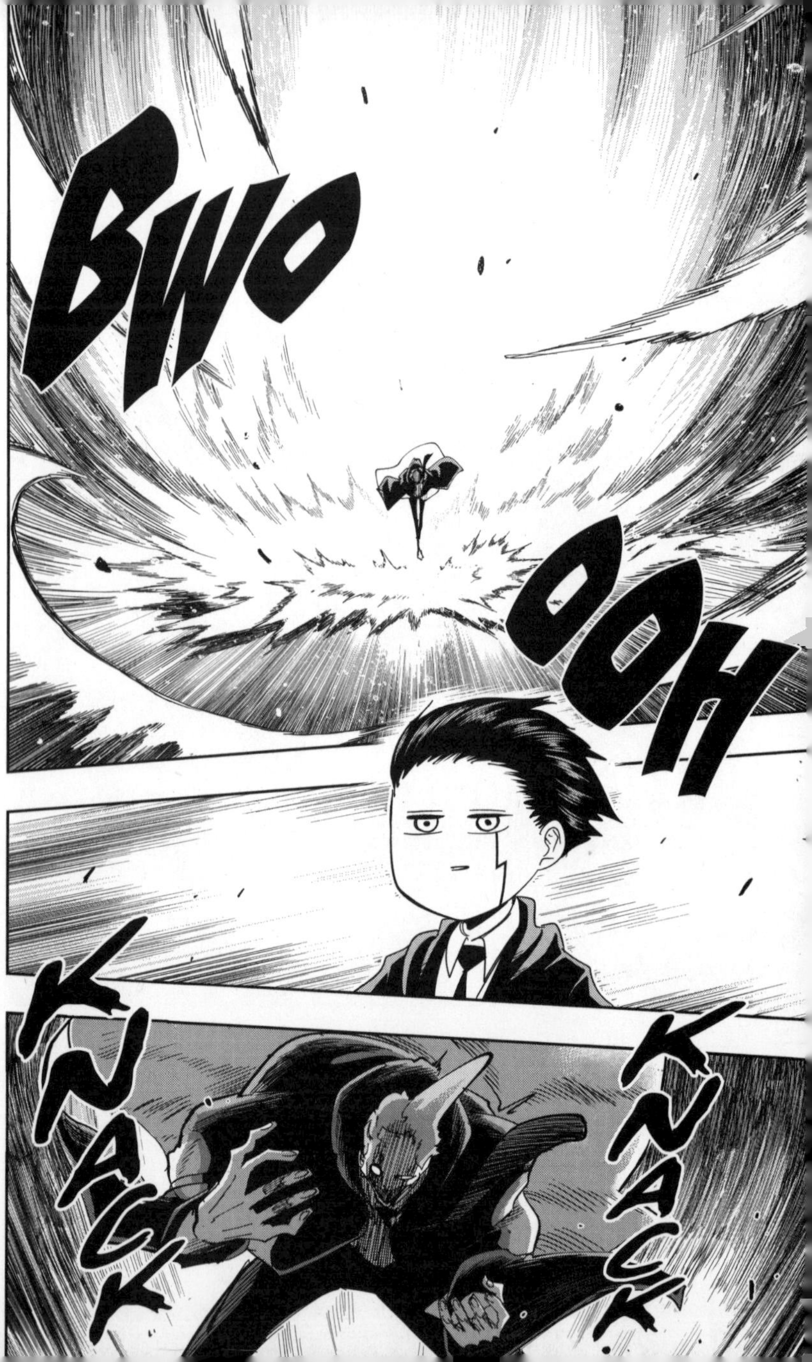
BWOOOH
KNACK
KNACK

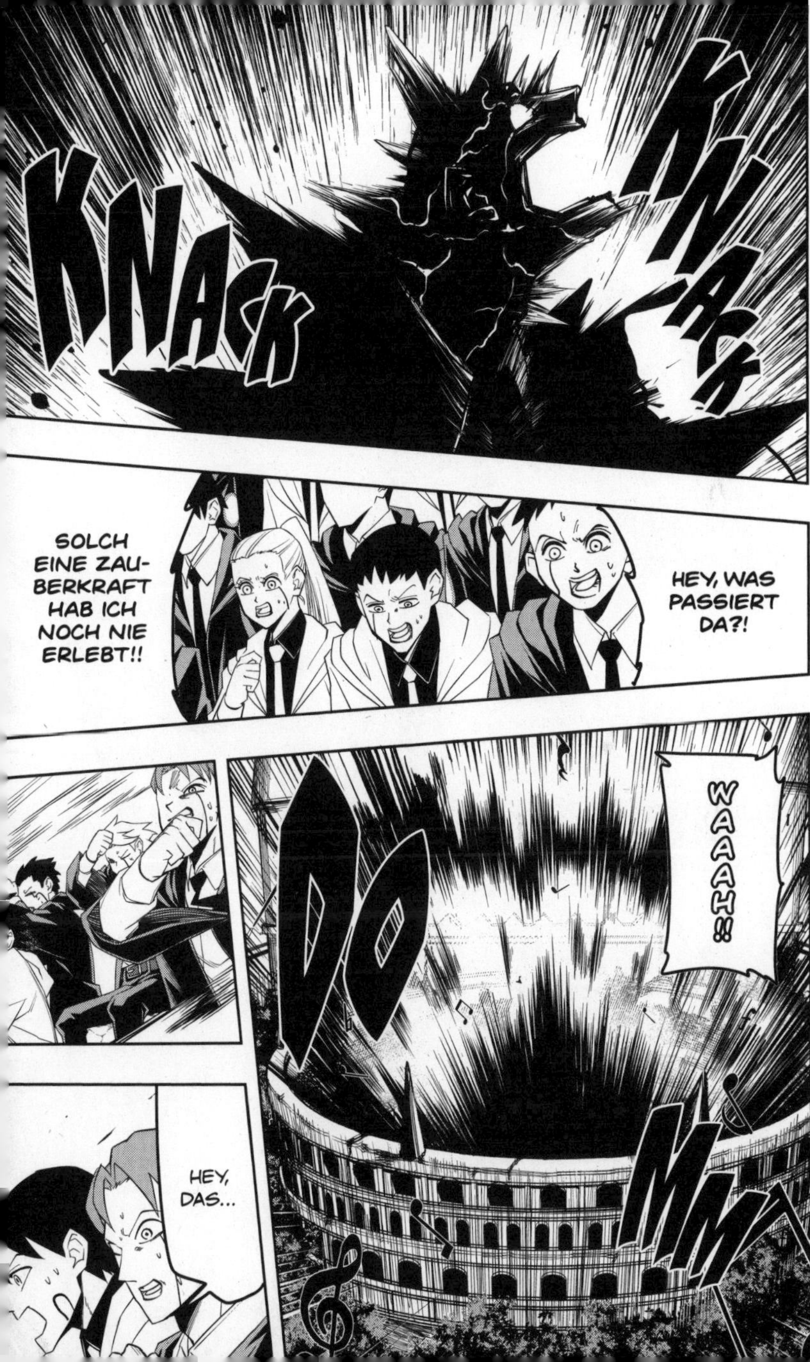
KNACK
KNACK
HEY, WAS PASSIERT DA?!
SOLCH EINE ZAUBERKRAFT HAB ICH NOCH NIE ERLEBT!!
WAAAAH!!
DO
MMM
HEY, DAS...

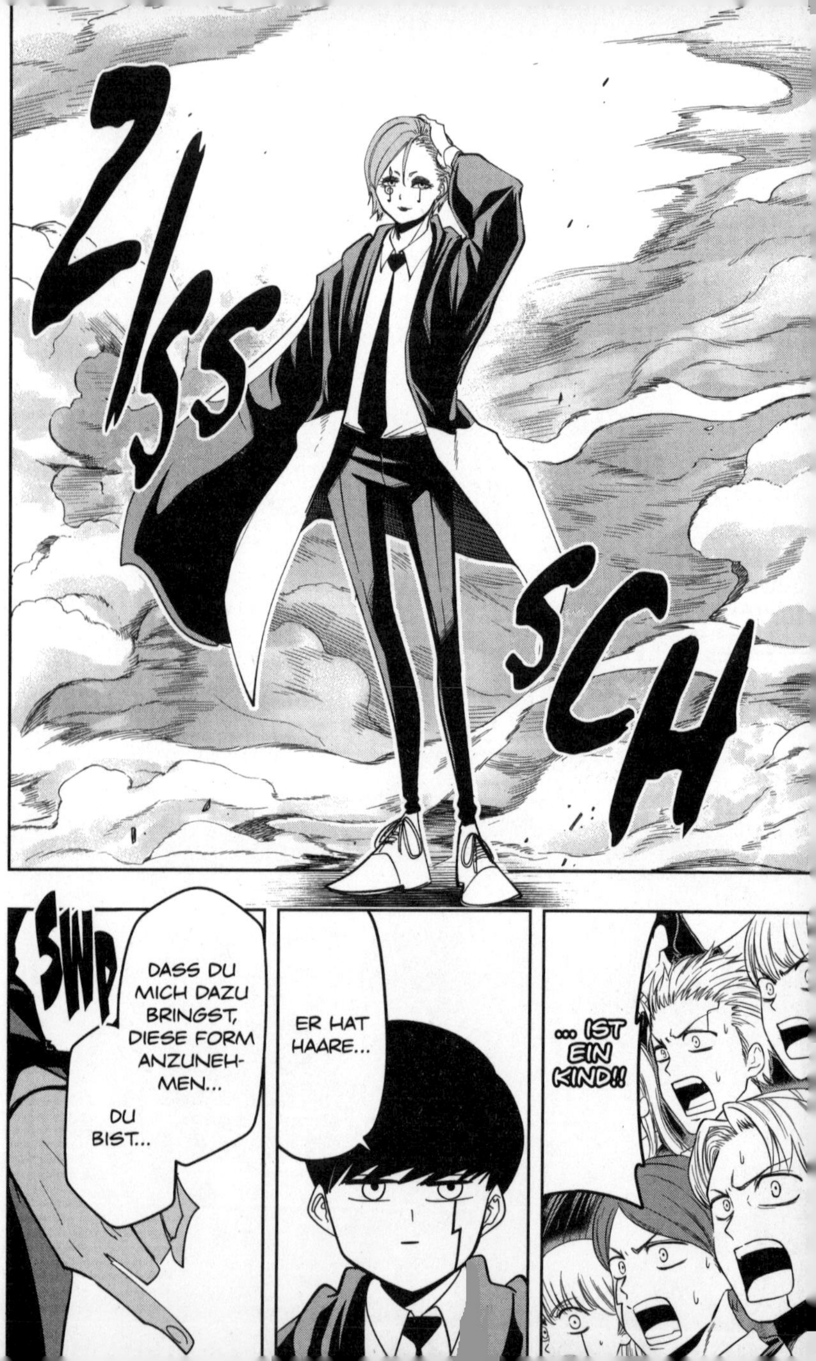

ZISS
SCH
... IST EIN KIND!!
ER HAT HAARE...
SWP
DASS DU MICH DAZU BRINGST, DIESE FORM ANZUNEH-MEN...
DU BIST...

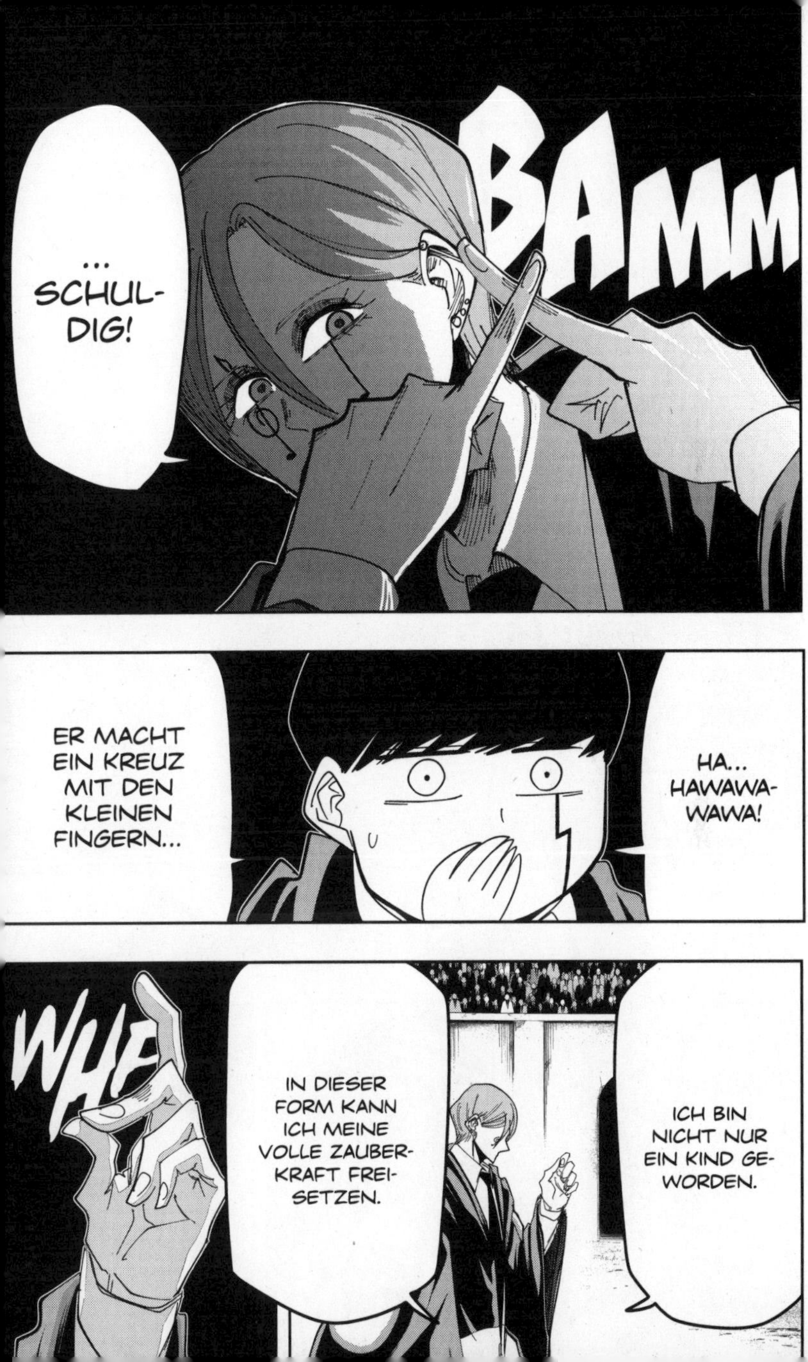
BAMM
... SCHUL-DIG!
HA... HAWAWA-WAWA!
ER MACHT EIN KREUZ MIT DEN KLEINEN FINGERN...
ICH BIN NICHT NUR EIN KIND GE-WORDEN.
IN DIESER FORM KANN ICH MEINE VOLLE ZAUBER-KRAFT FREI-SETZEN.
WHF

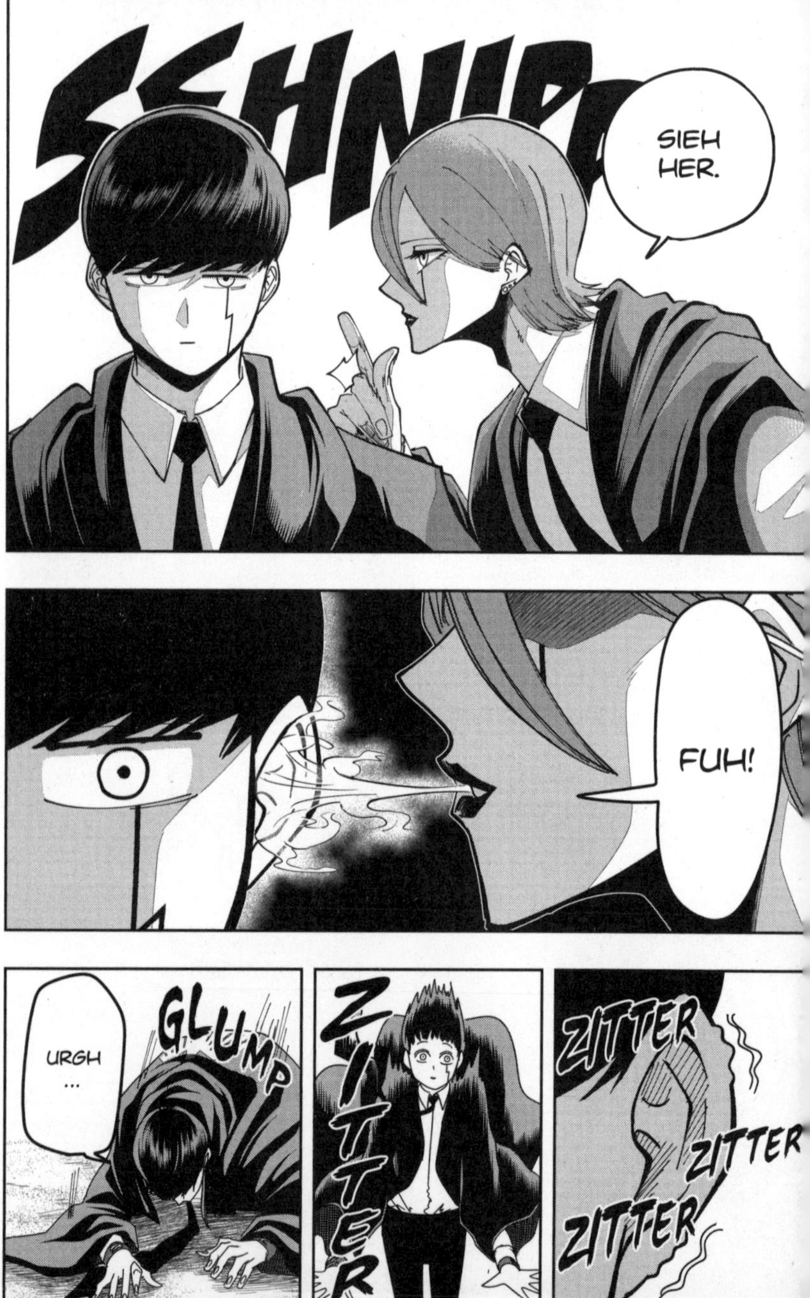
SIEH HER.
FUH!
ZITTER
ZITTER
ZITTER
ZITTER
GLUMP
URGH ...

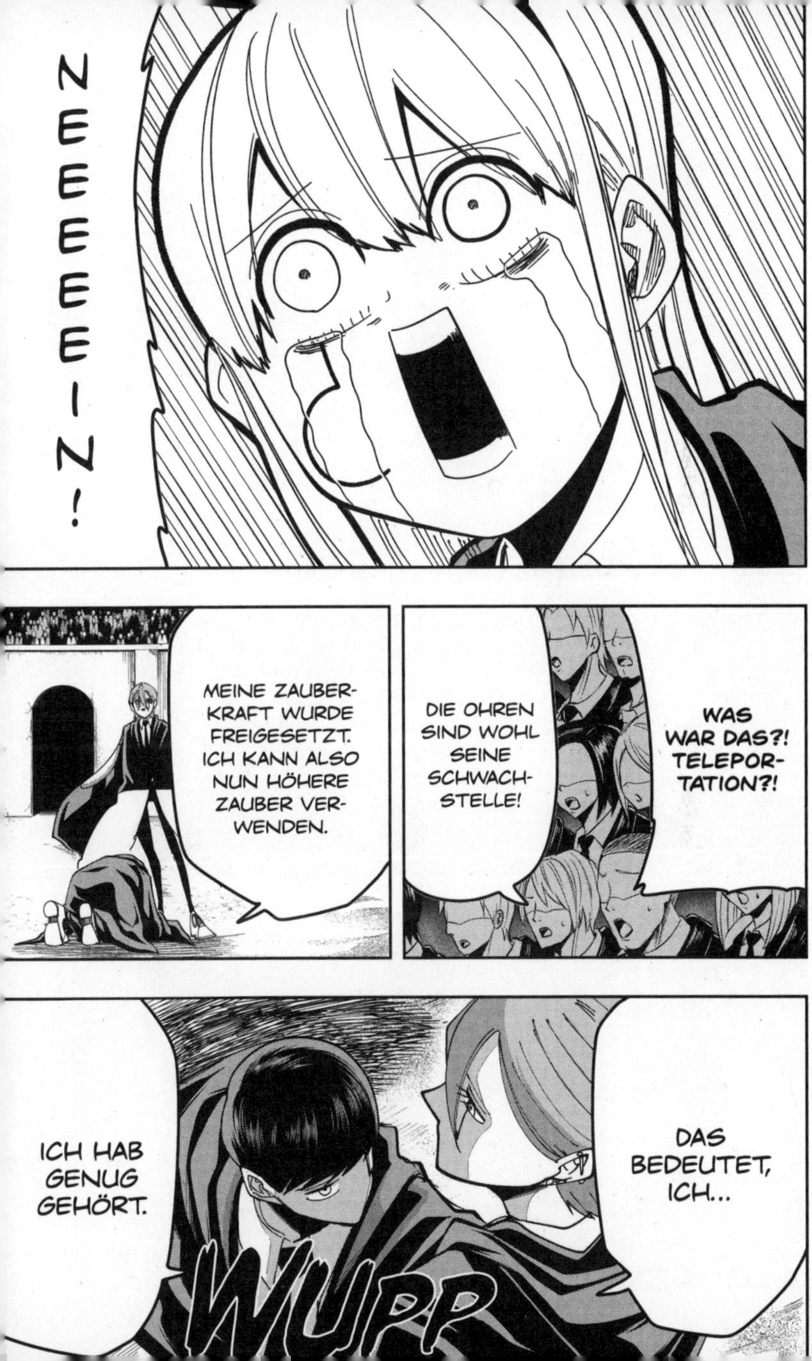
NEEEEEIN!
WAS WAR DAS?! TELEPORTATION?!
DIE OHREN SIND WOHL SEINE SCHWACHSTELLE!
MEINE ZAUBERKRAFT WURDE FREIGESETZT. ICH KANN ALSO NUN HÖHERE ZAUBER VERWENDEN.
DAS BEDEUTET, ICH...
WUPP
ICH HAB GENUG GEHÖRT.

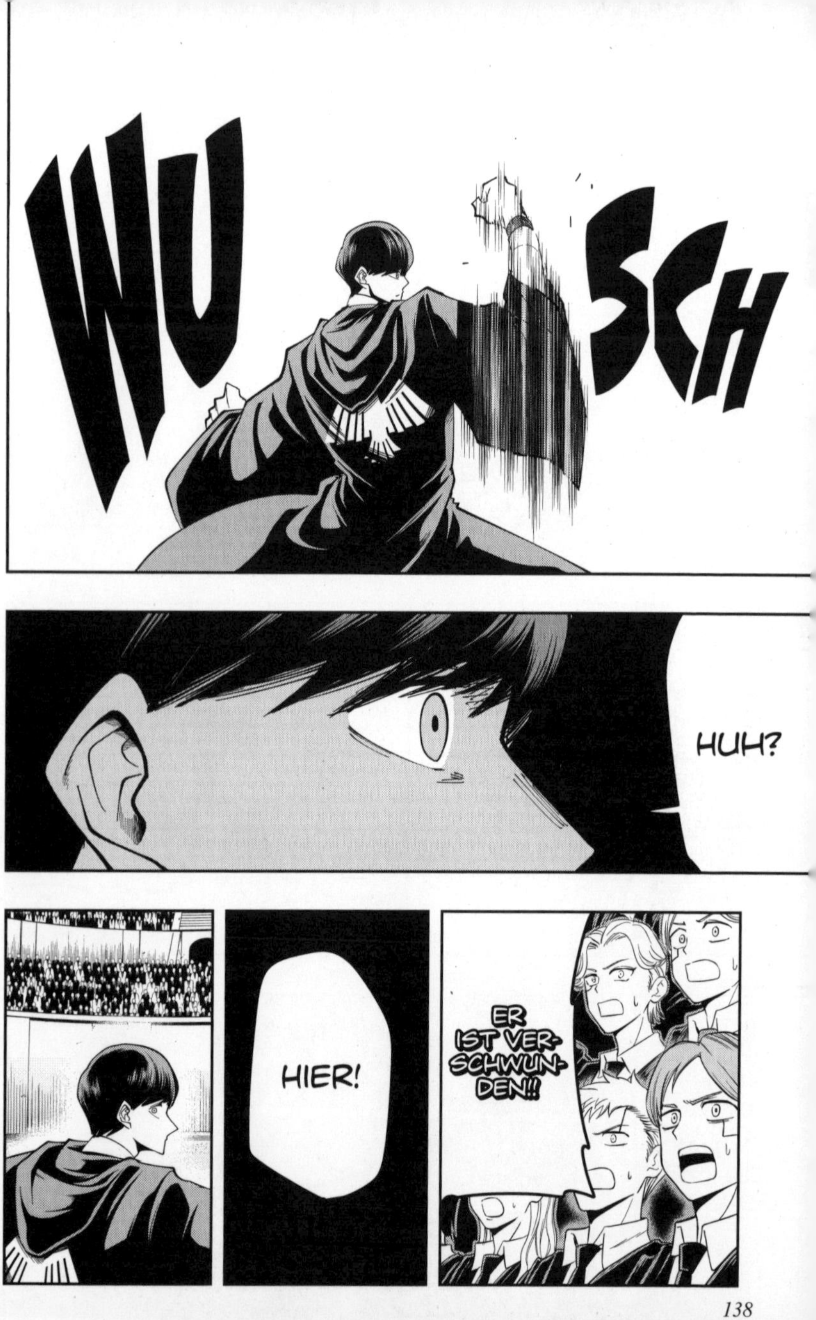
WU SCH
HUH?
ER IST VERSCHWUNDEN!!
HIER!

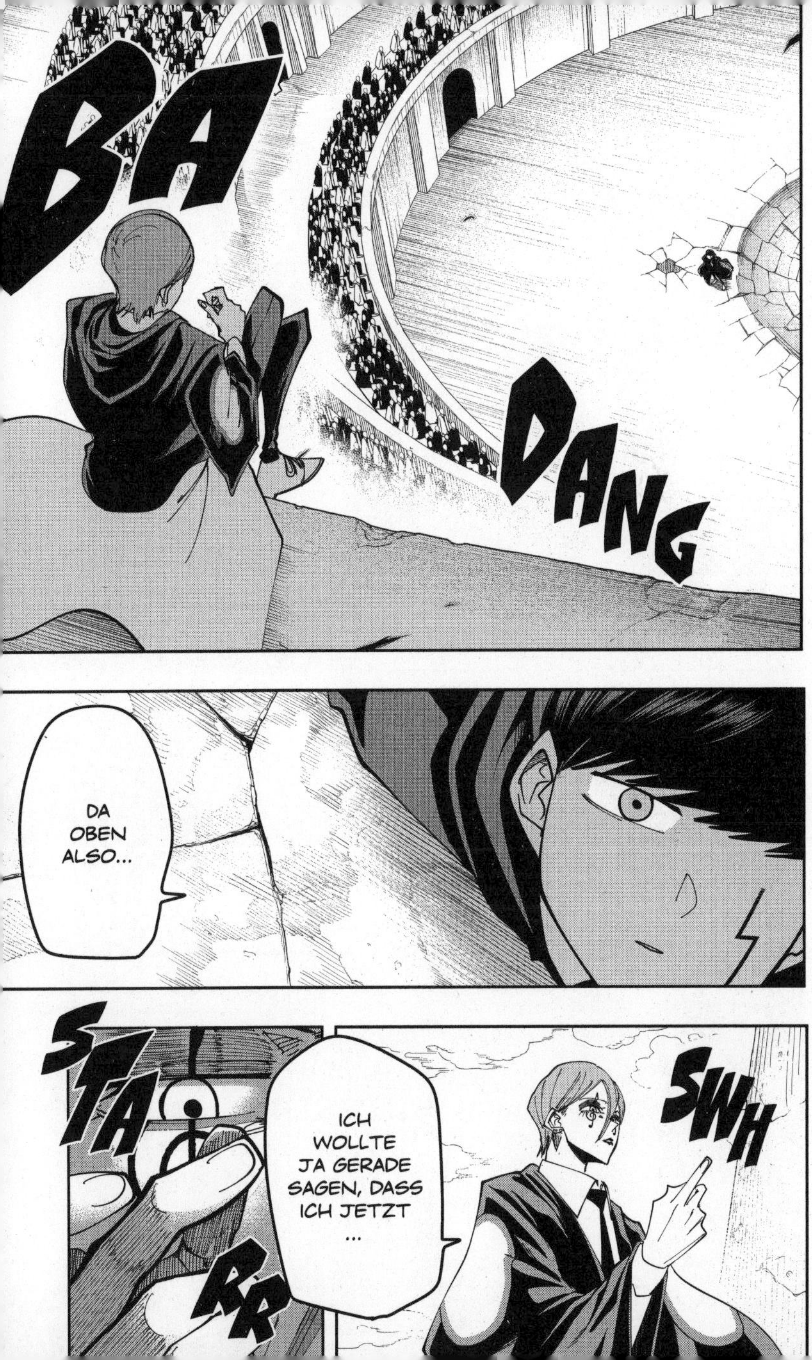
BA
DANG
DA OBEN ALSO...
SWH
ICH WOLLTE JA GERADE SAGEN, DASS ICH JETZT ...
STA
RR

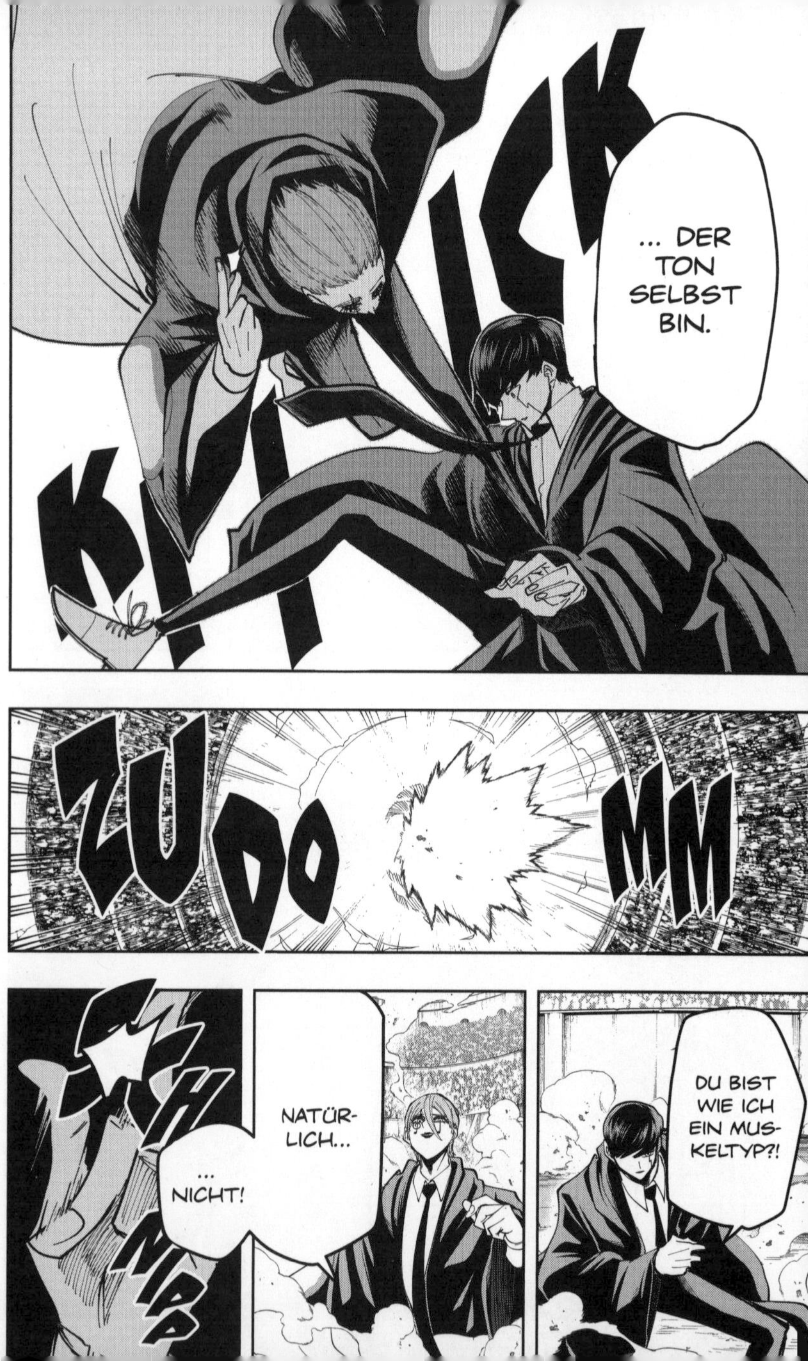
... DER TON SELBST BIN.
ZUDOMM
DU BIST WIE ICH EIN MUSKELTYP?!
NATÜRLICH...
... NICHT!

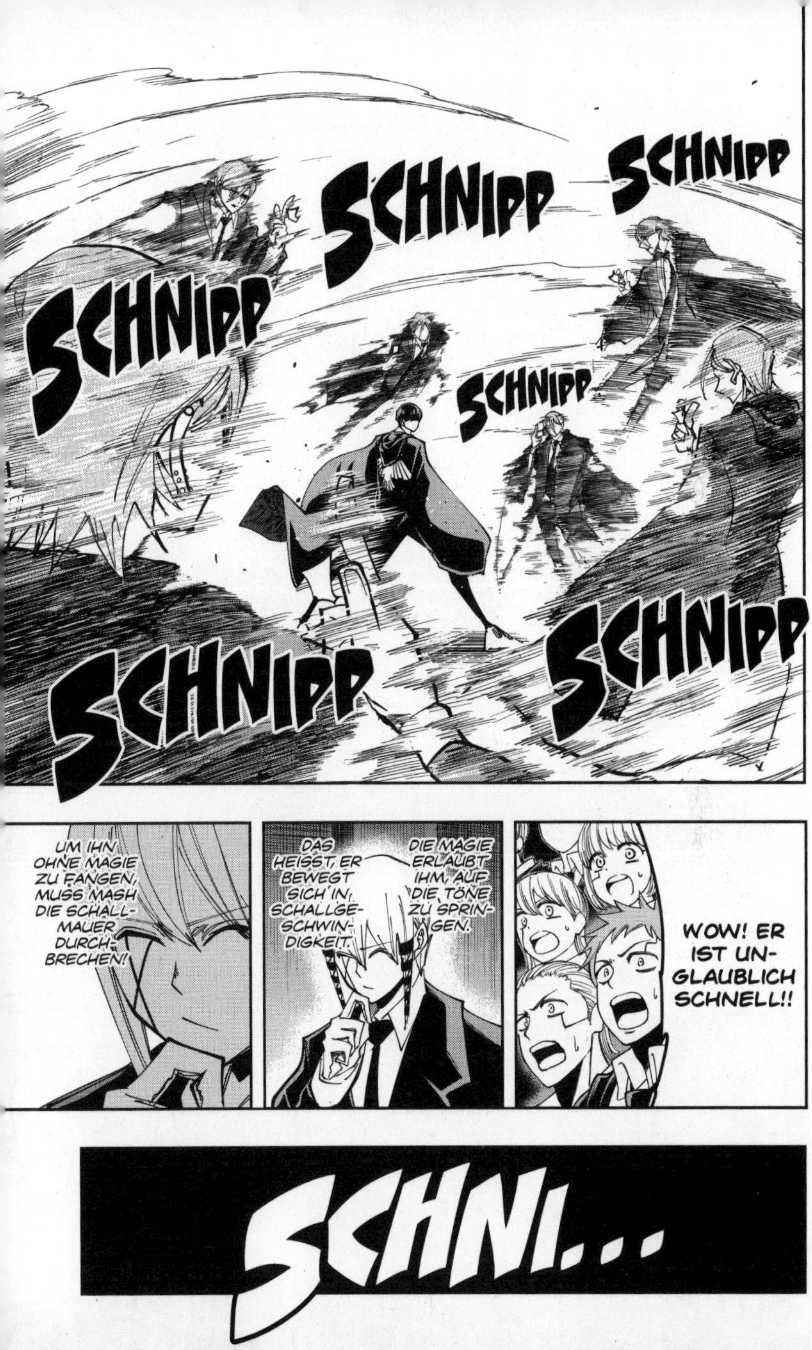
SCHNIPP
SCHNIPP
SCHNIPP
SCHNIPP
SCHNIPP
SCHNIPP
WOW! ER IST UNGLAUBLICH SCHNELL!!
DIE MAGIE ERLAUBT IHM, AUF DIE TÖNE ZU SPRINGEN.
DAS HEISST, ER BEWEGT SICH IN SCHALLGESCHWINDIGKEIT.
UM IHN OHNE MAGIE ZU FANGEN, MUSS MASH DIE SCHALLMAUER DURCHBRECHEN!
SCHNI...

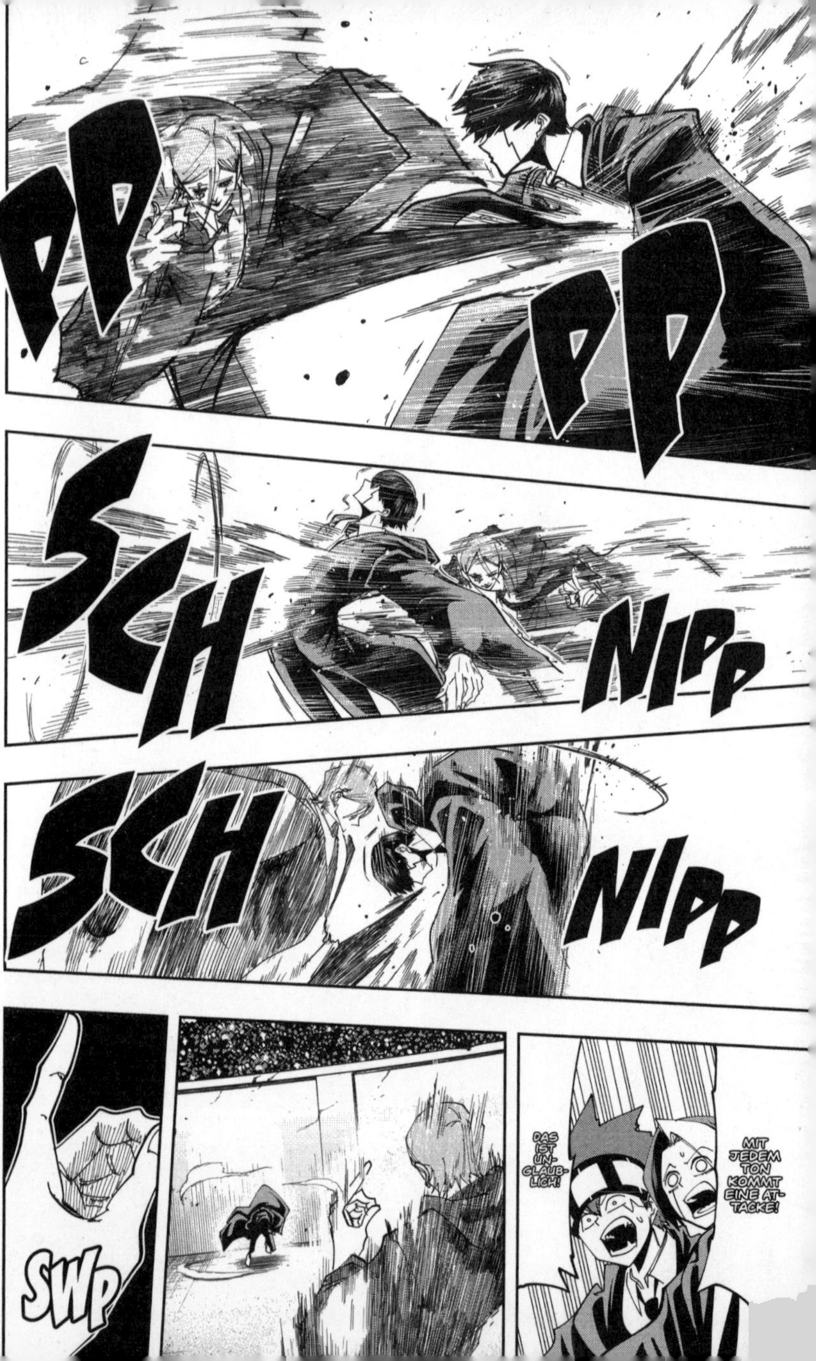
PP
PP
SCHNIPP
SCHNIPP
MIT JEDEM TON KOMMT EINE ATTACKE!
DAS IST UNGLAUBLICH!
SWP

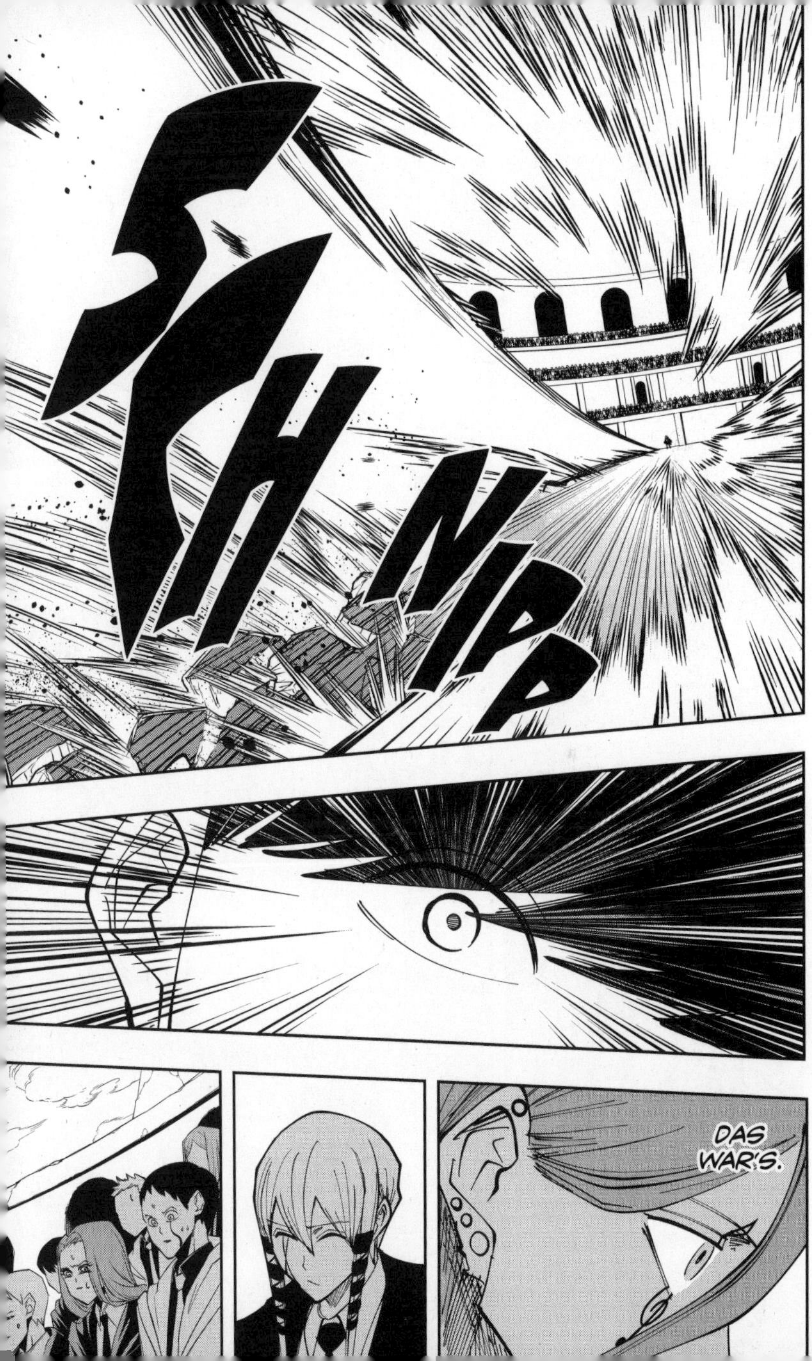
DAS WAR'S.

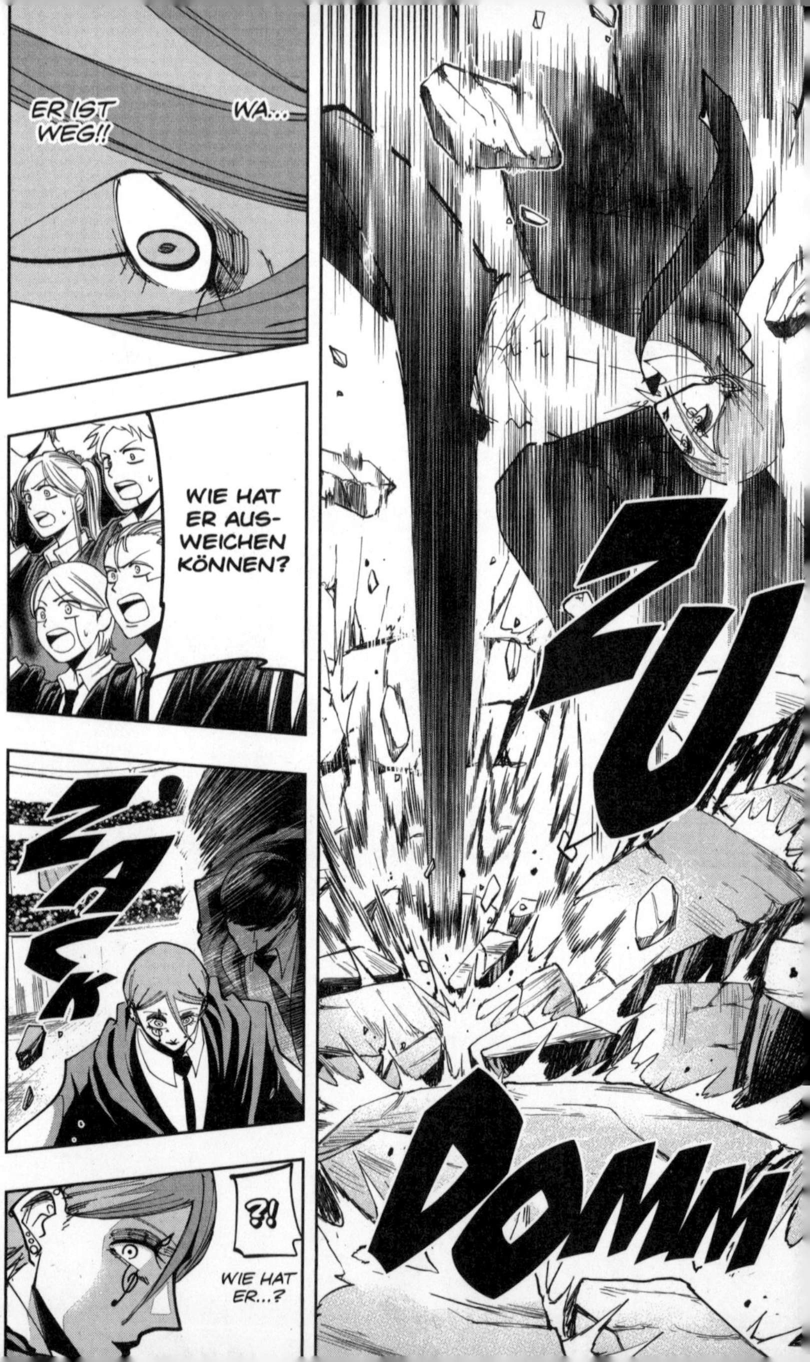

ZU
DOMM
WA...
ER IST WEG!!
WIE HAT ER AUS-WEICHEN KÖNNEN?
ZACK
?!
WIE HAT ER...?

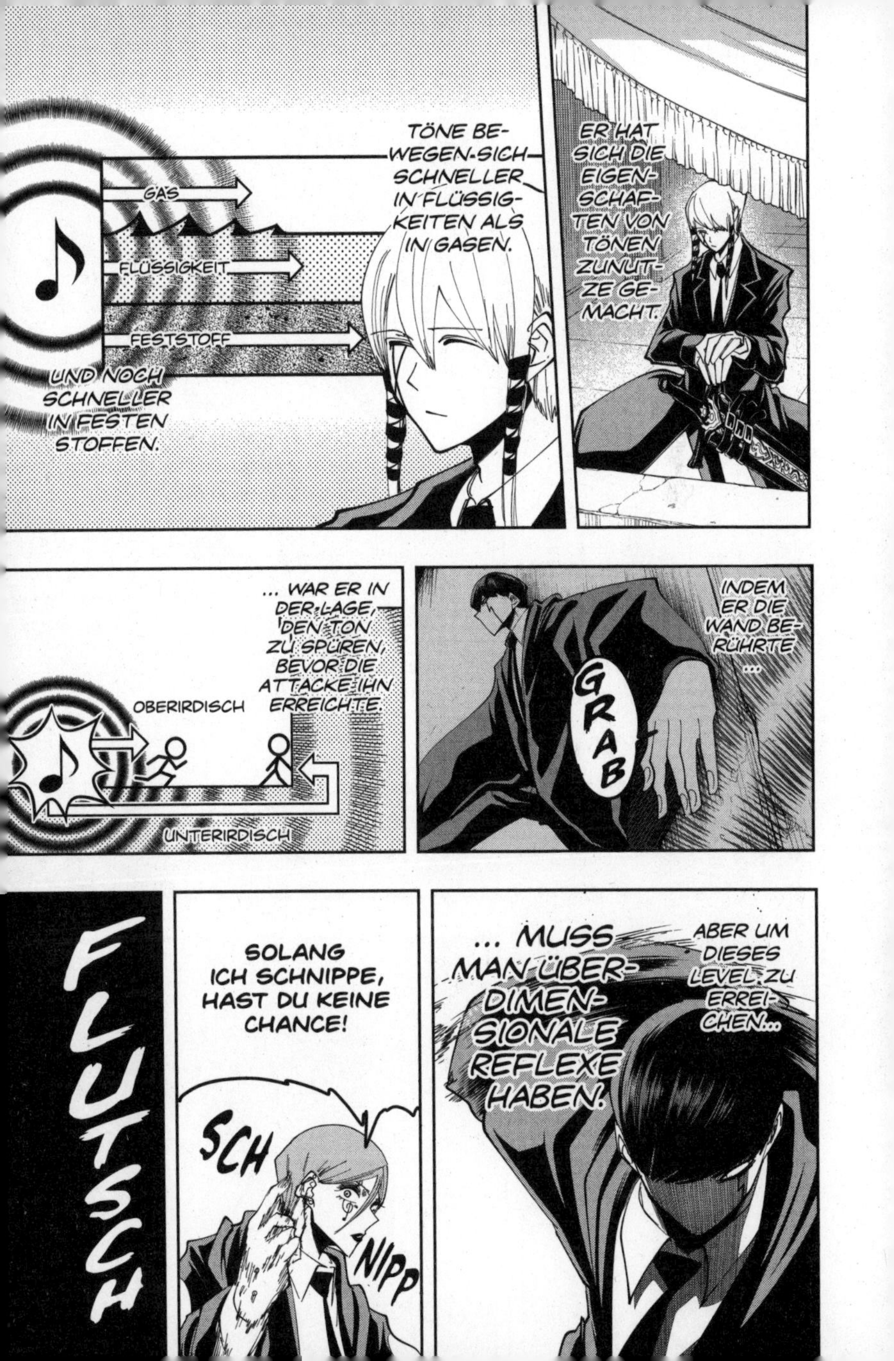
ER HAT SICH DIE EIGENSCHAFTEN VON TÖNEN ZUNUTZE GEMACHT.
TÖNE BEWEGEN SICH SCHNELLER IN FLÜSSIGKEITEN ALS IN GASEN.
GAS
FLÜSSIGKEIT
FESTSTOFF
UND NOCH SCHNELLER IN FESTEN STOFFEN.
INDEM ER DIE WAND BERÜHRTE ...
GRAB
... WAR ER IN DER LAGE, DEN TON ZU SPÜREN, BEVOR DIE ATTACKE IHN ERREICHTE.
OBERIRDISCH
UNTERIRDISCH
ABER UM DIESES LEVEL ZU ERREICHEN...
... MUSS MAN ÜBERDIMENSIONALE REFLEXE HABEN.
SOLANG ICH SCHNIPPE, HAST DU KEINE CHANCE!
SCH
NIPP
FLUTSCH

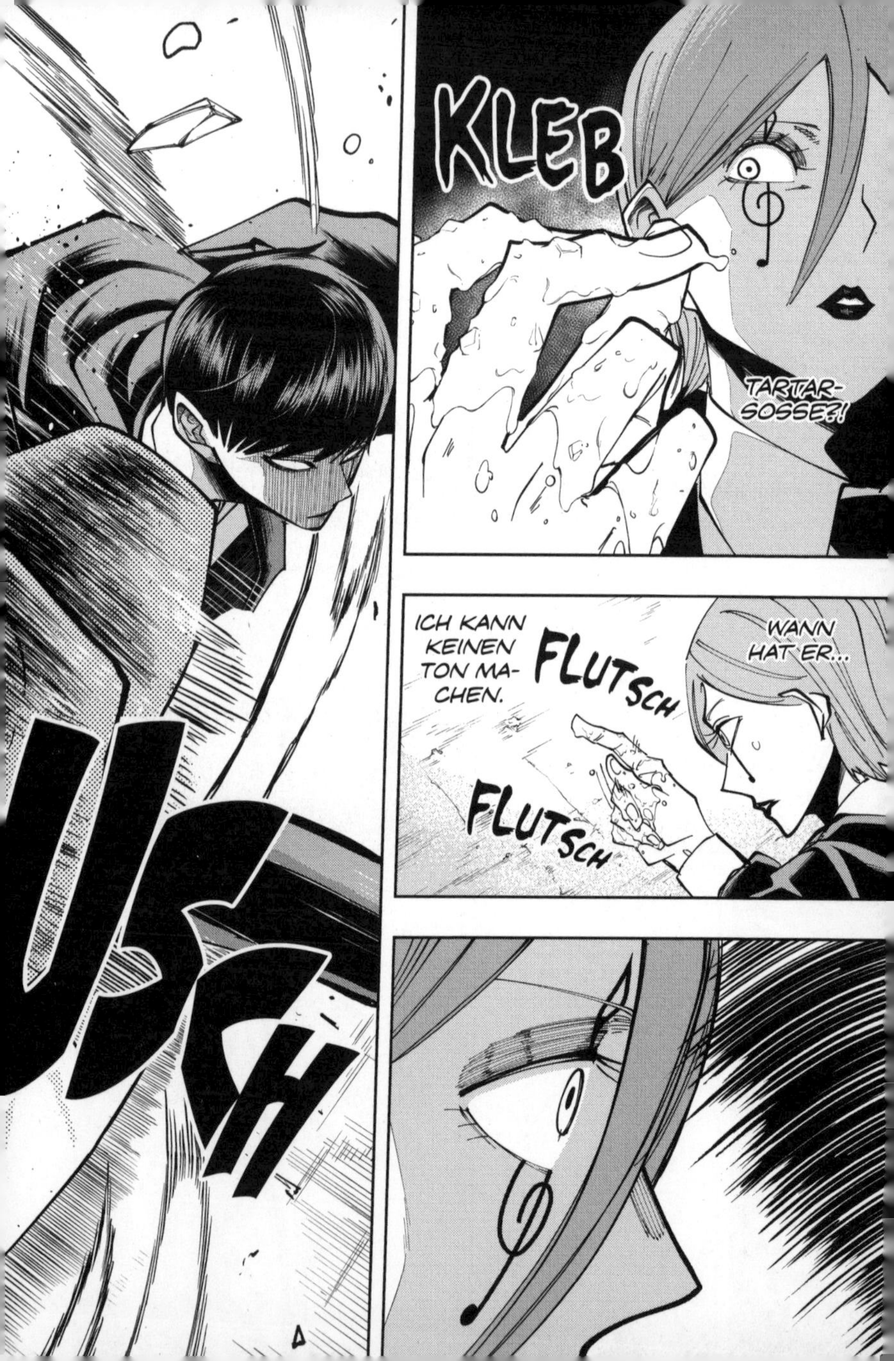
KLEB
TARTAR-SOSSE?!
WANN HAT ER...
ICH KANN KEINEN TON MACHEN.
FLUTSCH
FLUTSCH

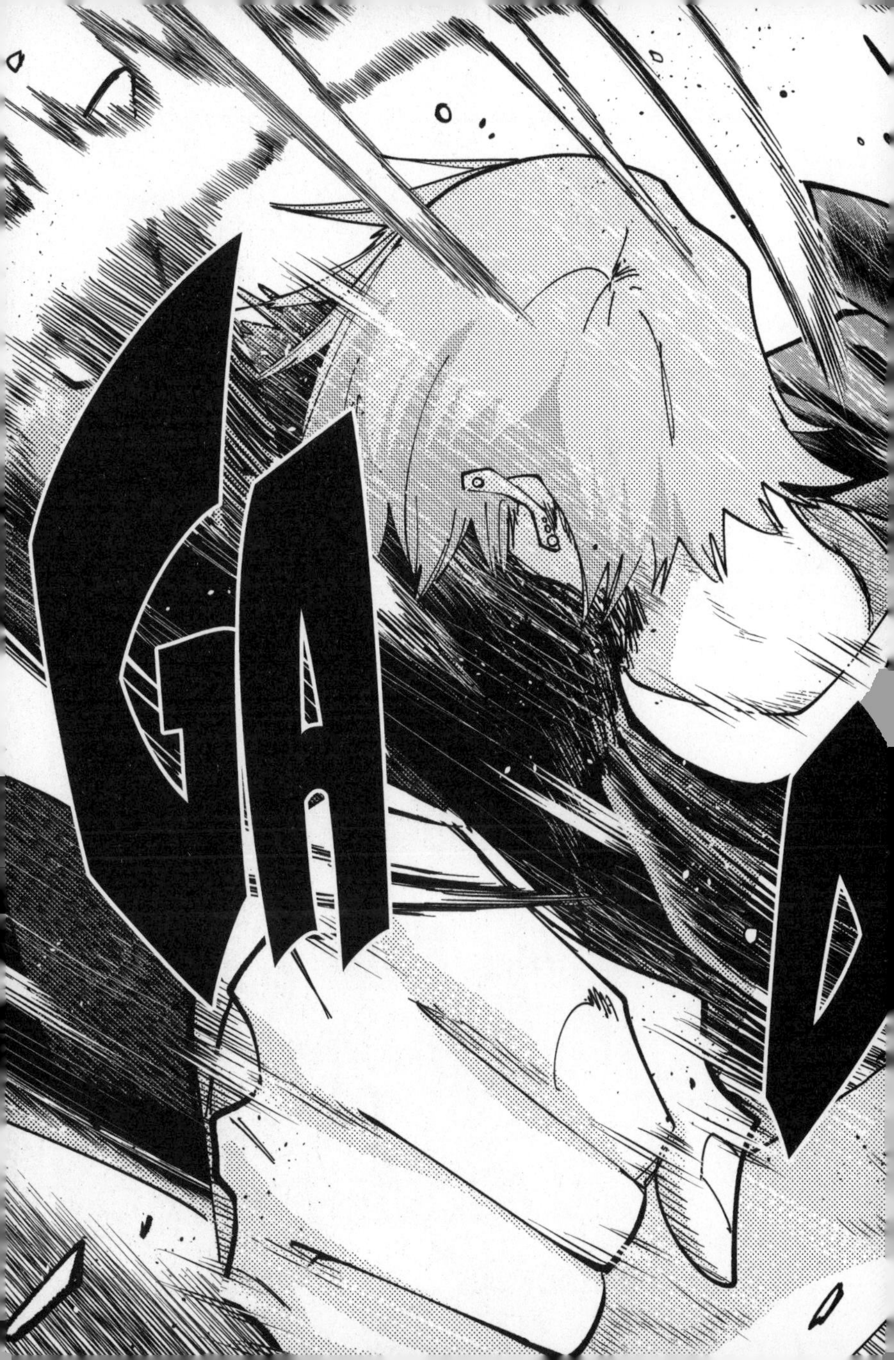
GAD

Extra 6

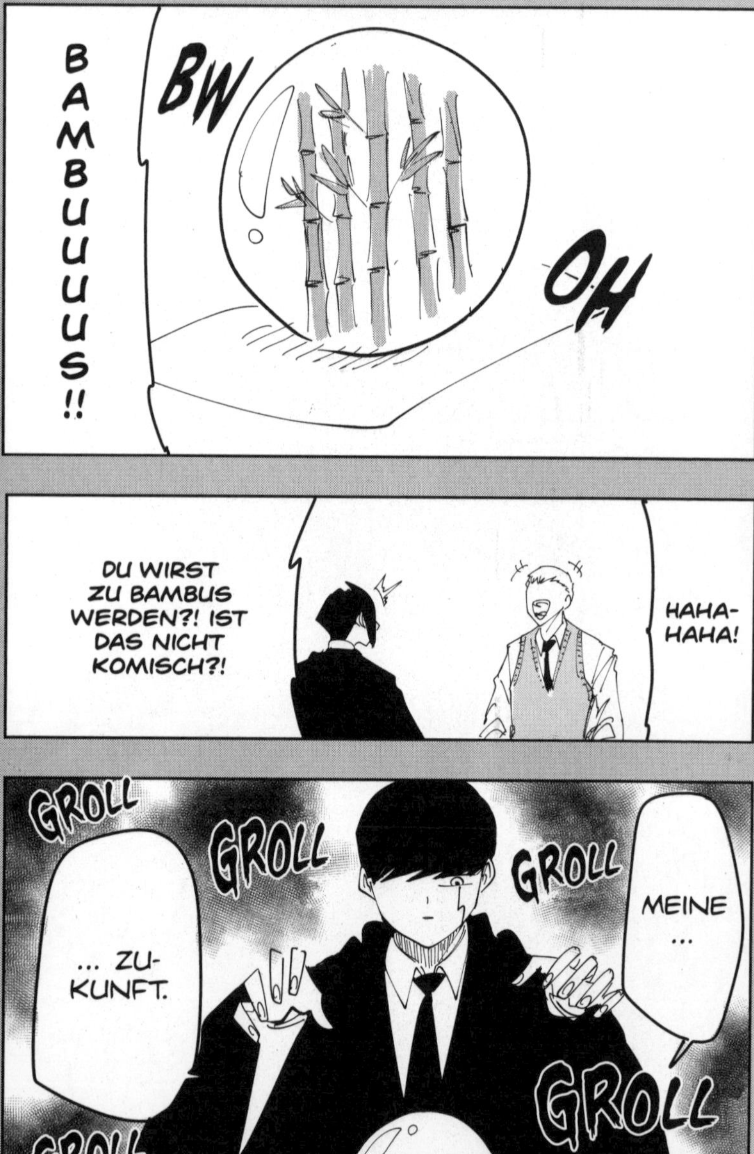

Fortsetzung auf Seite 170

61. Kapitel Mash Burnedead und das Ton-Fangspiel

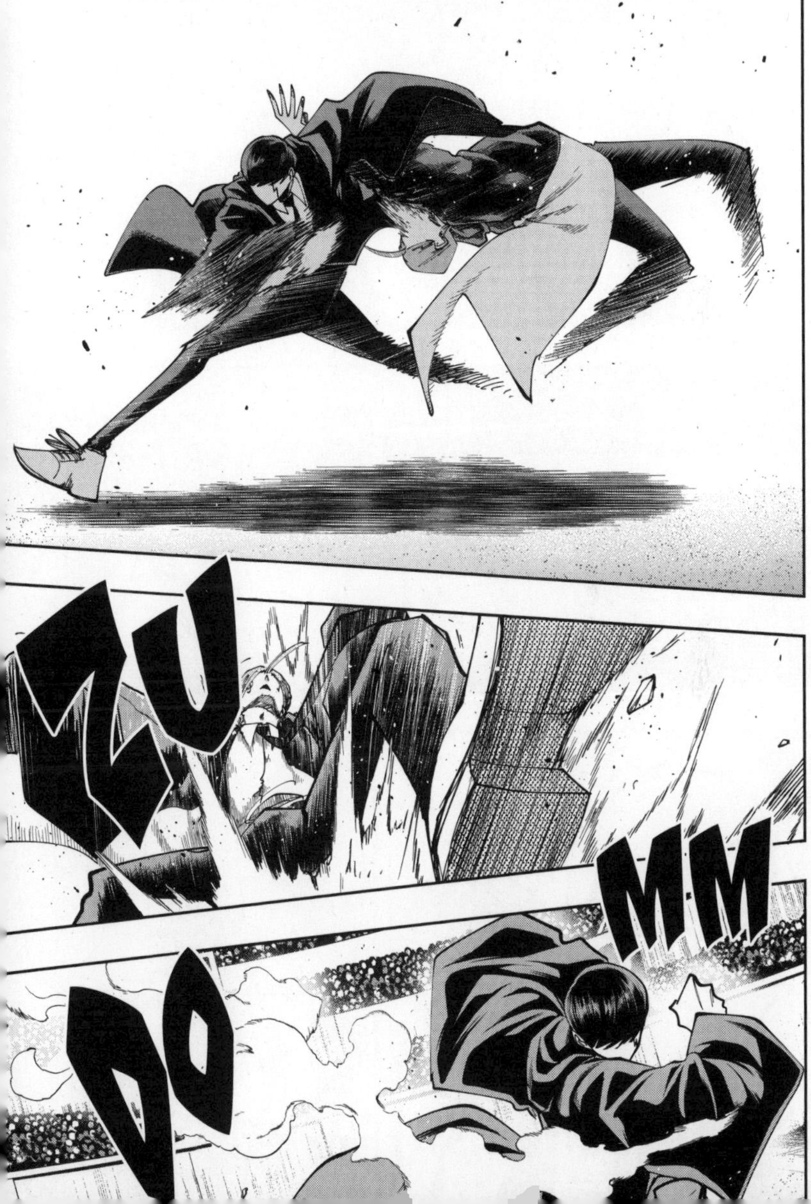

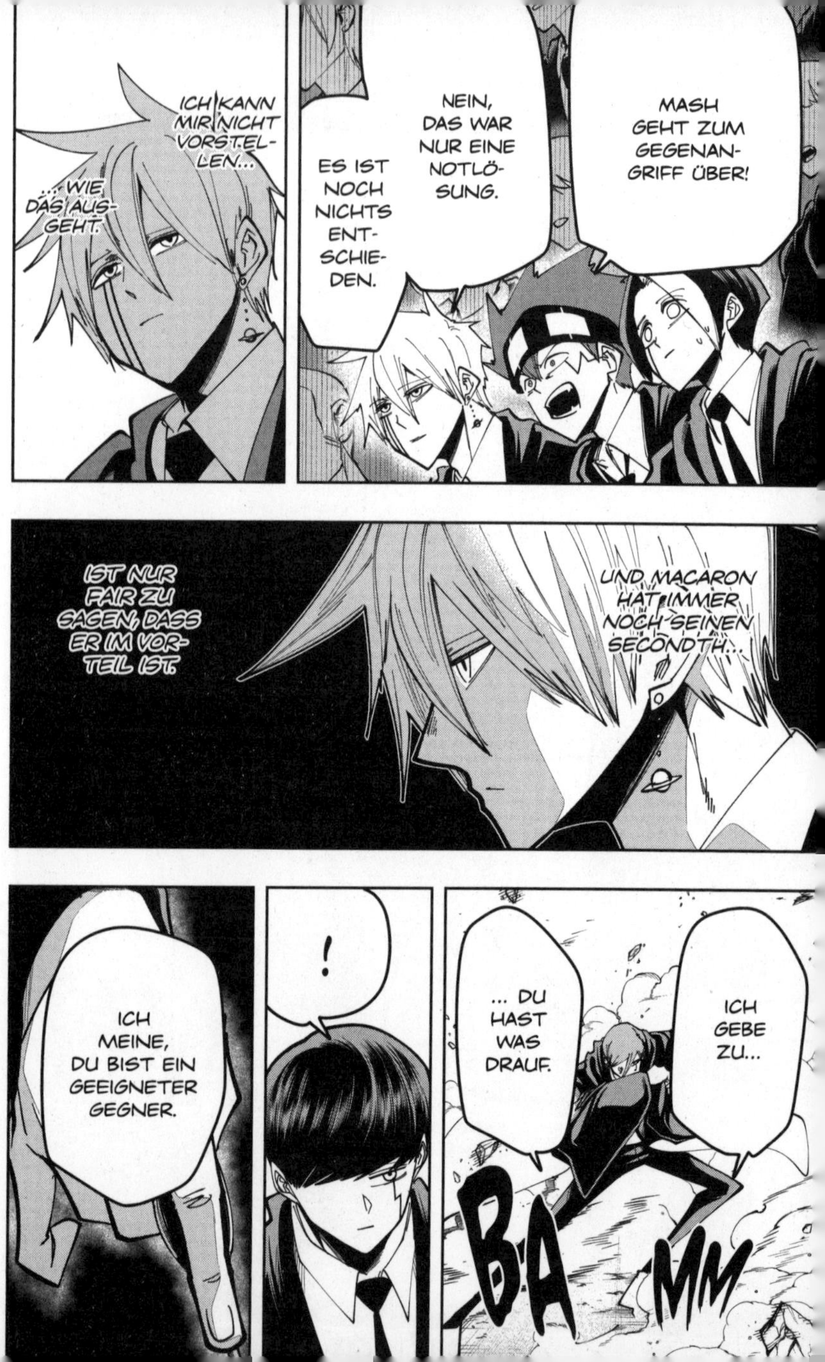
MASH GEHT ZUM GEGENANGRIFF ÜBER!
NEIN, DAS WAR NUR EINE NOTLÖSUNG.
ES IST NOCH NICHTS ENTSCHIEDEN.
ICH KANN MIR NICHT VORSTELLEN...
... WIE DAS AUSGEHT.
UND MACARON HAT IMMER NOCH SEINEN SECONDTH...
IST NUR FAIR ZU SAGEN, DASS ER IM VORTEIL IST.
ICH GEBE ZU...
... DU HAST WAS DRAUF.
BAMM
!
ICH MEINE, DU BIST EIN GEEIGNETER GEGNER.

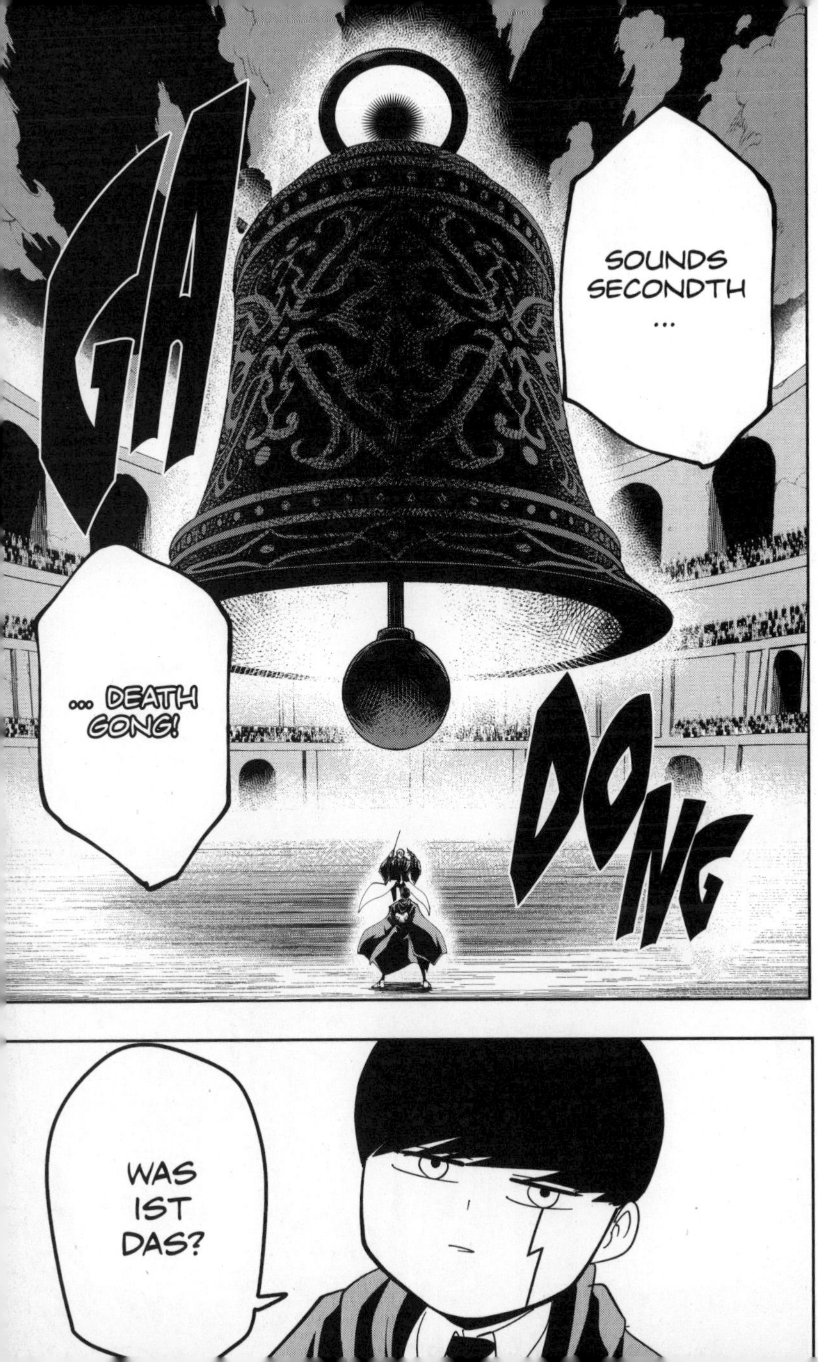
SOUNDS SECONDTH ...
GA-
... DEATH GONG!
DONG
WAS IST DAS?

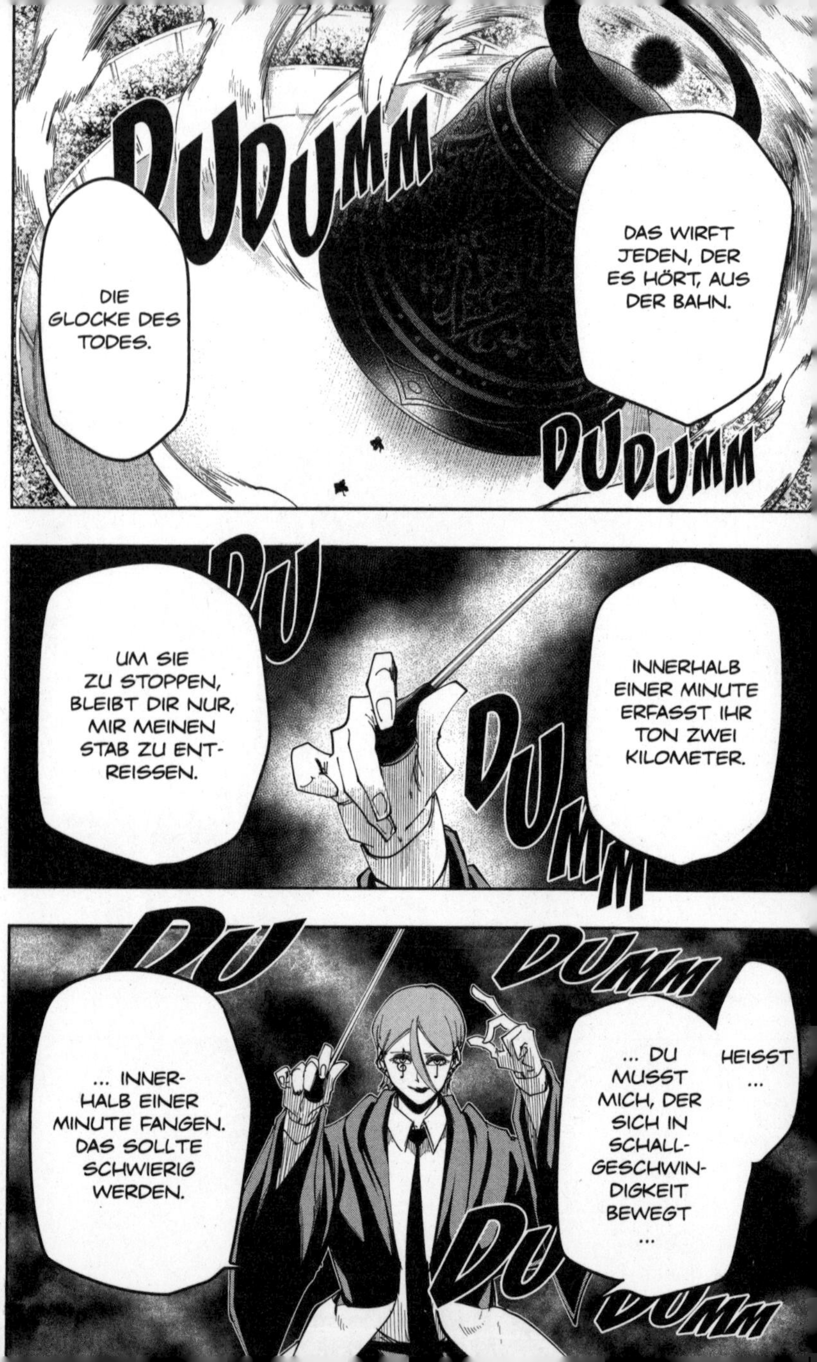
DUDUMM
DAS WIRFT JEDEN, DER ES HÖRT, AUS DER BAHN.
DIE GLOCKE DES TODES.
DUDUMM
DU
INNERHALB EINER MINUTE ERFASST IHR TON ZWEI KILOMETER.
DUMM
UM SIE ZU STOPPEN, BLEIBT DIR NUR, MIR MEINEN STAB ZU ENT-REISSEN.
DUMM
DU
HEISST …
… DU MUSST MICH, DER SICH IN SCHALL-GESCHWIN-DIGKEIT BEWEGT …
… INNER-HALB EINER MINUTE FANGEN. DAS SOLLTE SCHWIERIG WERDEN.
DU
DUMM

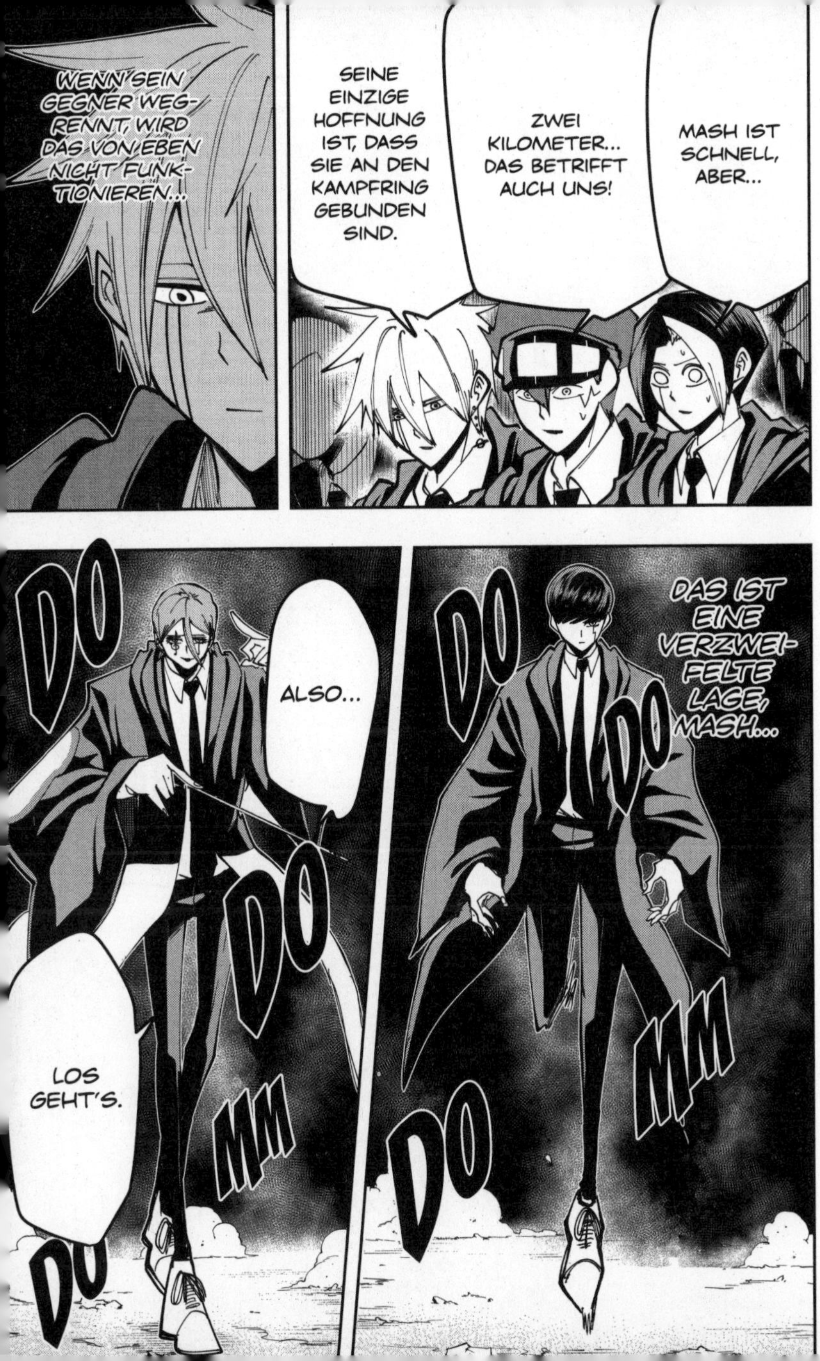

MASH IST SCHNELL, ABER...
ZWEI KILOMETER... DAS BETRIFFT AUCH UNS!
SEINE EINZIGE HOFFNUNG IST, DASS SIE AN DEN KAMPFRING GEBUNDEN SIND.
WENN SEIN GEGNER WEGRENNT, WIRD DAS VON EBEN NICHT FUNKTIONIEREN...
DAS IST EINE VERZWEIFELTE LAGE, MASH...
DO
DO
DOMM
DO
ALSO...
DO
DO
MM
LOS GEHT'S.
DO

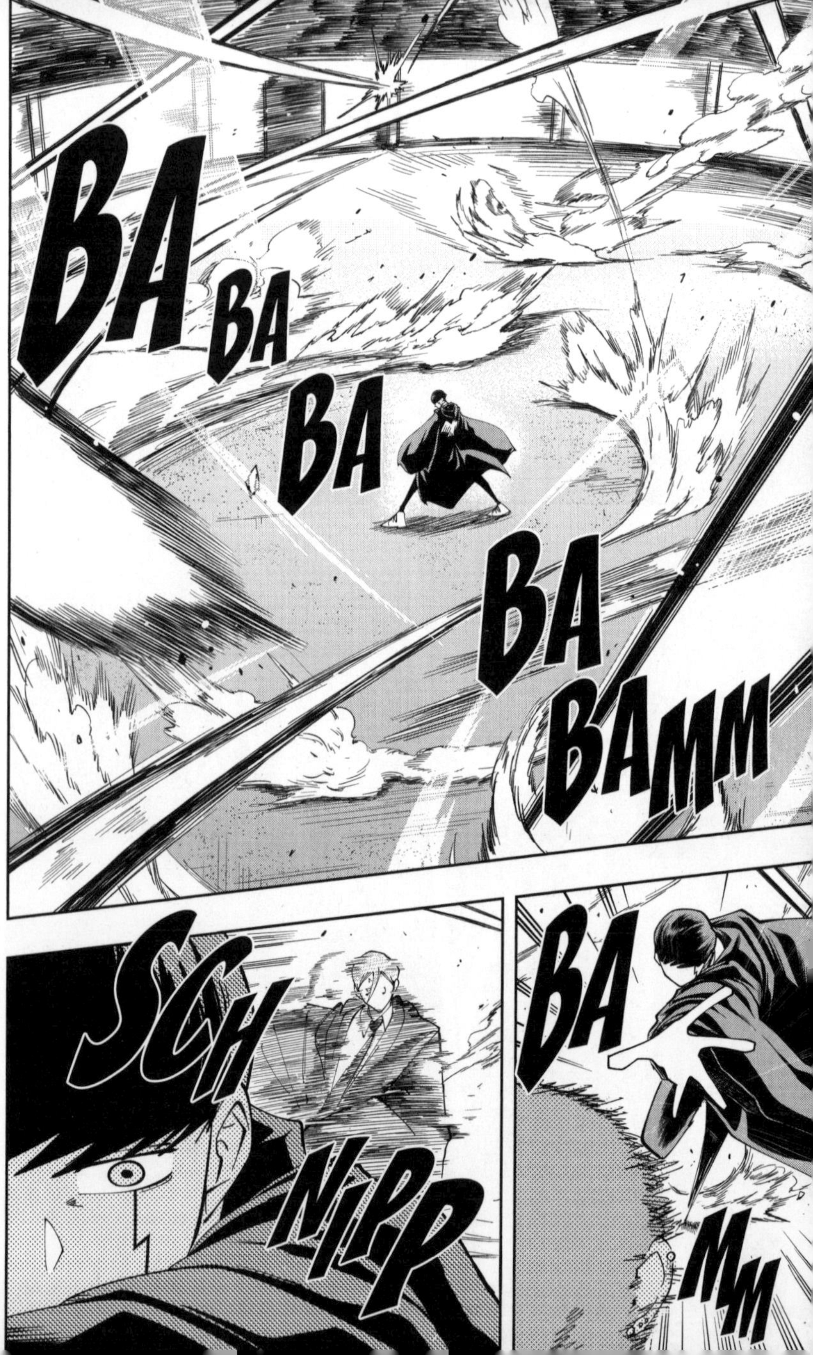
BA BA BA BA BA BAMM
BA MM
SCHNIPP

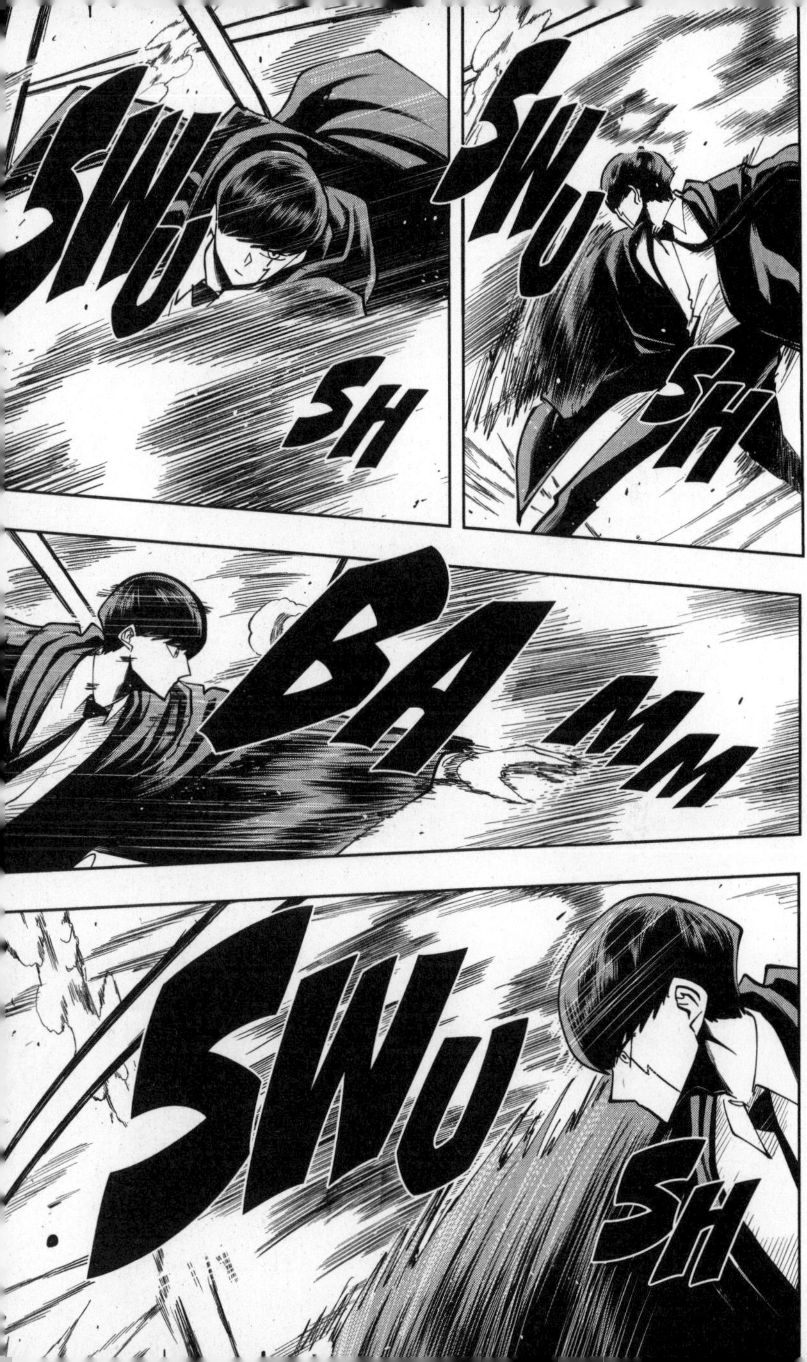
SWUSH
SWUSH
BAMM
SWUSH

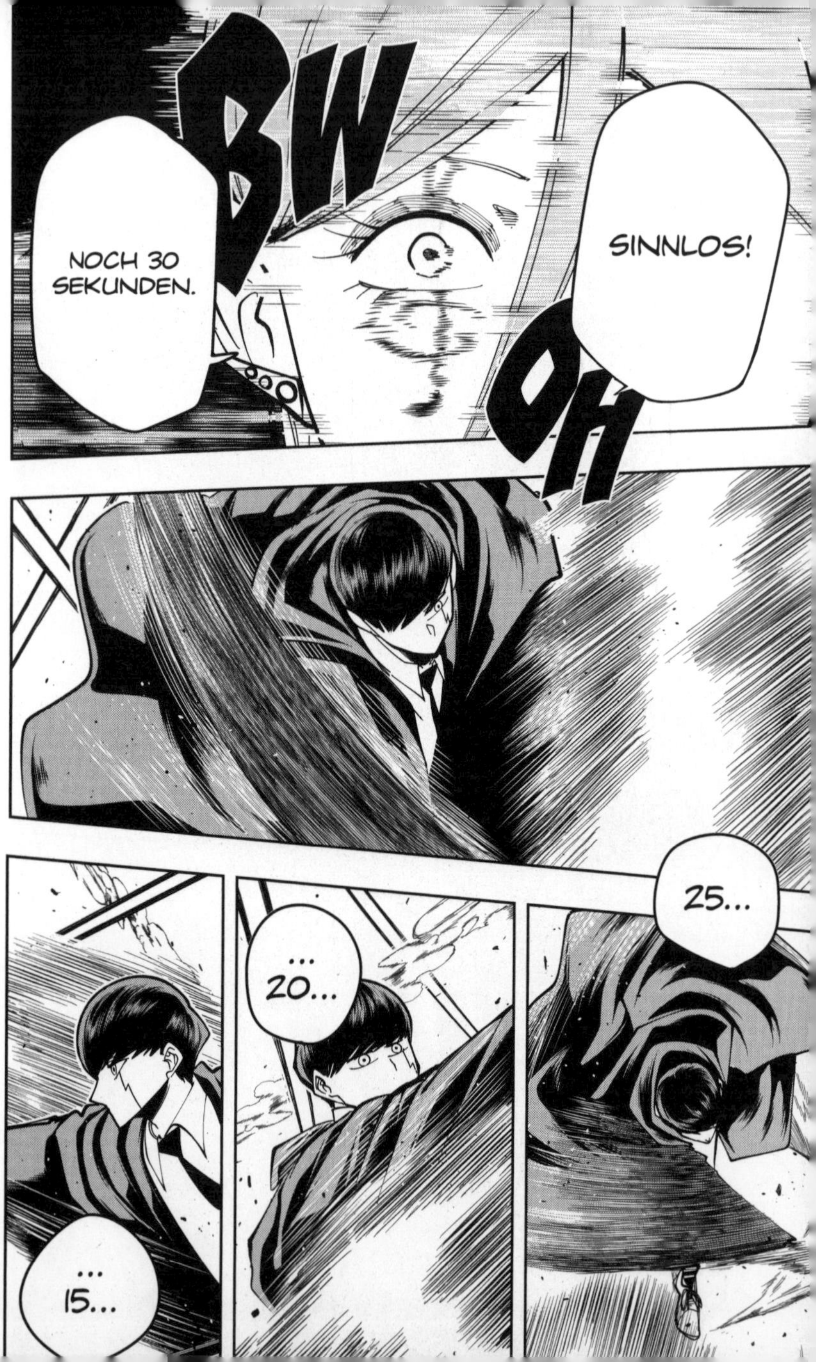
SINNLOS!
BW
OH
NOCH 30 SEKUNDEN.
25...
... 20...
... 15...

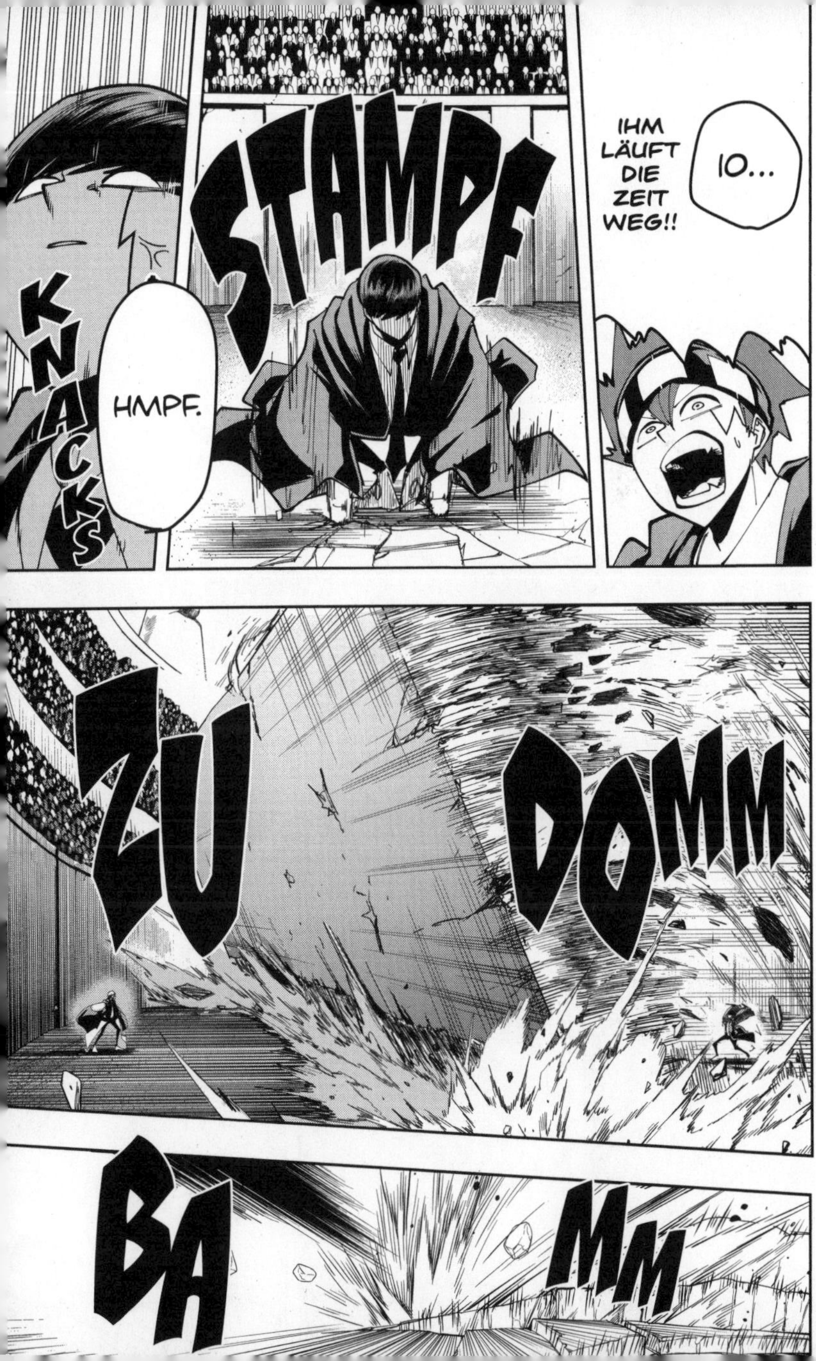
IO...
IHM LÄUFT DIE ZEIT WEG!!
STAMPF
HMPF.
KNACKS
ZU DOMM
BA MM

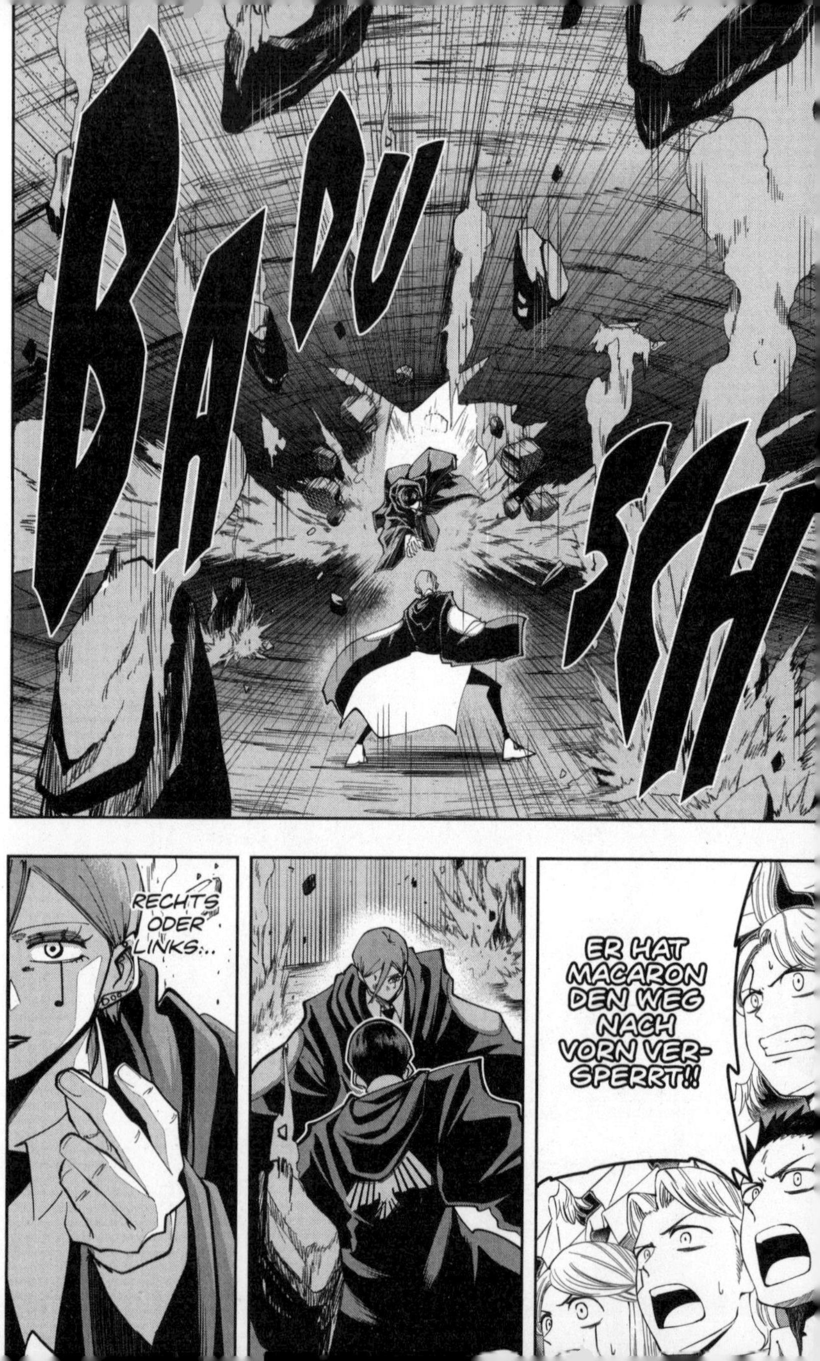
BADU
SCHH
ER HAT MACARON DEN WEG NACH VORN VER-SPERRT!!
RECHTS ODER LINKS...

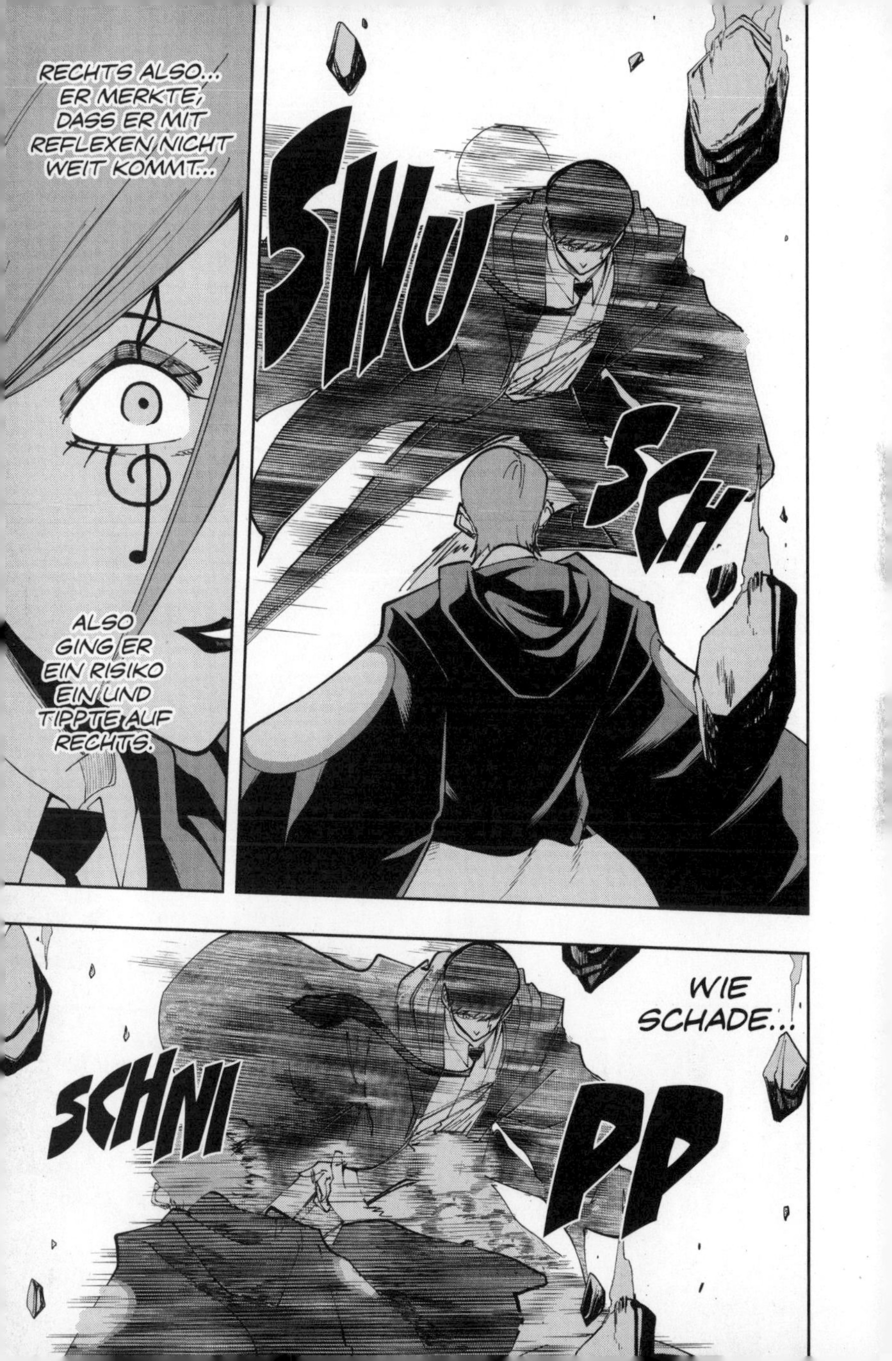
RECHTS ALSO... ER MERKTE, DASS ER MIT REFLEXEN NICHT WEIT KOMMT...
ALSO GING ER EIN RISIKO EIN UND TIPPTE AUF RECHTS.
SWUSCH
WIE SCHADE...
SCHNIPP

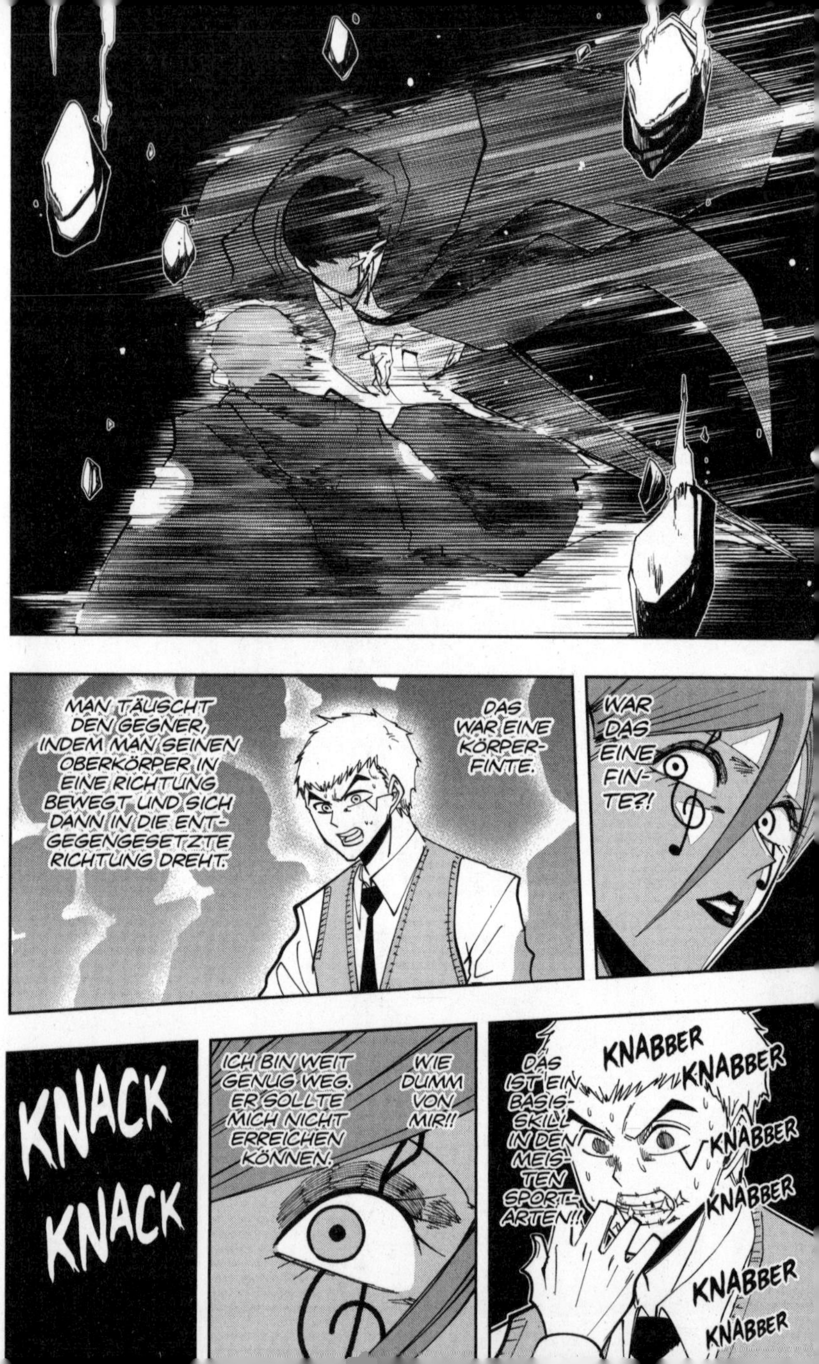

WAR DAS EINE FINTE?!
DAS WAR EINE KÖRPERFINTE.
MAN TÄUSCHT DEN GEGNER, INDEM MAN SEINEN OBERKÖRPER IN EINE RICHTUNG BEWEGT UND SICH DANN IN DIE ENTGEGENGESETZTE RICHTUNG DREHT.
KNABBER KNABBER KNABBER KNABBER KNABBER KNABBER
DAS IST EIN BASISSKILL IN DEN MEISTEN SPORTARTEN!!
WIE DUMM VON MIR!!
ICH BIN WEIT GENUG WEG. ER SOLLTE MICH NICHT ERREICHEN KÖNNEN.
KNACK KNACK

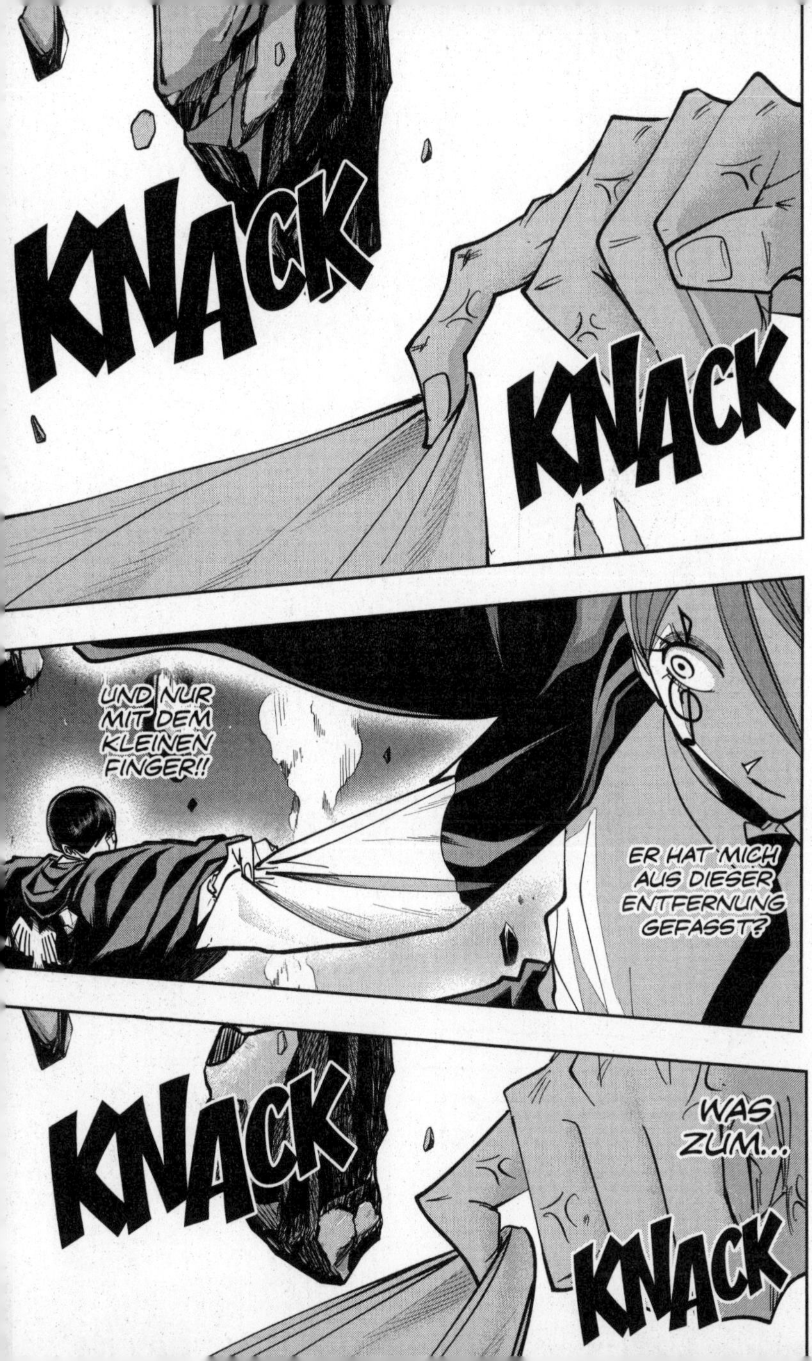
KNACK
KNACK
ER HAT MICH AUS DIESER ENTFERNUNG GEFASST?
UND NUR MIT DEM KLEINEN FINGER!!
WAS ZUM...
KNACK
KNACK

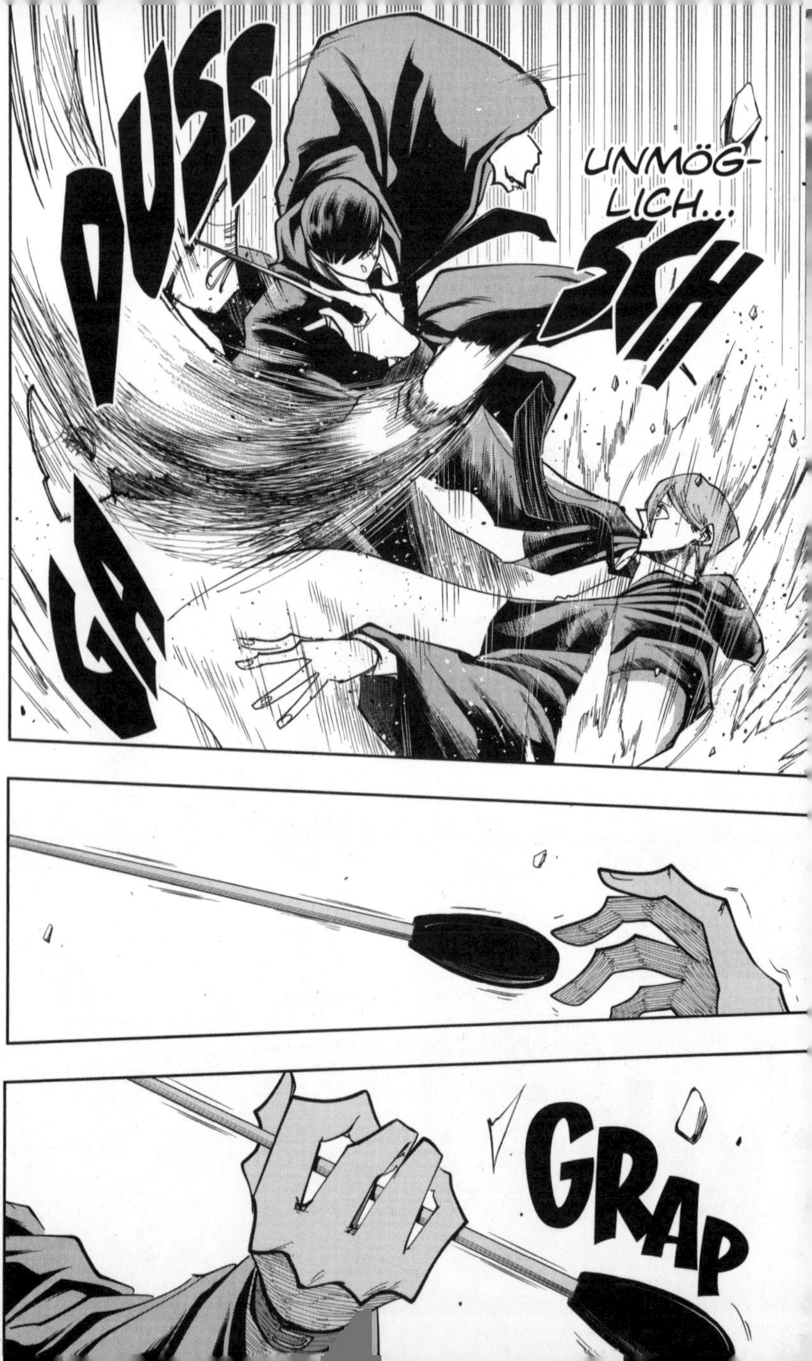
UNMÖG-
LICH...
SCH
DUSS
GA
GRAP

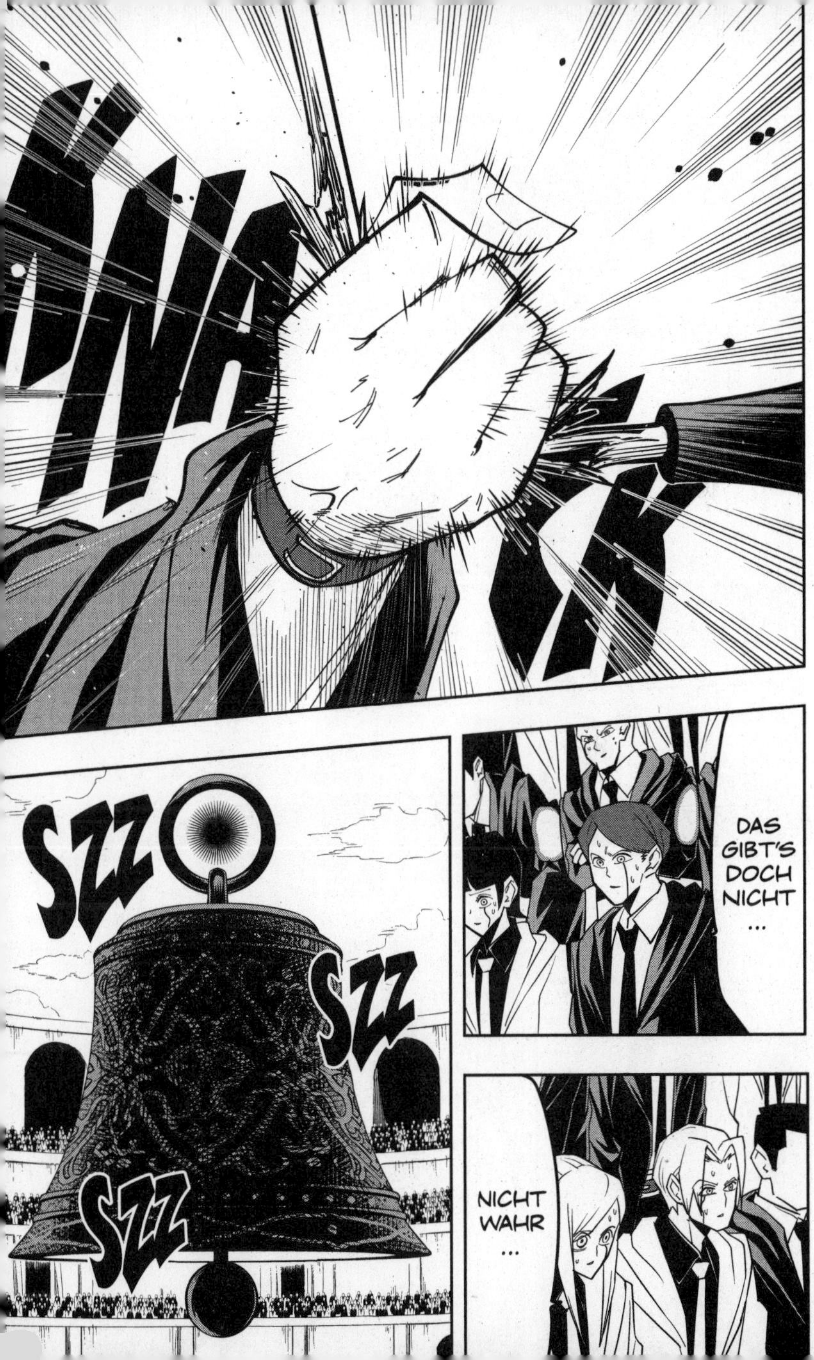
DONG
DAS GIBT'S DOCH NICHT ...
SZZ
SZZ
SZZ
NICHT WAHR ...

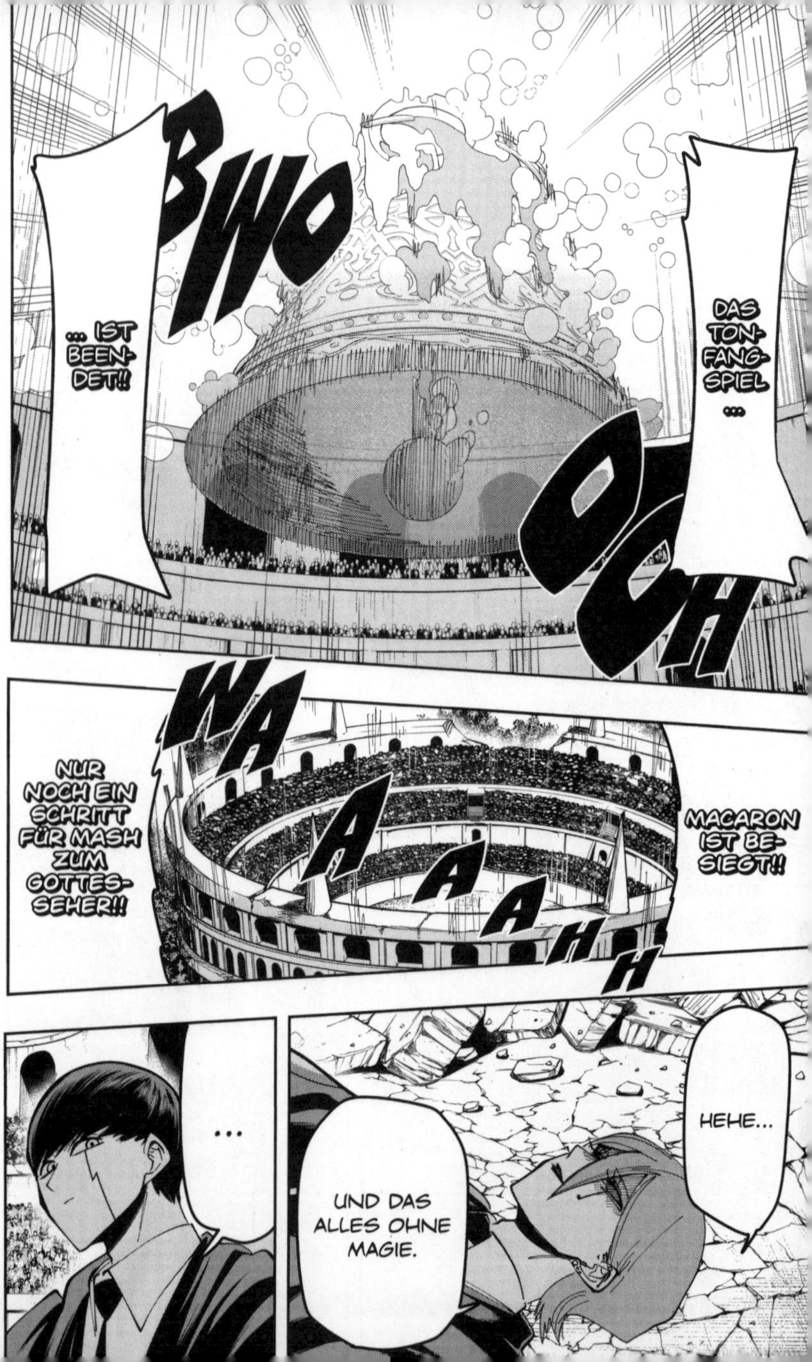
DAS TON-FANG-SPIEL ...
BWO
OOH
... IST BEEN-DET!!
MACARON IST BE-SIEGT!!
NUR NOCH EIN SCHRITT FÜR MASH ZUM GOTTES-SEHER!!
WAAAAHH
HEHE...
UND DAS ALLES OHNE MAGIE.
...

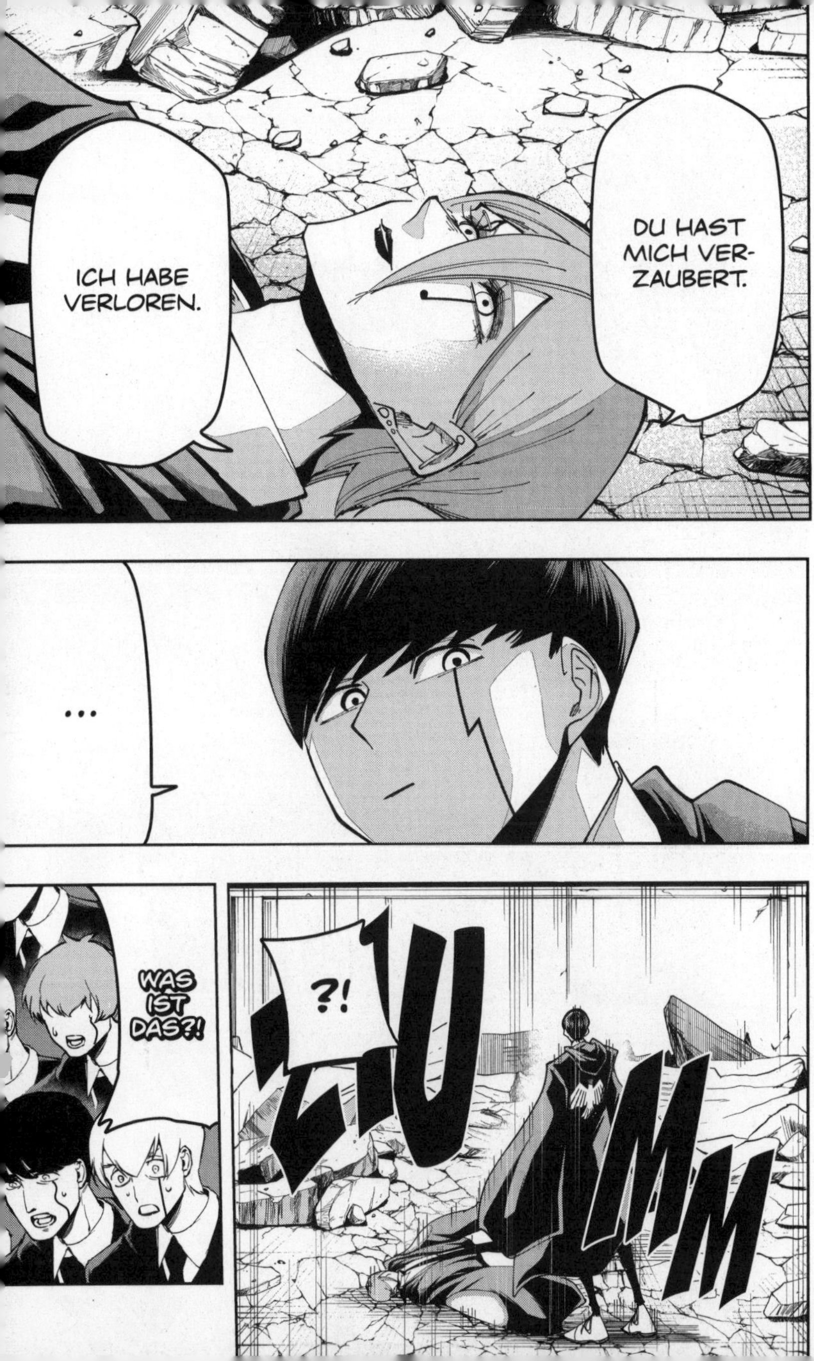
DU HAST MICH VER-ZAUBERT.
ICH HABE VERLOREN.
...
?!
ZUMM
WAS IST DAS?!

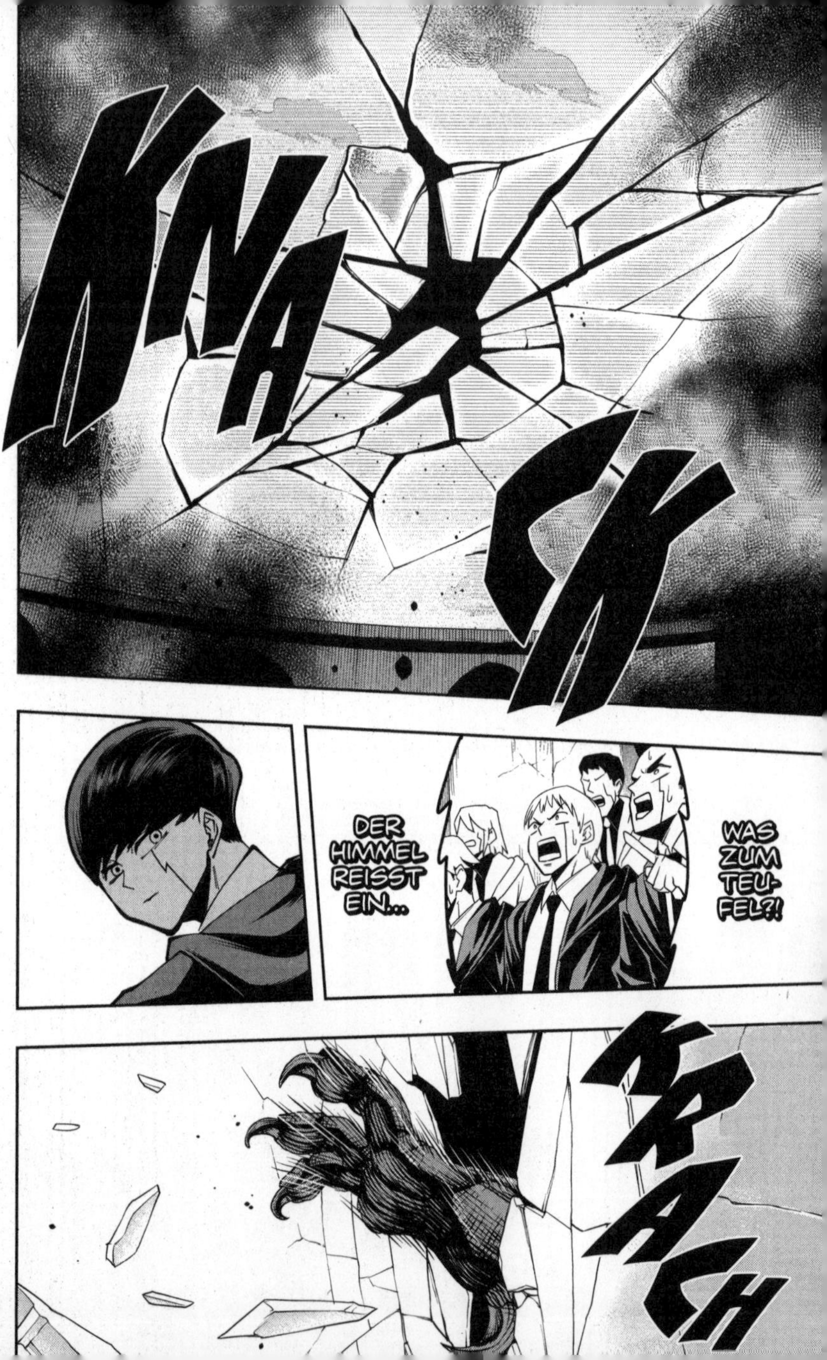
KNACK
WAS ZUM TEU-FEL?!
DER HIMMEL REISST EIN...
KRACH

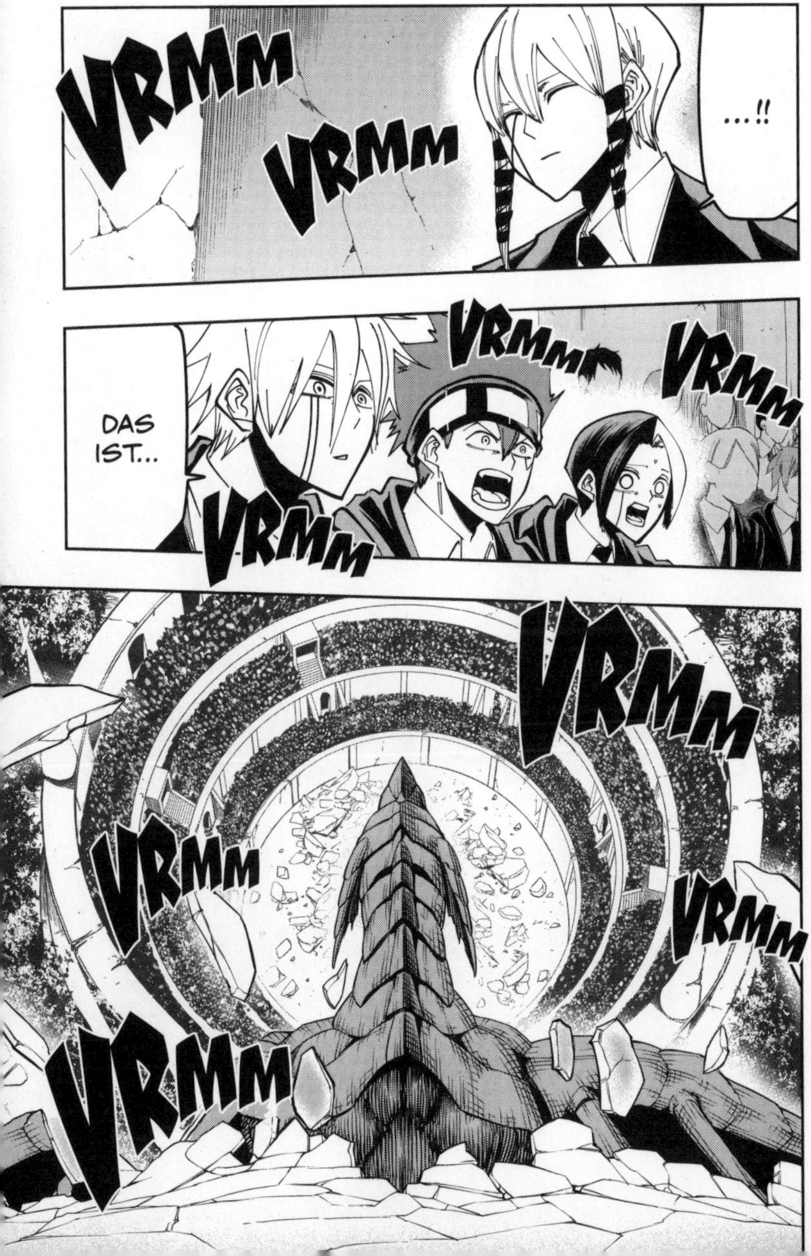

...!!
VRMM
VRMM
VRMM
VRMM
DAS IST...
VRMM
VRMM
VRMM
VRMM
VRMM

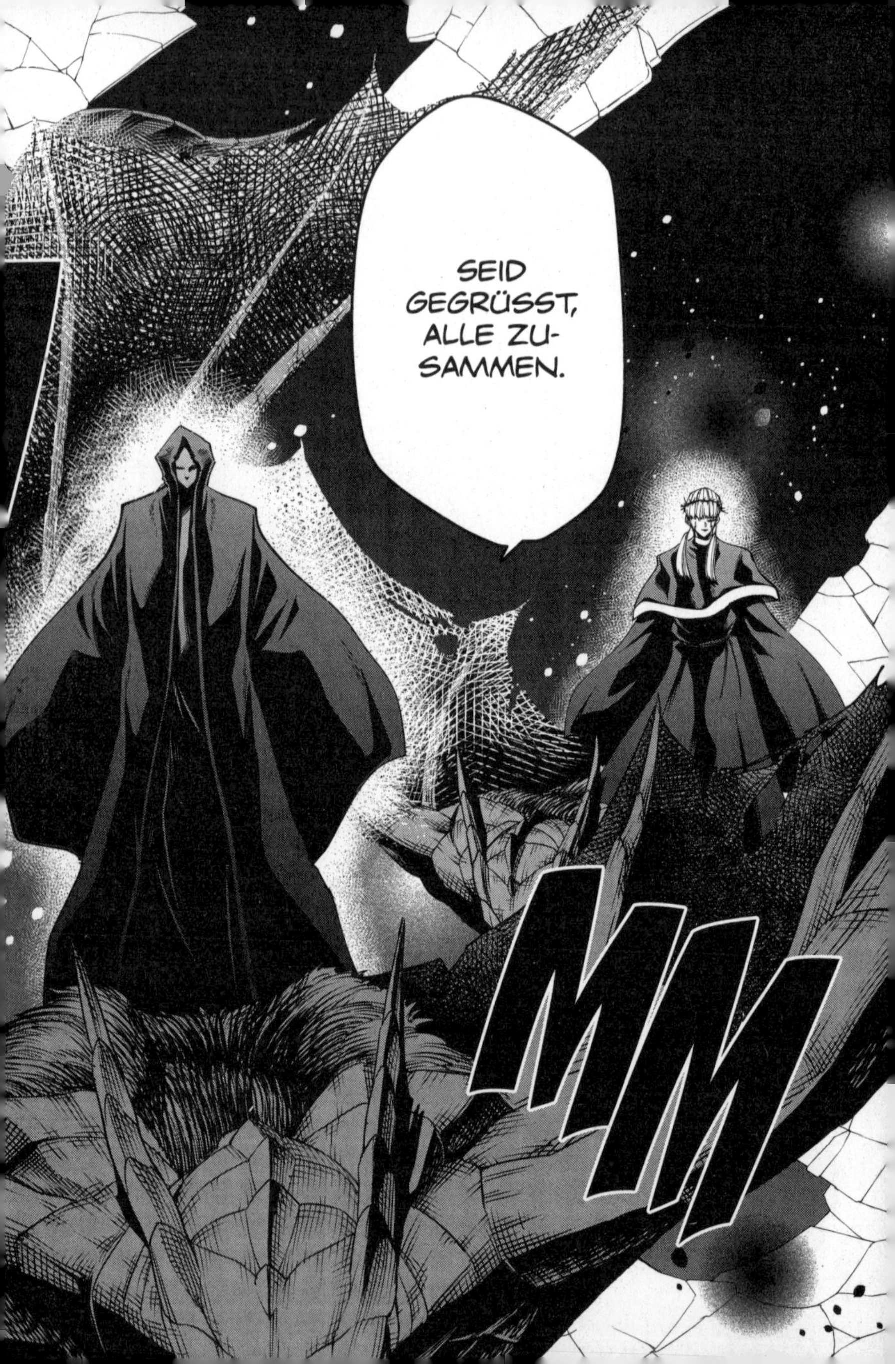
SEID GEGRÜSST, ALLE ZUSAMMEN.
MMM

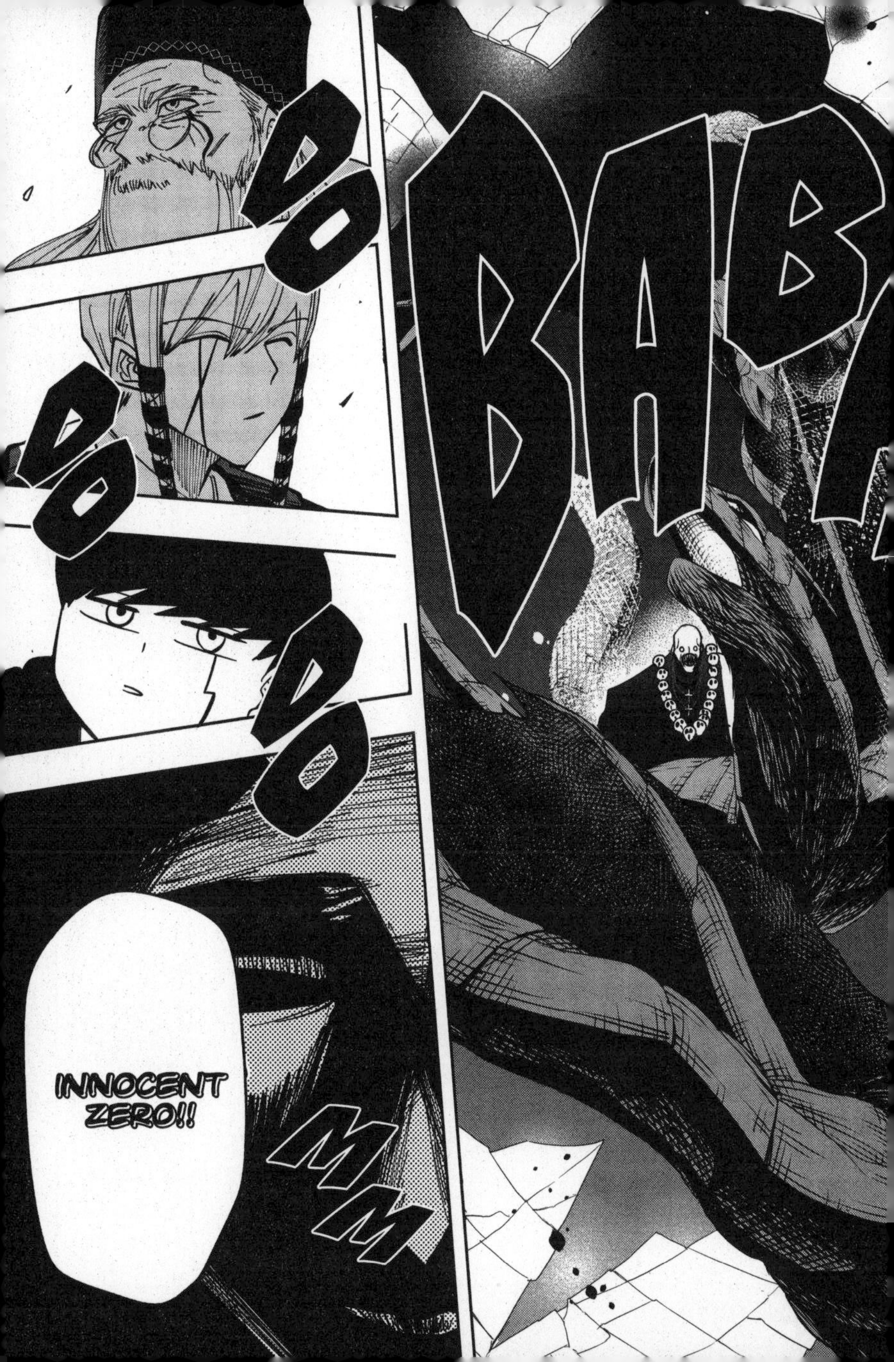
DO
DO
DO
BAB...
INNOCENT ZERO!!
MM

Extra 7

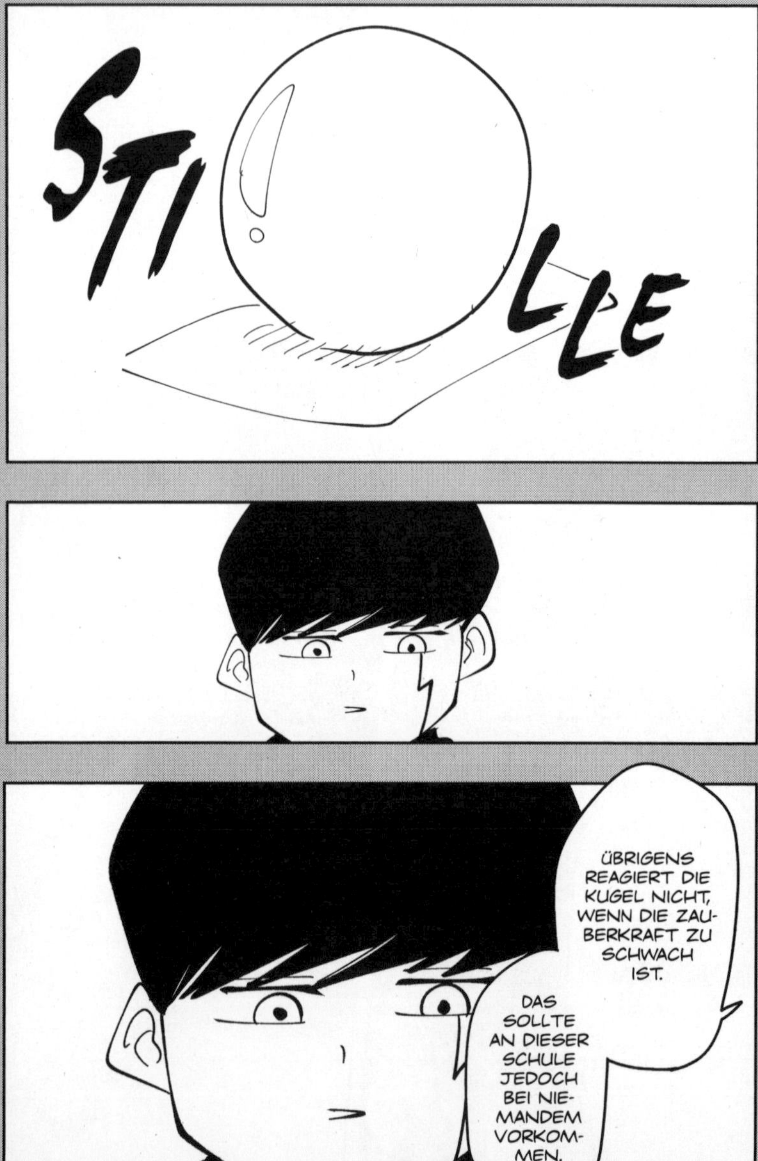

Ende des Extras

62. Kapitel Mash Burnedead und die höchst brenzliche Lage

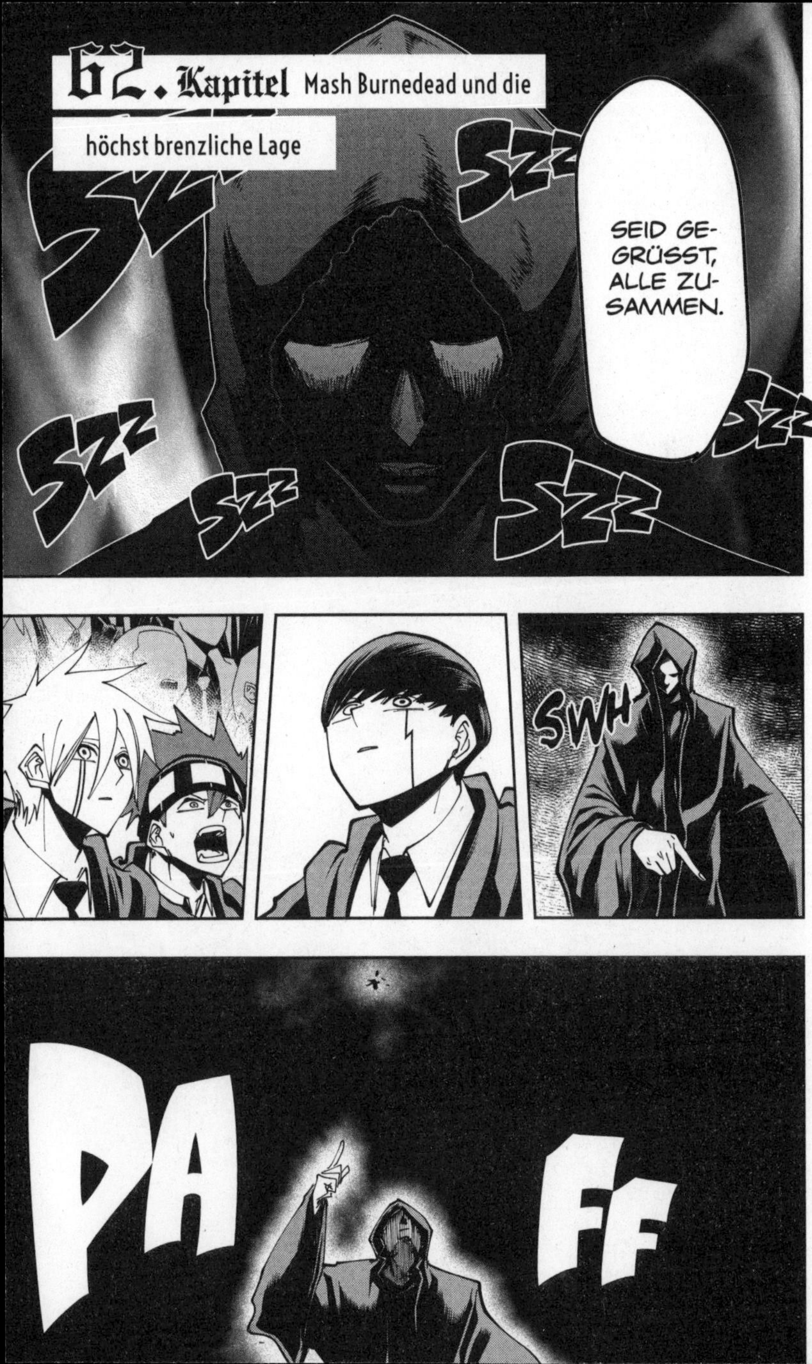

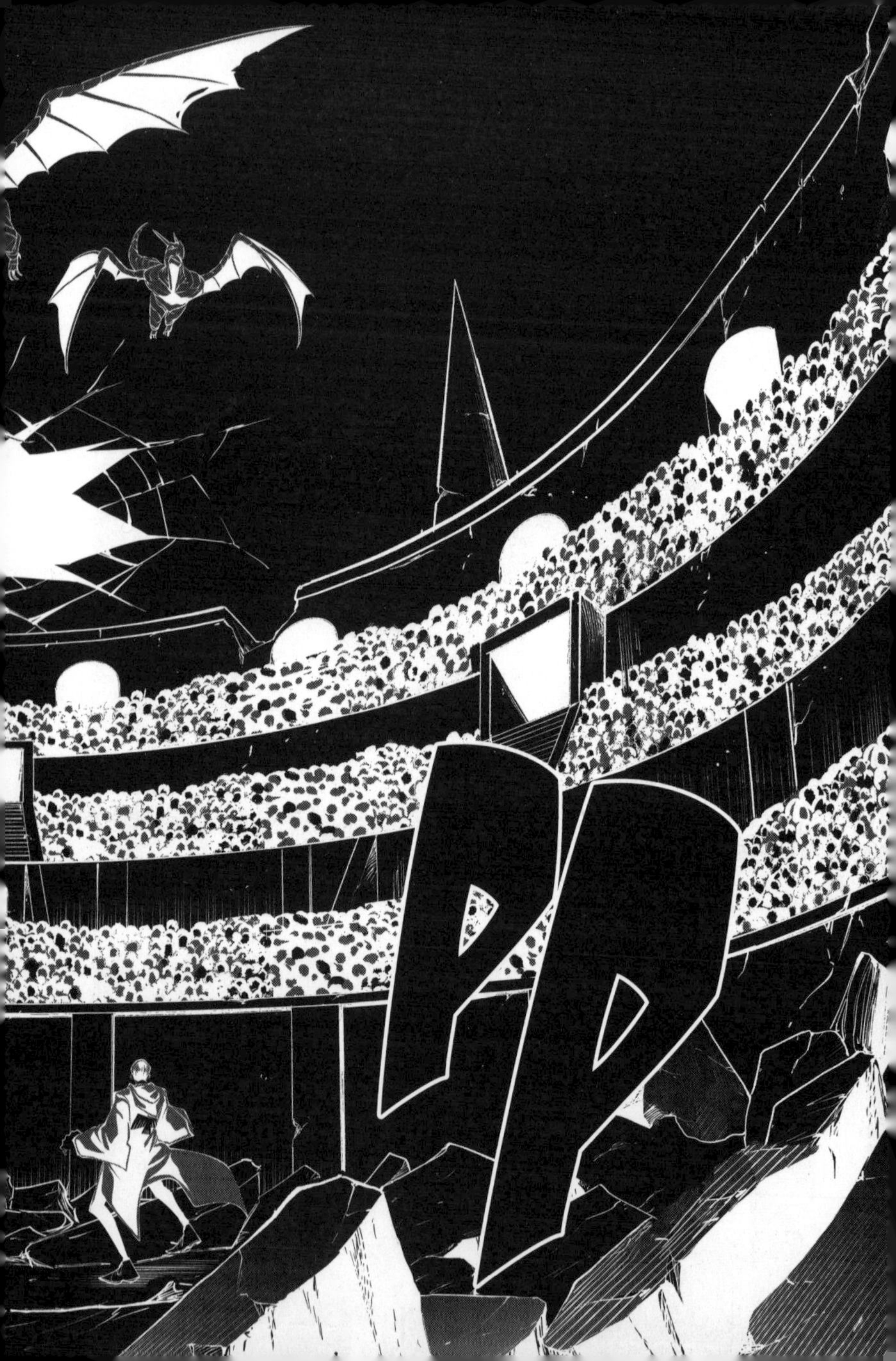

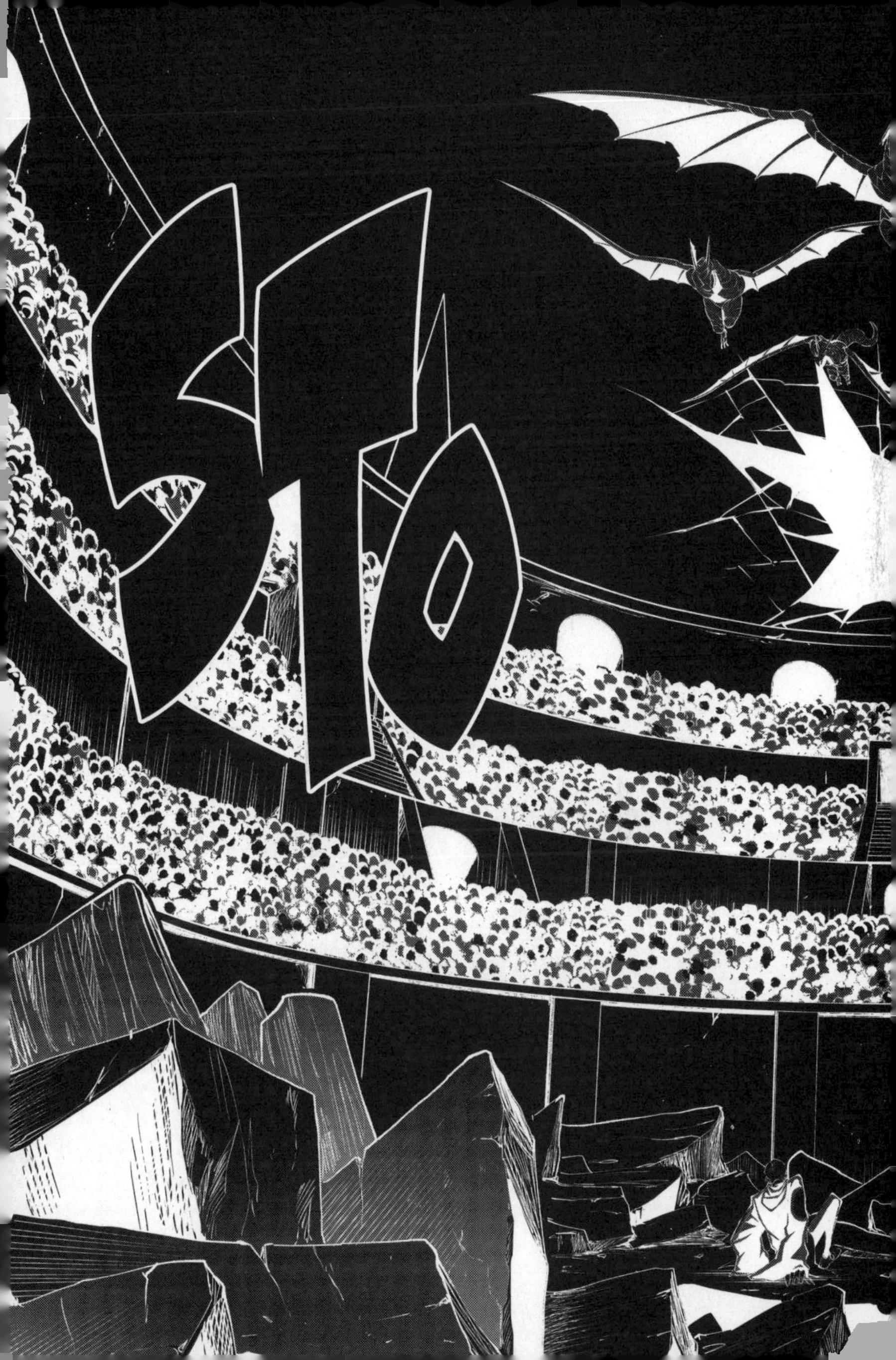

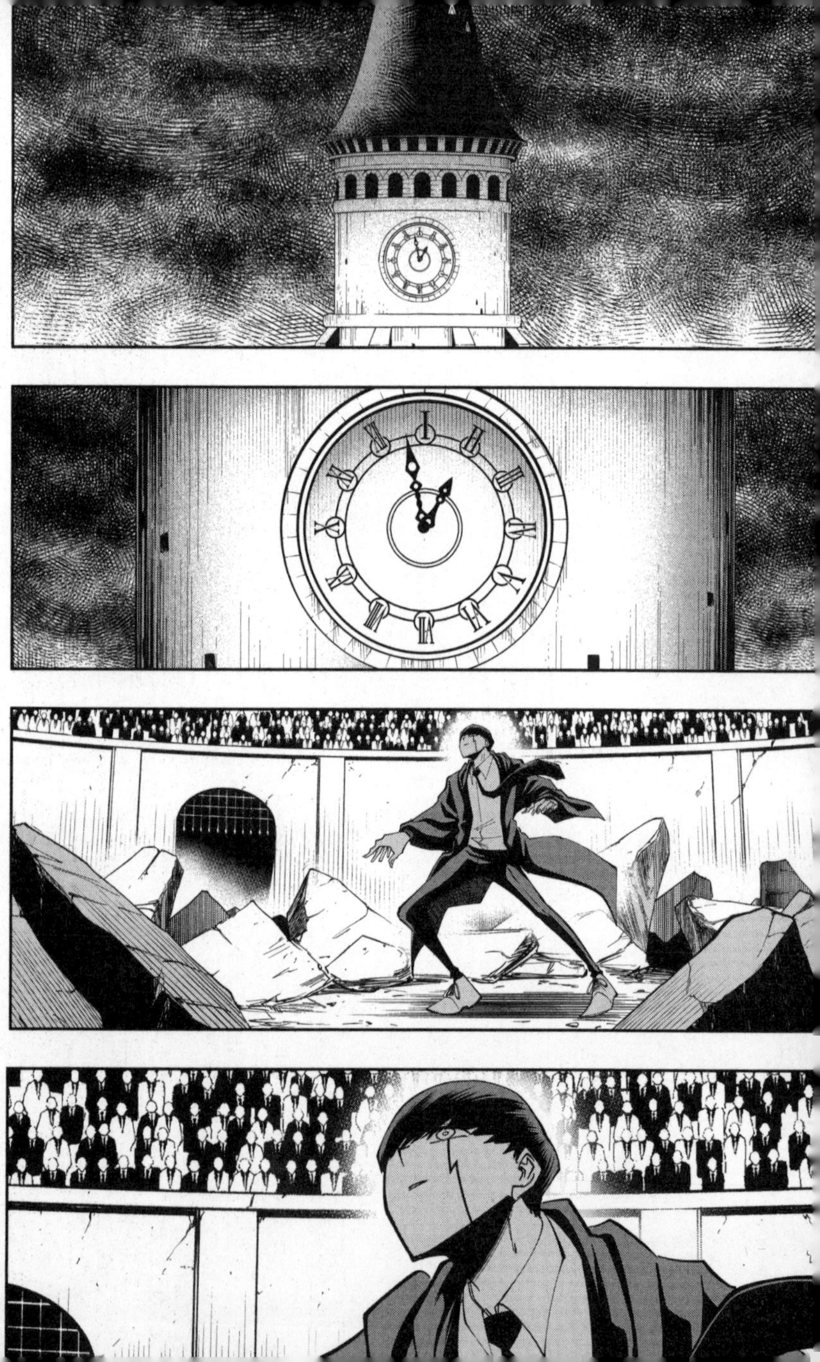

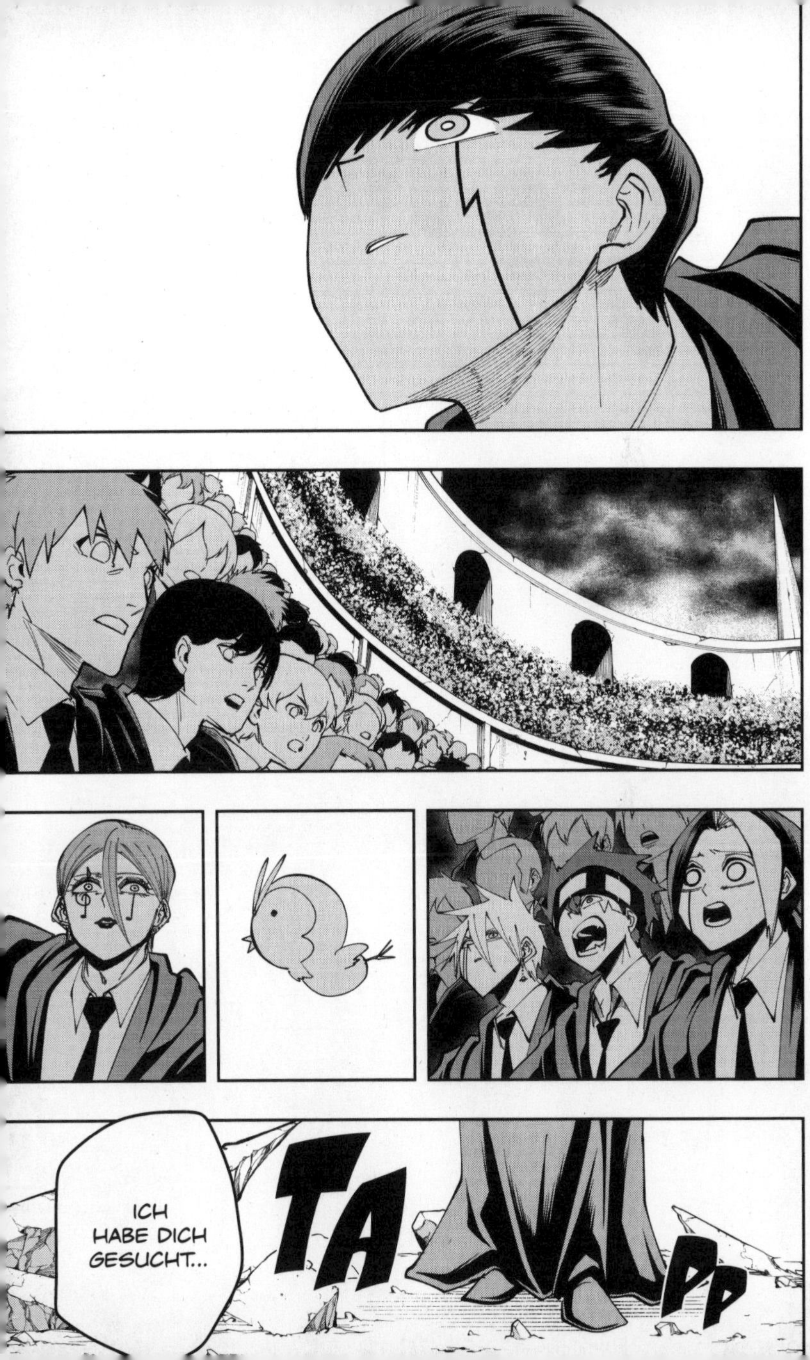
ICH HABE DICH GESUCHT...
TAPP

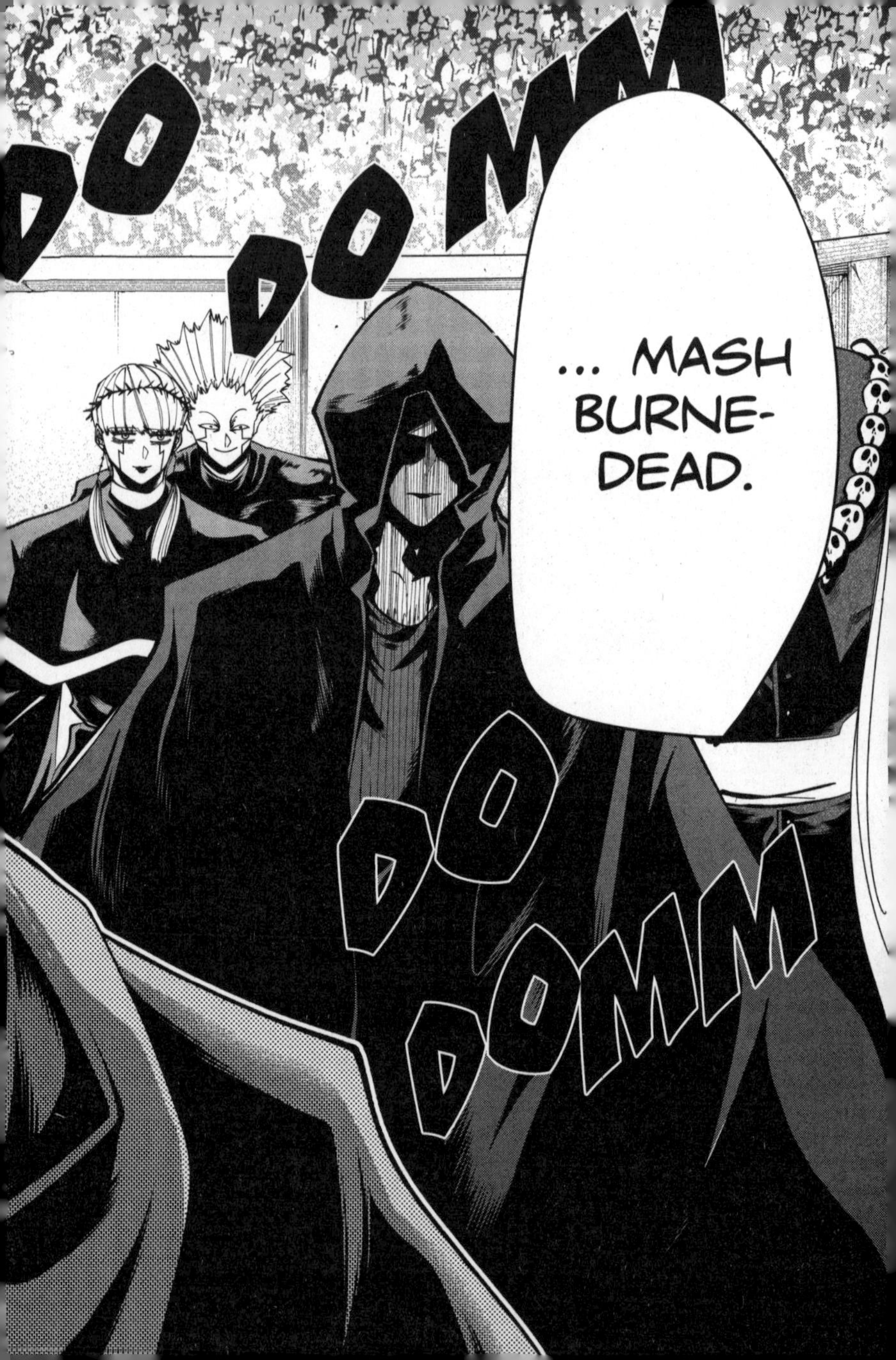
DO DO DOMM
... MASH BURNE-DEAD.
DO DOMM

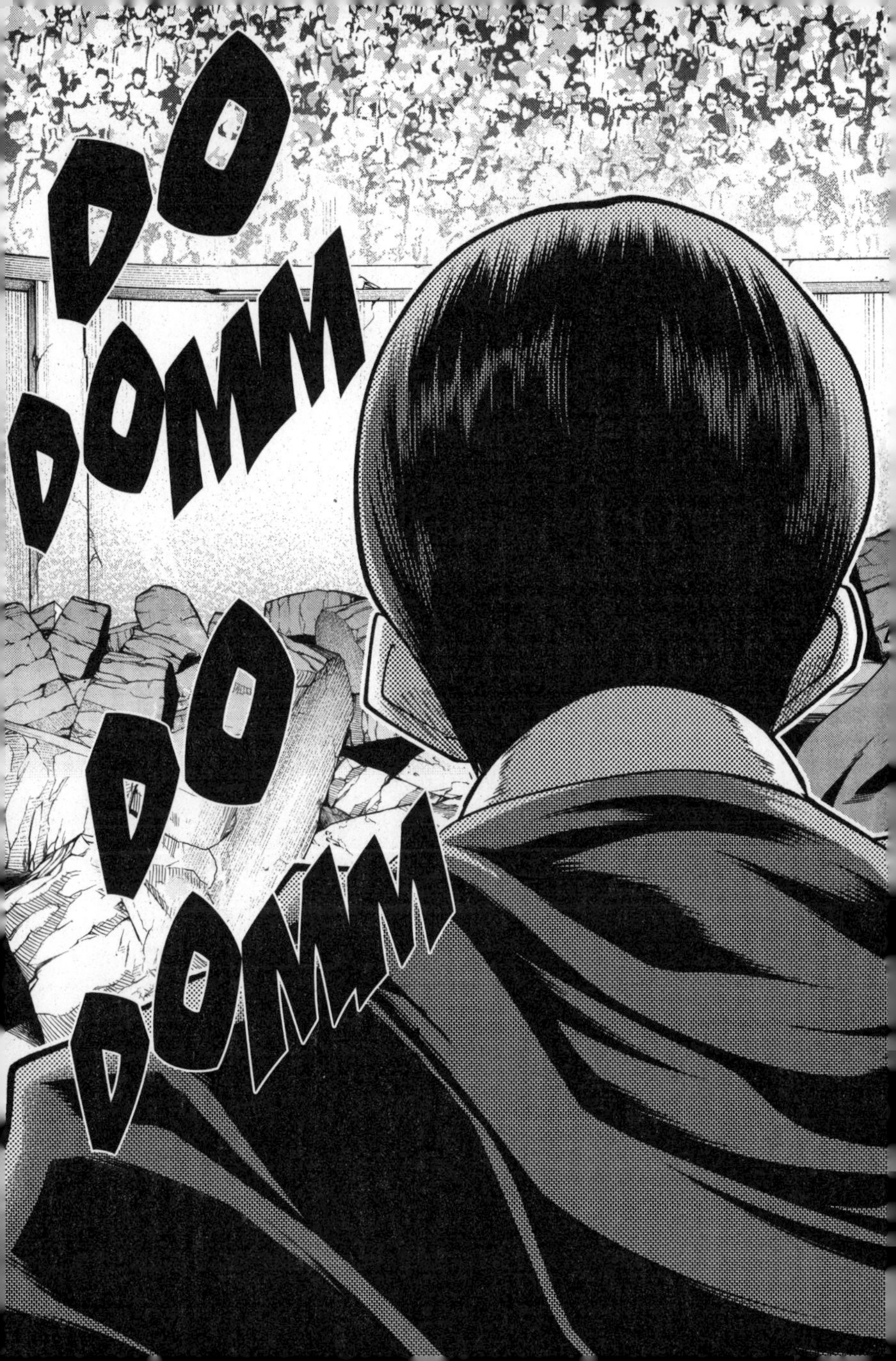
DO DOMM
DO DOMM

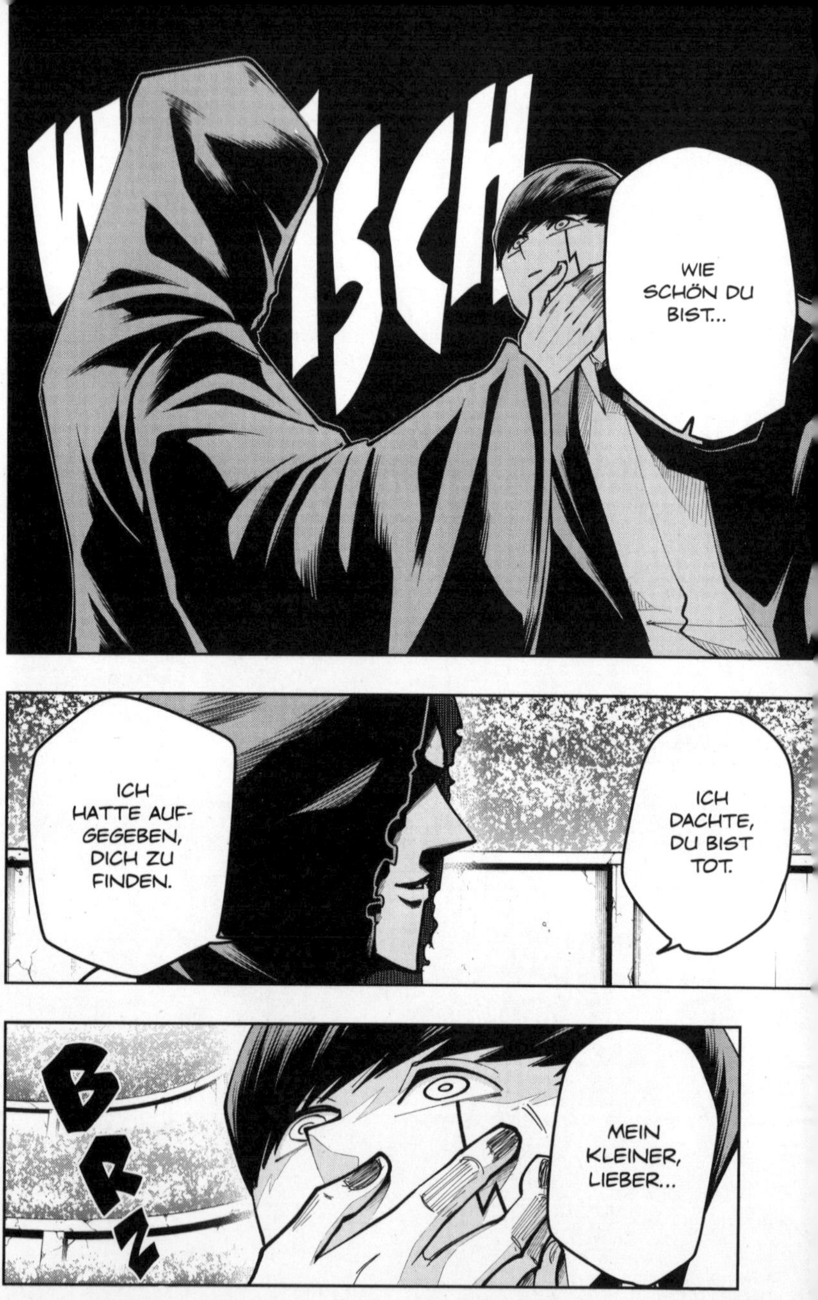
WIE SCHÖN DU BIST...
ICH DACHTE, DU BIST TOT.
ICH HATTE AUFGEGEBEN, DICH ZU FINDEN.
MEIN KLEINER, LIEBER...
BRZ

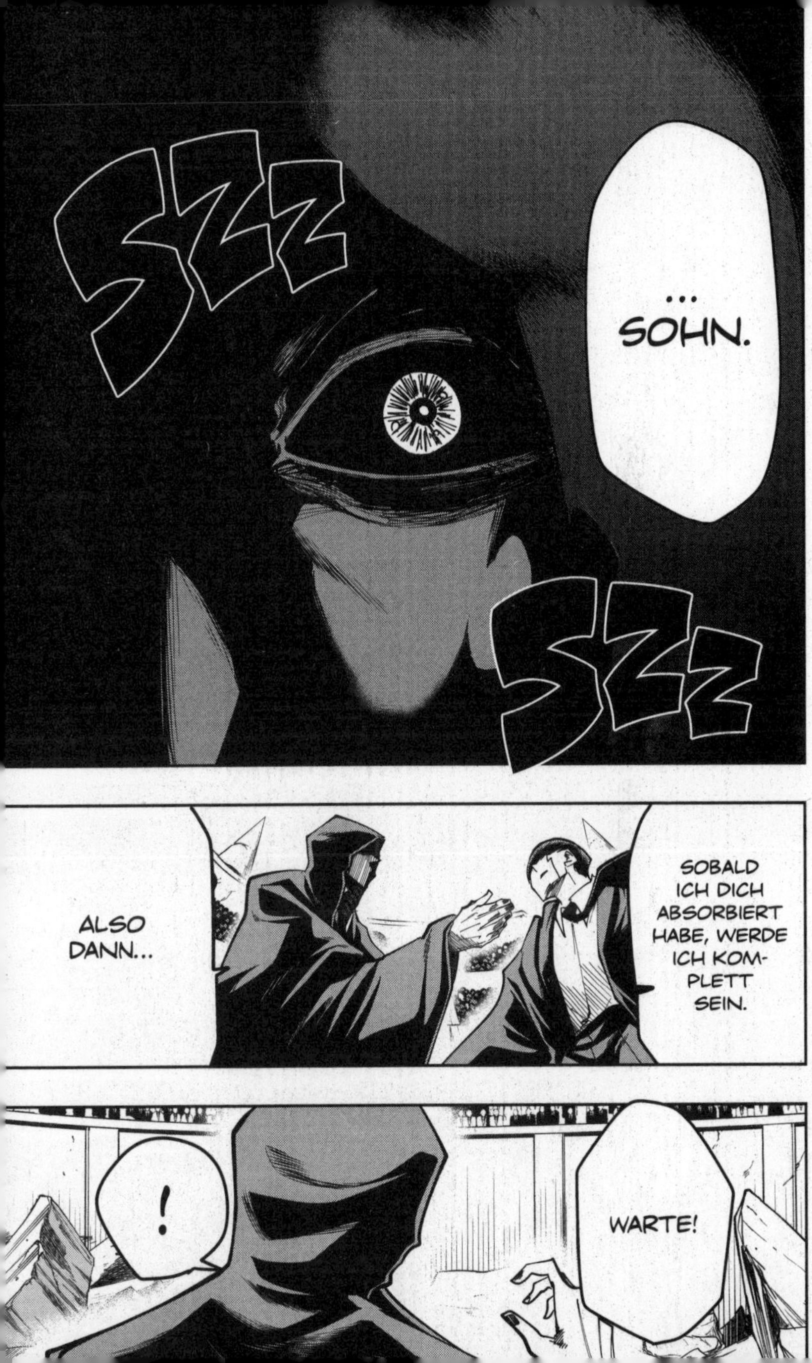
SZZ
...SOHN.
SZZ
SOBALD ICH DICH ABSORBIERT HABE, WERDE ICH KOM-PLETT SEIN.
ALSO DANN...
WARTE!
!

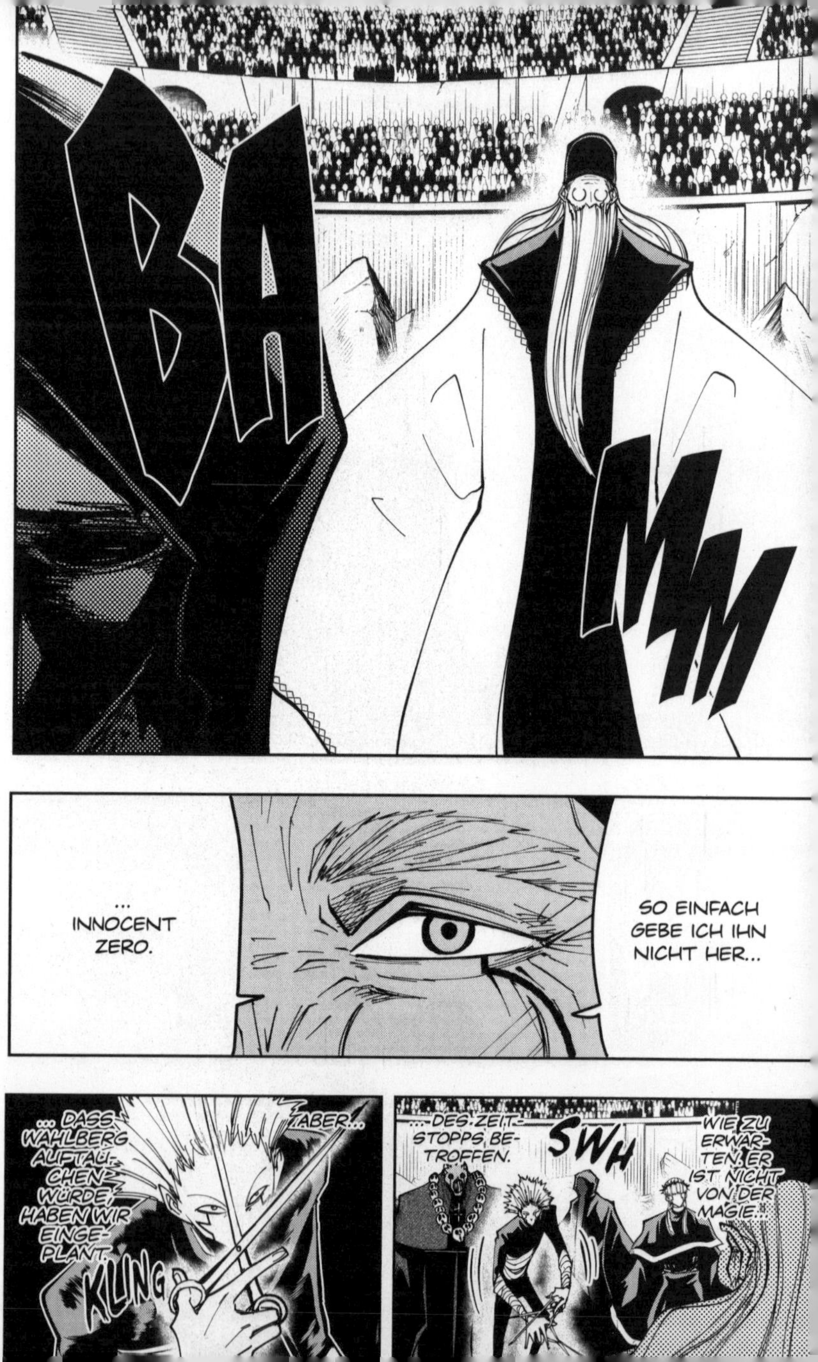
BA
MM
SO EINFACH GEBE ICH IHN NICHT HER...
... INNOCENT ZERO.
WIE ZU ERWARTEN. ER IST NICHT VON DER MAGIE...
SWH
...DES ZEITSTOPPS BETROFFEN.
ABER...
... DASS WAHLBERG AUFTAUCHEN WÜRDE, HABEN WIR EINGEPLANT.
KLING

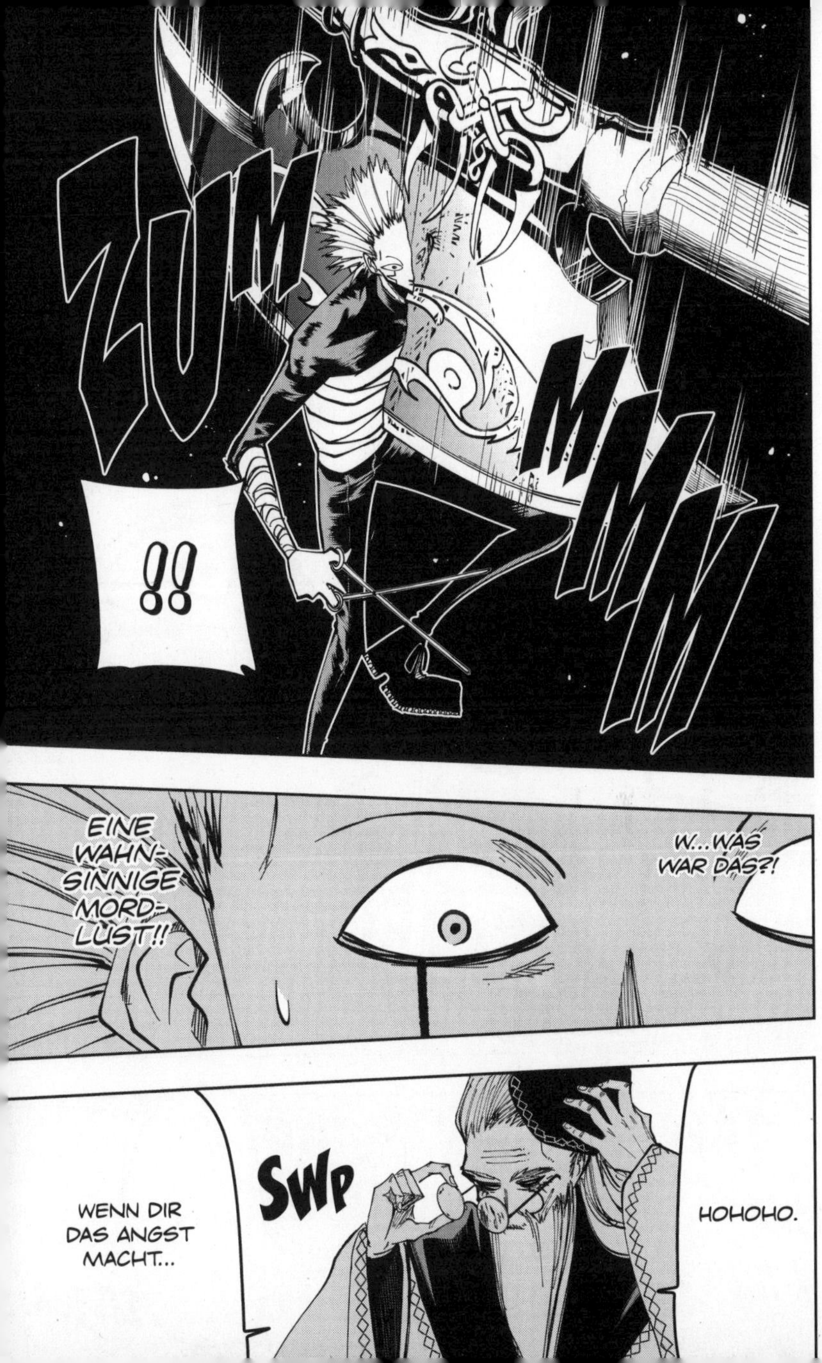
ZUMMMMM
!!
W...WAS WAR DAS?!
EINE WAHN-SINNIGE MORD-LUST!!
HOHOHO.
SWP
WENN DIR DAS ANGST MACHT...

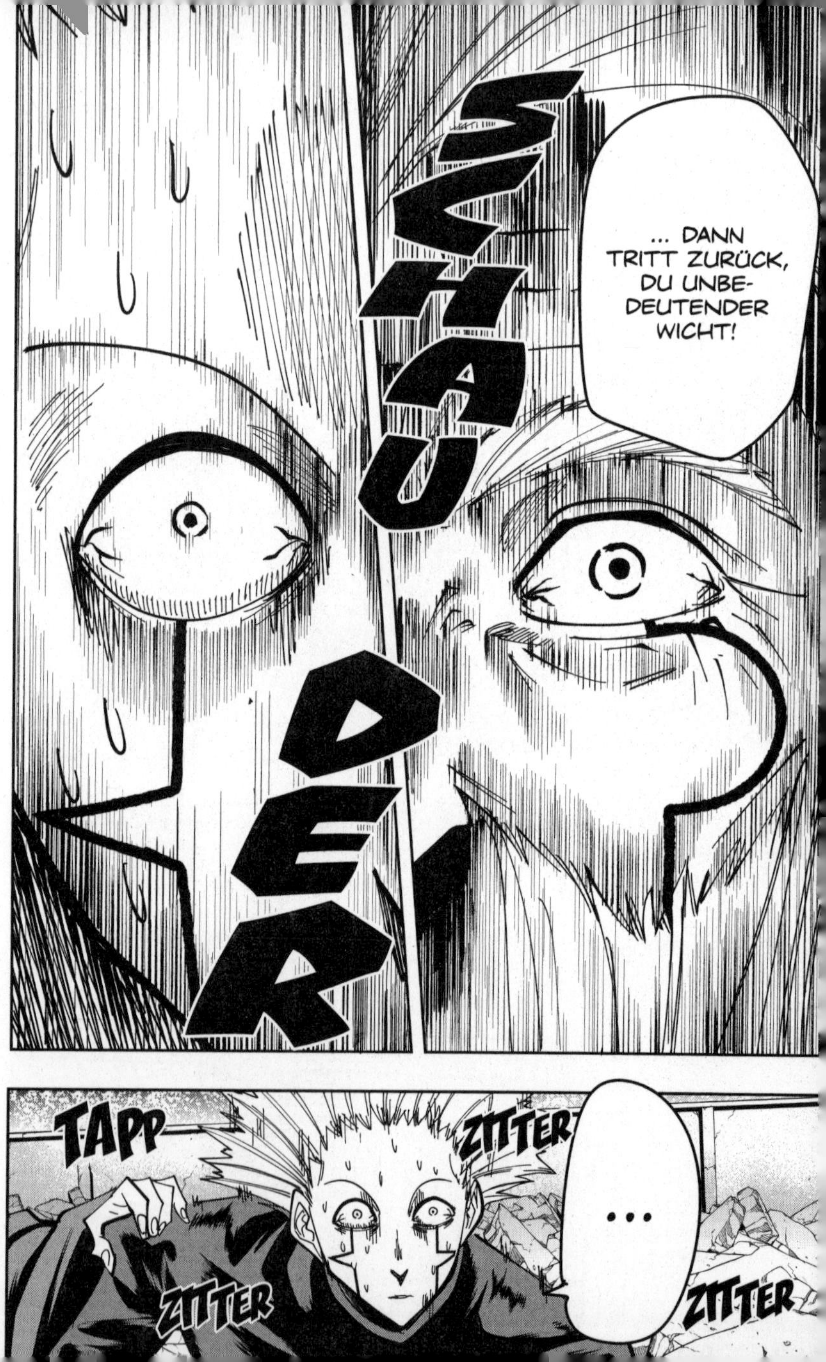

SCHAUDER
... DANN TRITT ZURÜCK, DU UNBEDEUTENDER WICHT!
TAPP
ZITTER
...
ZITTER
ZITTER

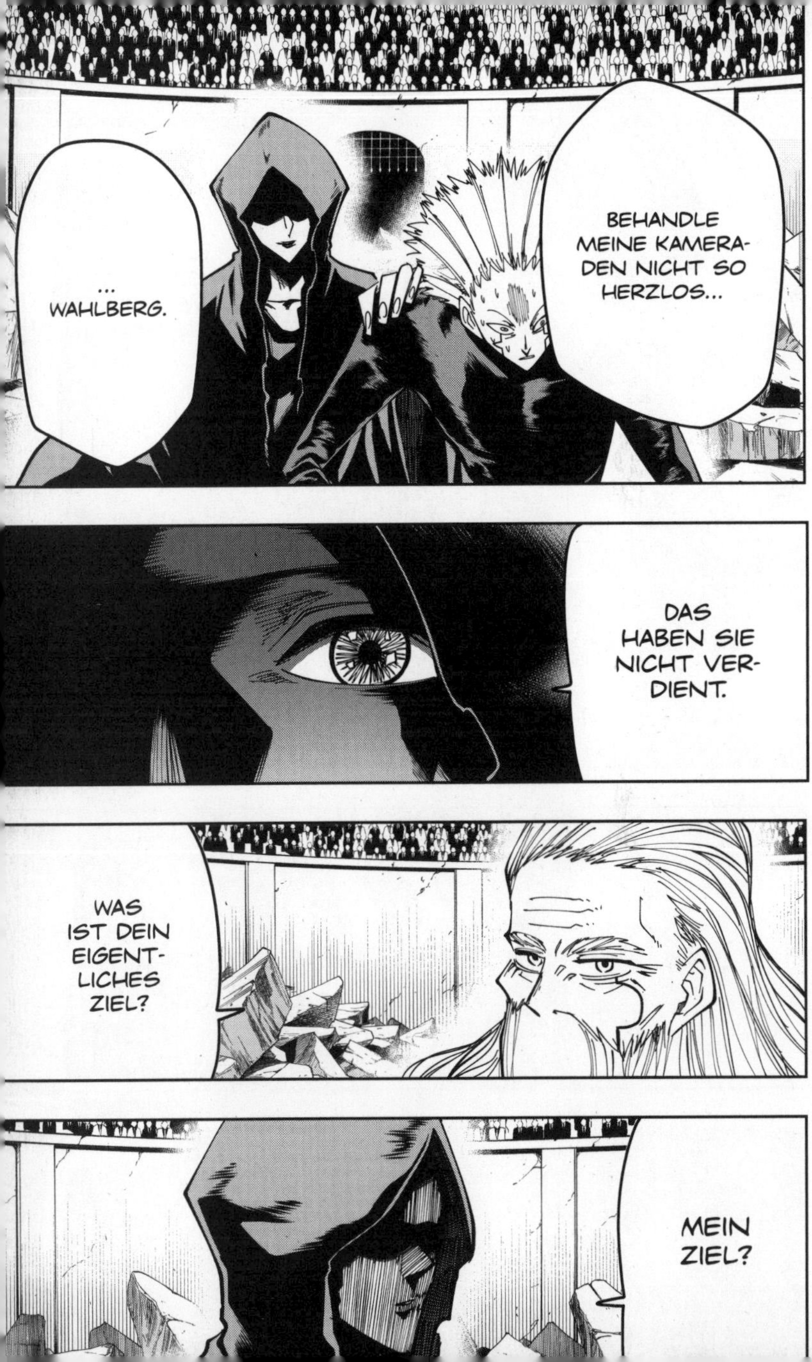

BEHANDLE MEINE KAMERADEN NICHT SO HERZLOS...
... WAHLBERG.
DAS HABEN SIE NICHT VERDIENT.
WAS IST DEIN EIGENTLICHES ZIEL?
MEIN ZIEL?

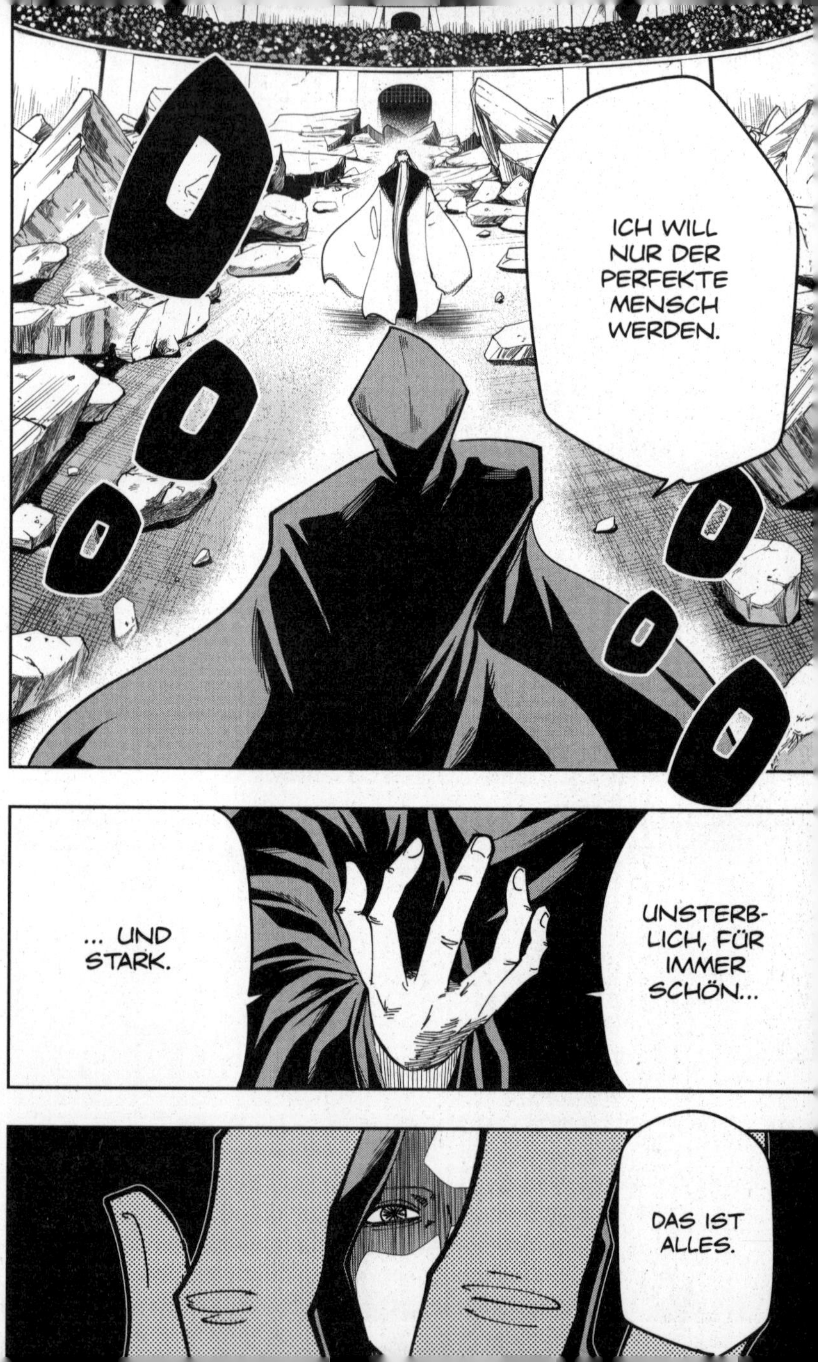
ICH WILL NUR DER PERFEKTE MENSCH WERDEN.
UNSTERBLICH, FÜR IMMER SCHÖN...
... UND STARK.
DAS IST ALLES.

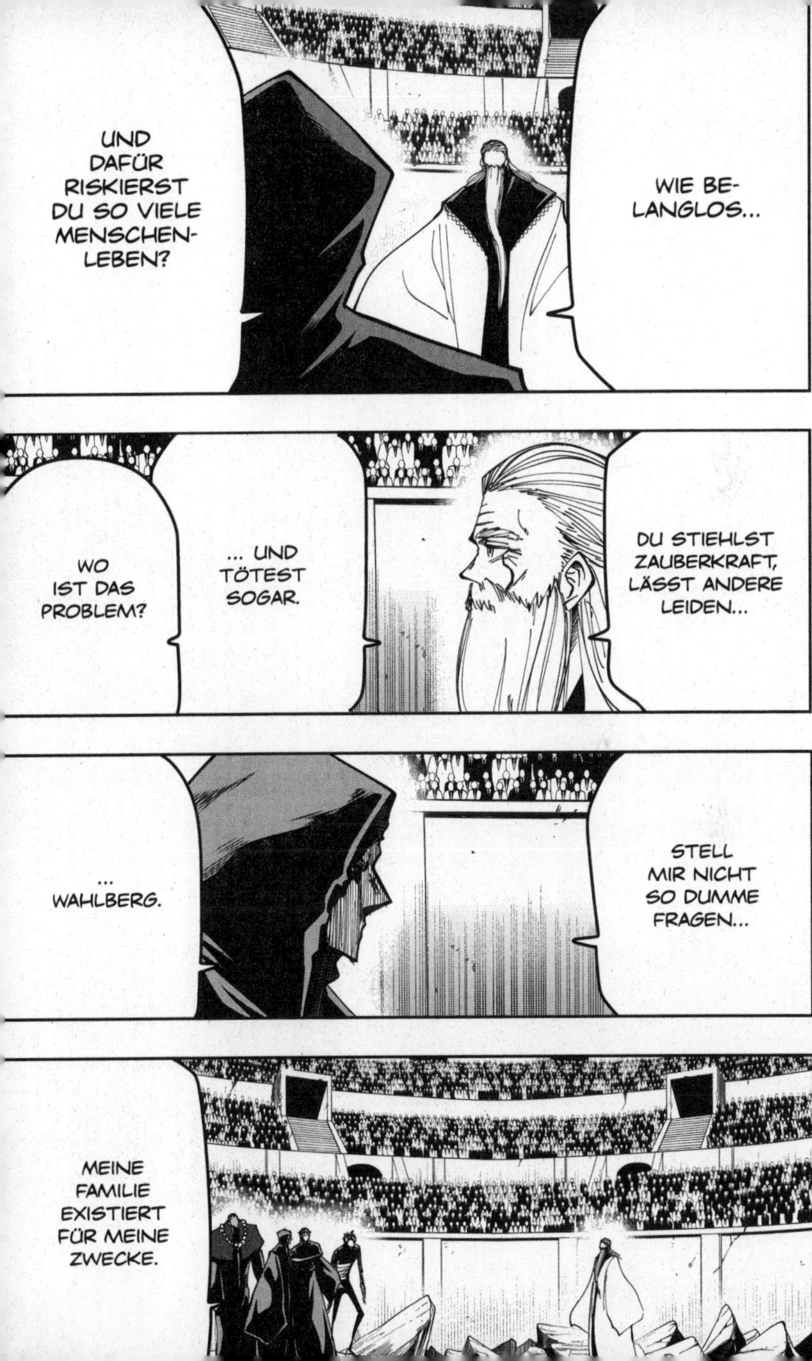
WIE BE-
LANGLOS...
UND DAFÜR RISKIERST DU SO VIELE MENSCHENLEBEN?
DU STIEHLST ZAUBERKRAFT, LÄSST ANDERE LEIDEN...
... UND TÖTEST SOGAR.
WO IST DAS PROBLEM?
STELL MIR NICHT SO DUMME FRAGEN...
... WAHLBERG.
MEINE FAMILIE EXISTIERT FÜR MEINE ZWECKE.

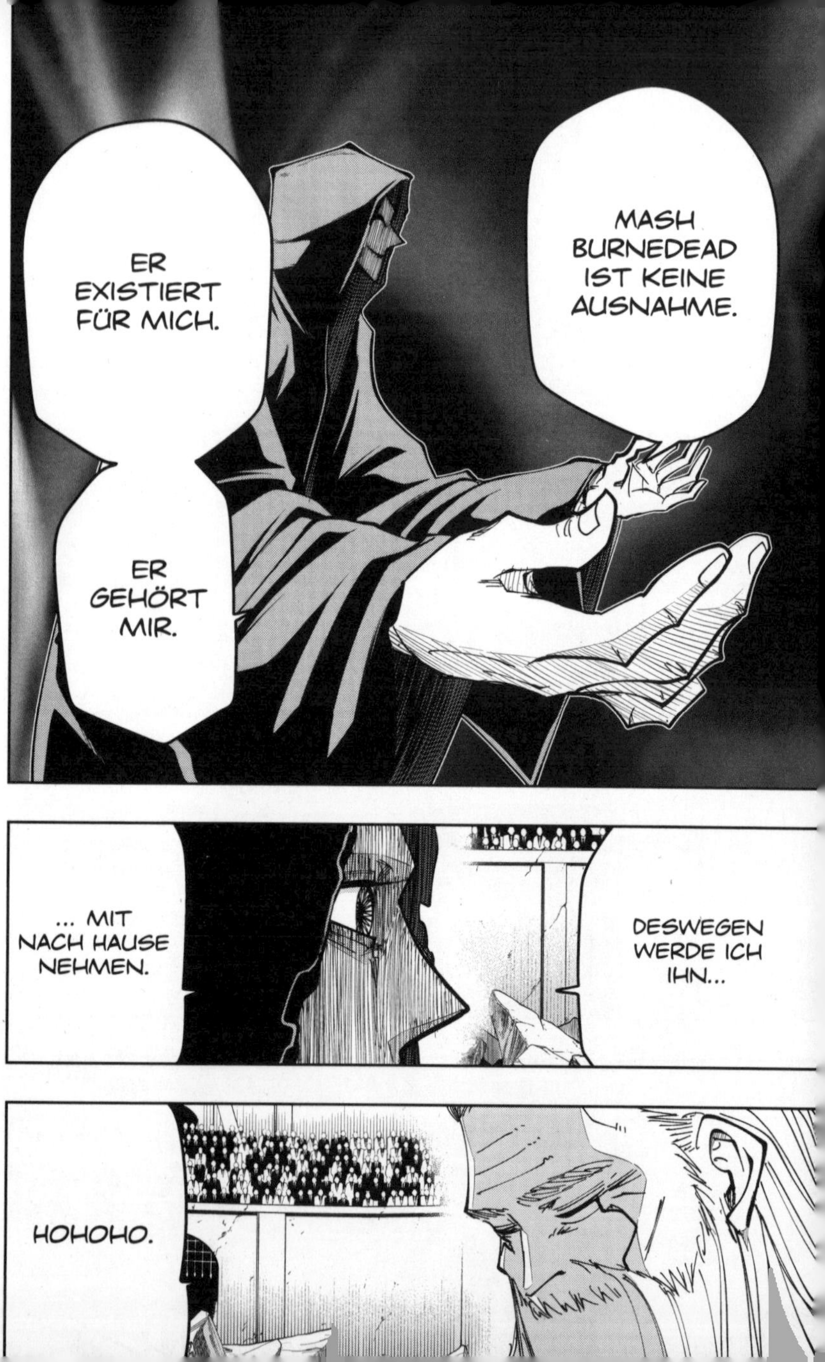
MASH BURNEDEAD IST KEINE AUSNAHME.
ER EXISTIERT FÜR MICH.
ER GEHÖRT MIR.
DESWEGEN WERDE ICH IHN...
... MIT NACH HAUSE NEHMEN.
HOHOHO.

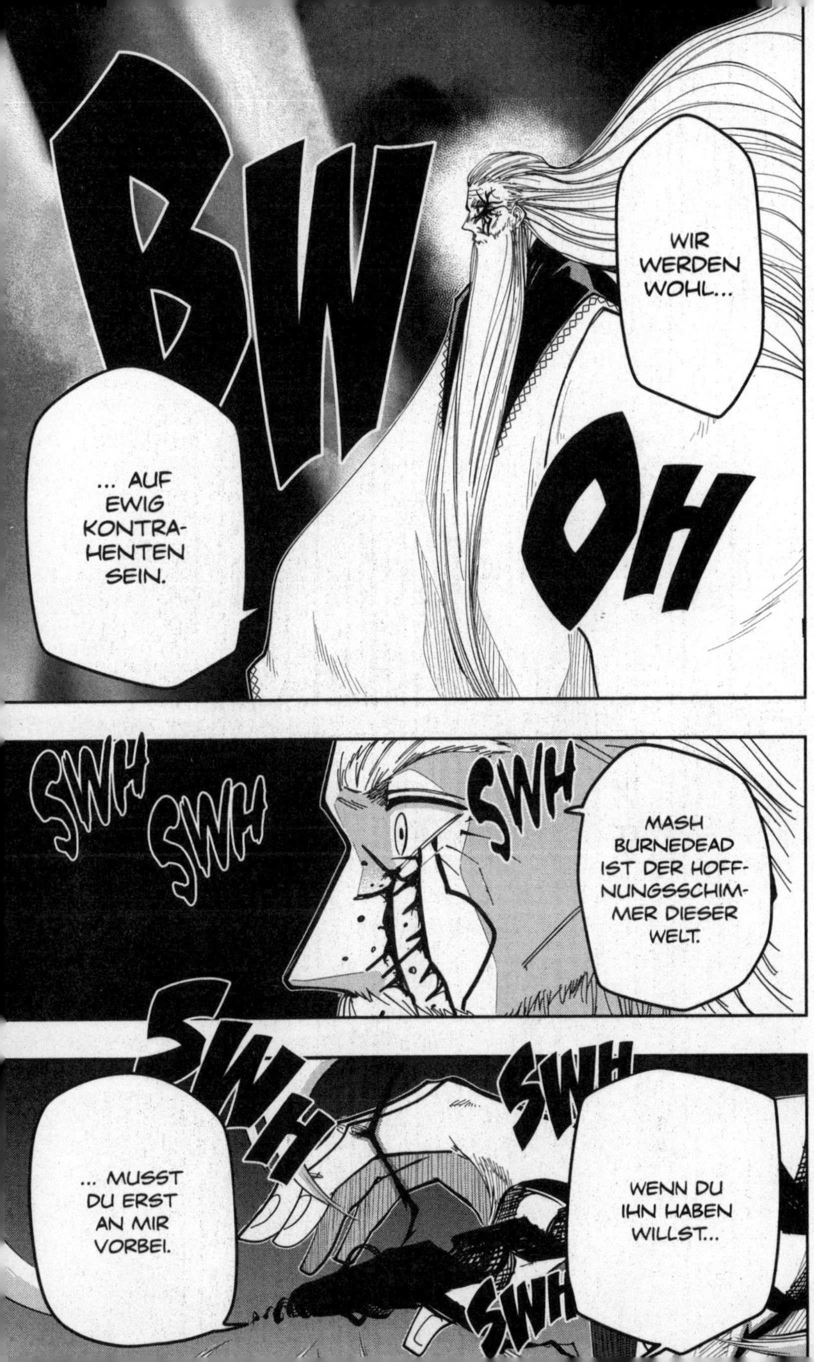
WIR WERDEN WOHL...
BWOH
... AUF EWIG KONTRA-HENTEN SEIN.
SWH SWH SWH
MASH BURNEDEAD IST DER HOFF-NUNGSSCHIM-MER DIESER WELT.
SWH SWH SWH
WENN DU IHN HABEN WILLST...
... MUSST DU ERST AN MIR VORBEI.

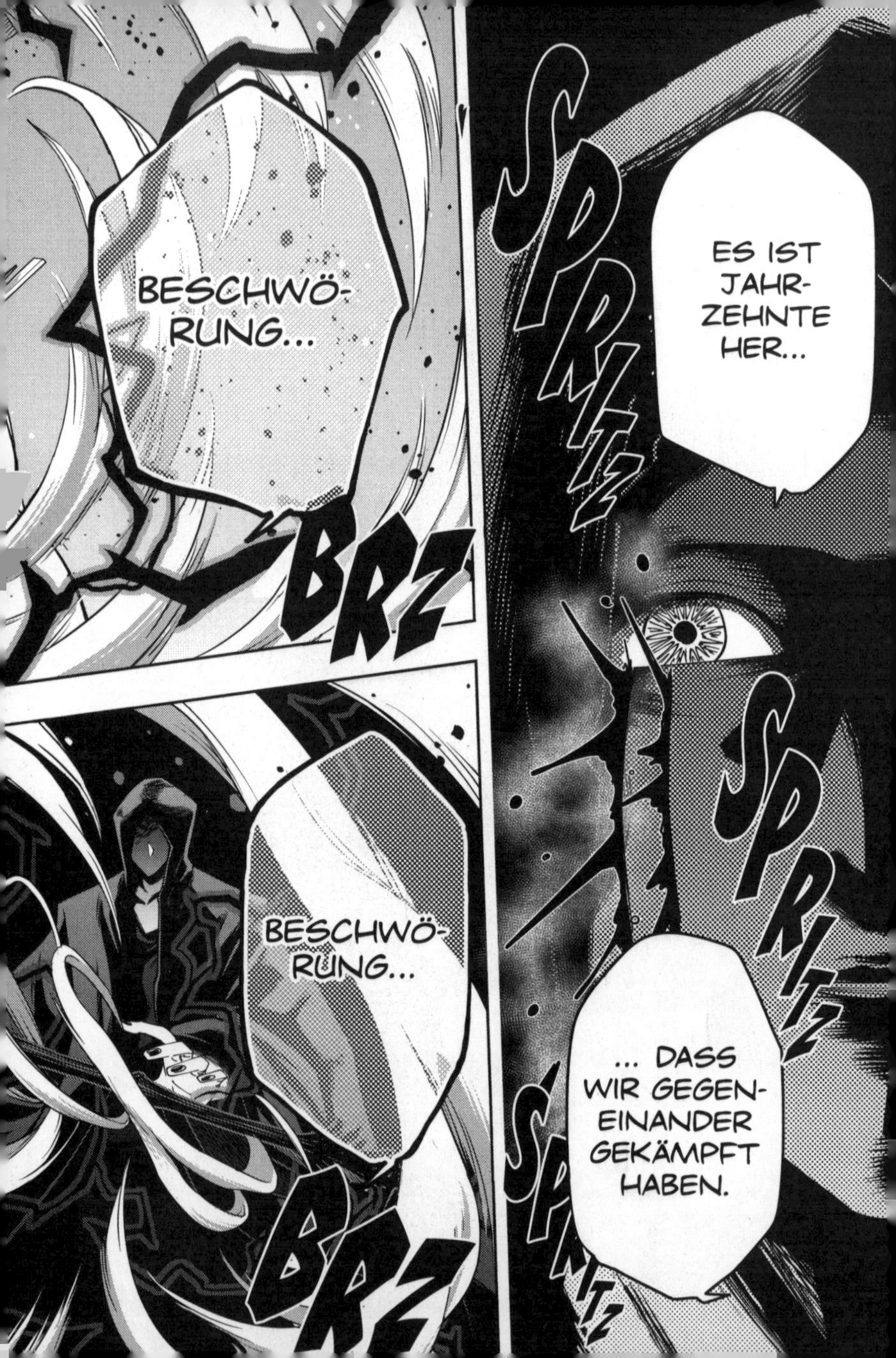
SPRITZ
ES IST JAHRZEHNTE HER...
SPRITZ
... DASS WIR GEGENEINANDER GEKÄMPFT HABEN.
SPRITZ
BESCHWÖRUNG...
BRZ
BESCHWÖRUNG...
BRZ

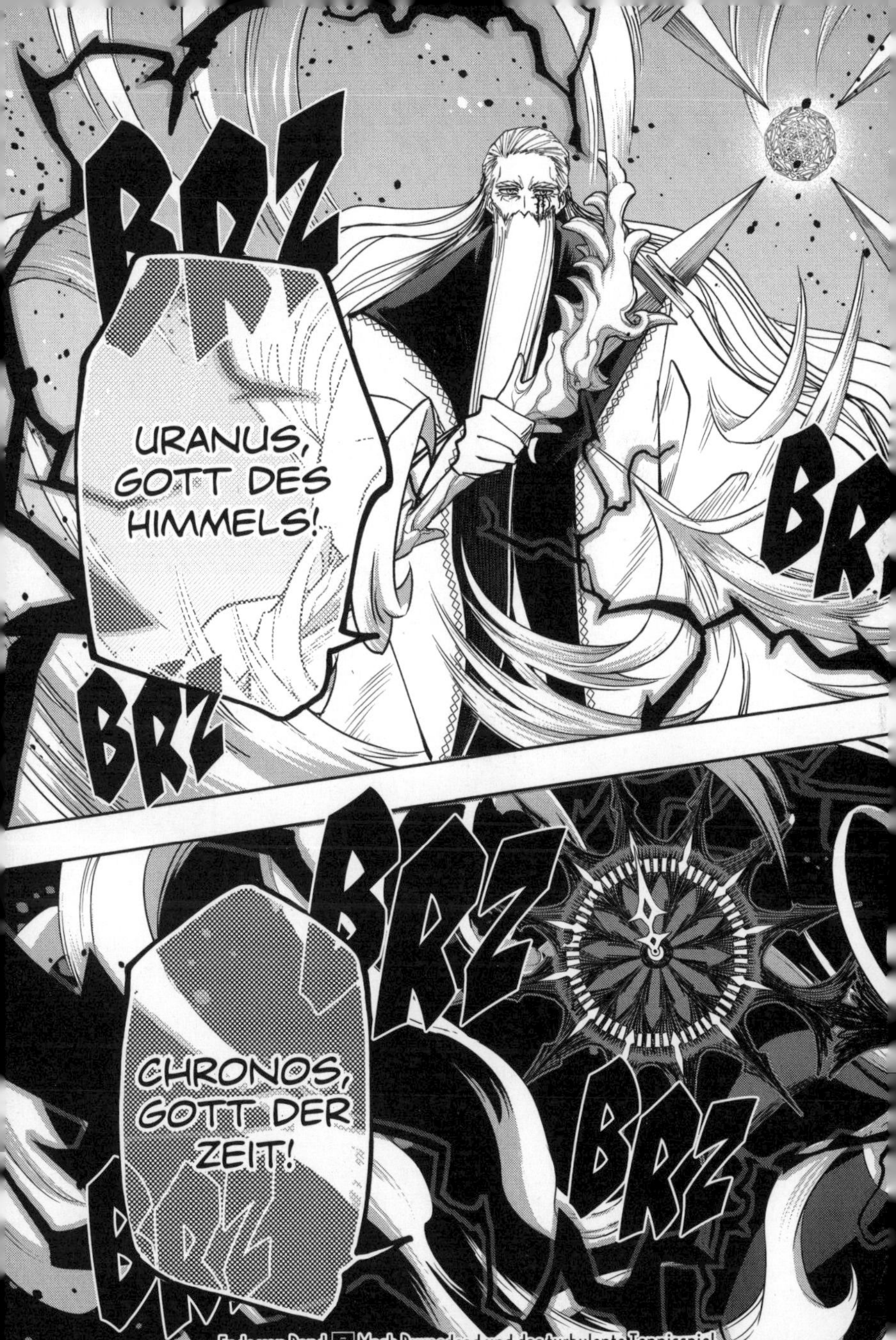

Ende von Band 7 Mash Burnedead und das turbulente Tennisspiel

reiche Serien

Boruto

von Masashi Kishimoto, Ukyo Kodachi und Mikio Ikemoto

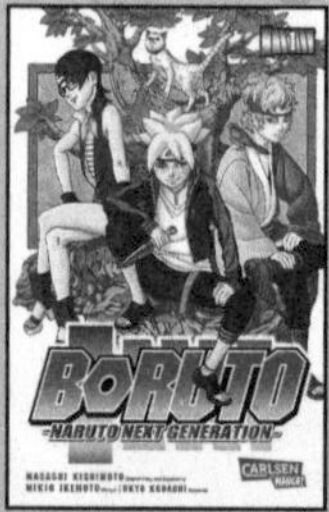

Narutos Sohn Boruto gilt als Wunderkind und ist genauso rebellisch wie einst sein Vater. Er bittet Sasuke ihn zu trainieren, um ein besserer Ninja als Naruto zu werden…

Naruto

von Masashi Kishimoto

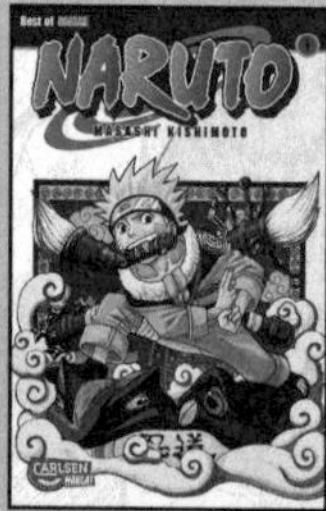

Naruto will der beste Ninja der Welt werden. Weil in ihm ein mächtiges Geheimnis schlummert, wird er von vielen bösen und gefährlichen Ninja verfolgt…

Fairy Tail

von Hiro Mashima

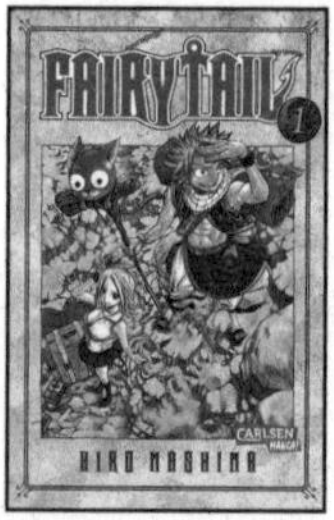

Verrückte Magier, geflügelte Katzen und gefährliche Monster – das ist die Welt von »Fairy Tail«. So nennt sich eine Gilde von sympathischen Outlaws, die mit ihren Zauberkünsten gegen das Böse in der Welt kämpfen, dabei aber mehr als einmal über das Ziel hinausschießen.

Edens Zero

von Hiro Mashima

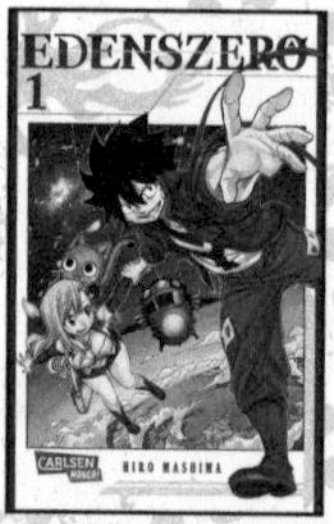

Im Reich der Träume, dem Vergnügungspark Granbell, lebt Shiki allein unter Robotern, doch dann treffen die ersten Gäste seit 100 Jahren ein: Rebecca und ihre blaue Katze Happy. Die drei verstehen sich auf Anhieb gut und werden Freunde… Allerdings birgt dieses kleine Aufeinandertreffen große Veränderungen für ihr Schicksal!

Assassination Classroom

von Yusei Matsui

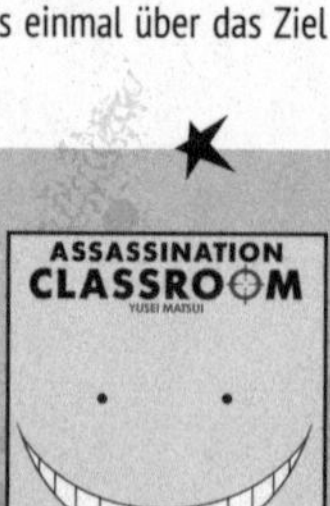

Ein übermächtiges Tentakelmonster mit Smileygesicht droht die Erde zu zerstören. Aber erst nächstes Jahr … Bis dahin unterrichtet das Monster die Klasse 9-E der Kunugigaoka Junior Highschool.

Soul Eater Massiv

von Atsushi Ohkubo

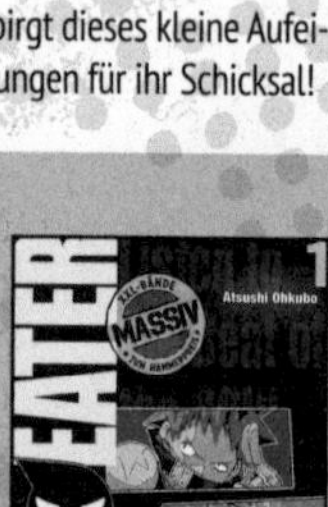

Maka ist Waffenschmiedin in einer spezieller Ausbildung. Ihre Sense namens Soul Eater hat ein Eigenleben und nimmt außerhalb des Kampfes die Gestalt eines ultracoolen Jungen an.

MANGA HEROES

Action

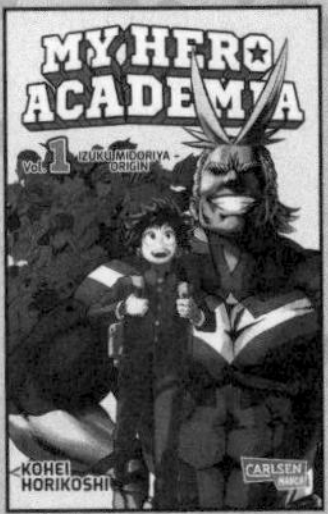

My Hero Academia

von Kohei Horikoshi

In der Welt von Izuku Midoriya besitzt 80% der Bevölkerung Superkräfte.
Doch wie und wo könnten die Helden lernen, ihre Fähigkeiten, die sogenannten »Macken« (jp. Kosei) effizienter zu nutzen? Natürlich an der MY HERO ACADEMIA!

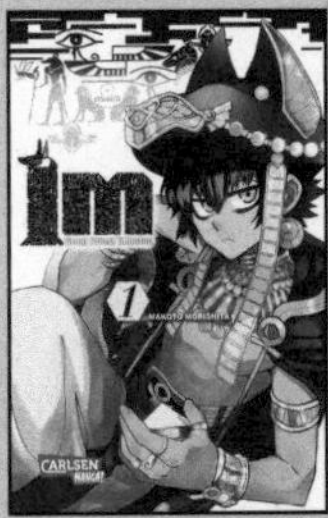

IM – Great Priest Imhotep

von Makoto Morishita

Der Hohepriester Imhotep aus dem antiken Ägypten weilt wieder unter den Lebenden. Im modernen Japan gestrandet, ist er ein Jäger, der die Menschen vor dem uralten Übel der Magai bewahren soll – gottgleichen Wesen, die nach der Vernichtung der Menschen trachten.

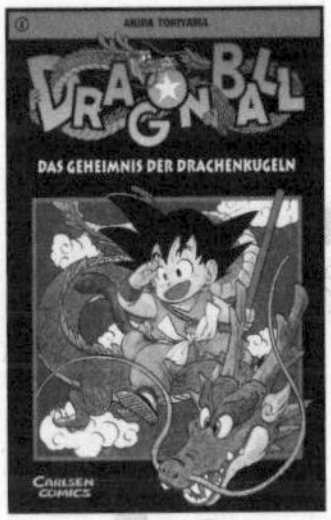

Dragon Ball

von Akira Toriyama

Der Legende nach gibt es sieben »Dragon Balls« auf der Welt. Bringt man alle zusammen, so erscheint der mächtige Drache Shenlong und erfüllt einen Wunsch. Nicht auszudenken, was passiert, sollten die »Dragon Balls« in falsche Hände geraten ...

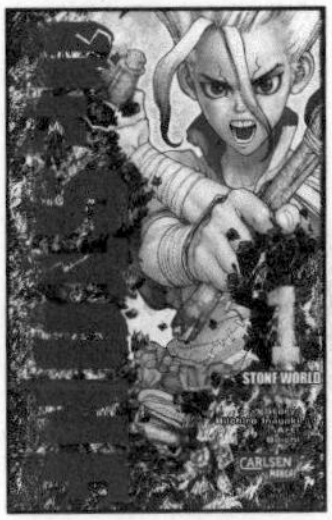

Dr. Stone

von Riichiro Inagaki und Boichi

Ein Augenblick, und die Menschheit erstarrt auf mysteriöse Weise zu Stein. Als die beiden Highschool-Schüler Senku und Taiju mehr als dreitausend Jahre später erwachen, beschließen sie, die menschliche Zivilisation im Alleingang neu aufzubauen!

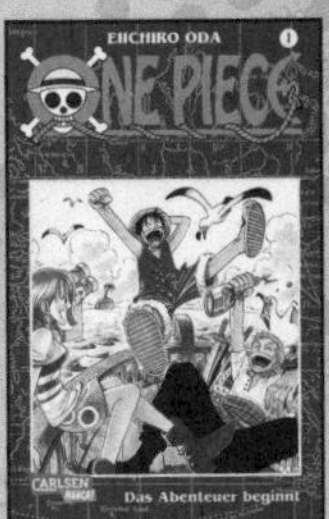

One Piece

von Eiichiro Oda

Monkey D. Ruffy und seine lustige Piraten-Crew sind auf der Suche nach dem größten Schatz der Welt: dem One Piece! Klar, dass sie da nicht die einzigen Piraten auf den Meeren sind...

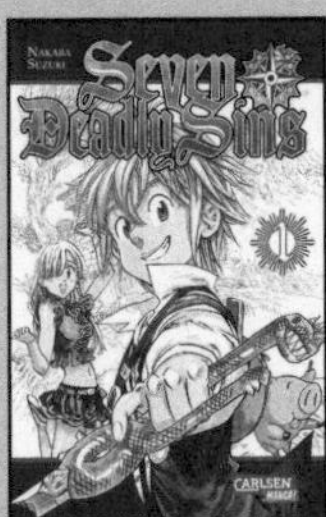

Seven Deadly Sins

von Nakaba Suzuki

Die »Seven Deadly Sins« gelten als die schlimmsten Verbrecher Britannias, Prinzessin Elisabeth macht sich dennoch auf die Suche nach ihnen, denn sie braucht dringend ihre Hilfe...

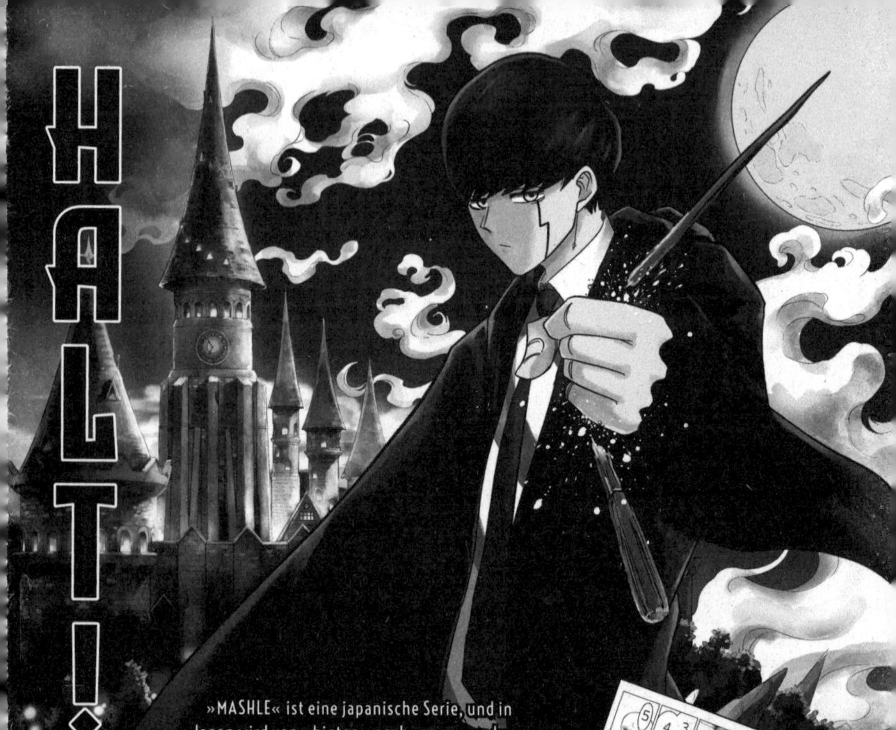

CARLSEN MANGA! NEWS jeden Monat neu per E-Mail
www.carlsenmanga.de · www.carlsen.de

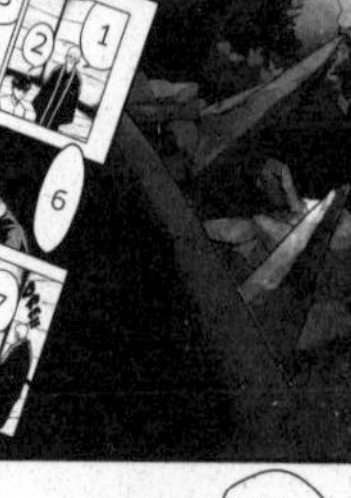

CARLSEN MANGA
Deutsche Ausgabe/German Edition

Aus dem Japanischen von Katrin Stamm

First published in Japan in 2020 by SHUEISHA Inc., Tokyo.
German translation rights in Germany, Austria, Luxembourg and German-speaking Switzerland arranged by SHUEISHA Inc. through VME PLB SAS, France.
Redaktion: Philipp Nakata
Textbearbeitung: Steffi Korda
Herstellung: Tobias Hametner

ISBN: 978-3-551-02480-0

MIX
Papier aus verantwortungsvollen Quellen
FSC® C083411
Klimaneutrales Produkt